マンガでわかる聖書

真野隆也 著
卯月・サイドランチ マンガ

池田書店

視点のものです。「旧約」とは、神の言葉を受けた預言者が、神との間に交わした契約という意味で、「新約」は救世主イエスが仲介する新たな契約を示すものです。

ユダヤ教では、彼らの聖典である旧約聖書を「タナハ」といいます。これは『モーセ五書』『預言者』『諸書』の頭文字から採ったもの。また、ユダヤ教、キリスト教と同じ神を信仰するとされるイスラム教でも聖書は聖典とされていますが、『コーラン』が聖書に優越すると位置づけられます。ユダヤ教、キリスト教、イスラム教という宗教は「聖典宗教」とよばれ、聖書は教義の根幹をなし、一字一句が吟味・検討の対象なのです。

旧約聖書は紀元前４世紀頃、新約聖書は５世紀頃にまとめられました。数多くの文書を選考途中で整理・編集したもので「正典（カノン）」と呼ばれます。除外されながらも価値を認められたものは外典、偽典といいます。

聖書は長い間、一般の人々の目には触れませんでした。聖職者のみが読むことを認められていたからです。一般の人々は聖職者を通して聖書に触れるのみでした。聖書が身近となるのは、15世紀に活版印刷が発明されてからのことです。

繰り返しますが、聖書を読むことは西欧人の根幹に触れることです。言い換えれば、聖書に投影された西欧人の生き方が、日本人である自分自身の立脚点を照らすことになります。本書は聖書を身近なものにする第一歩として、その魅力を紹介するものです。どうかお楽しみください。　真野隆也

Introduction

聖書は世界でもっとも広く読まれ、文字通り「the Bible（書物の意味）」の称号に恥じない書物といえます。また、累計で3900億冊が刊行されているという説もあります。世界中の人々が対象のため翻訳活動も盛んで、これまでに2400の言語に翻訳されています。そのなかには『アイヌ語版』『ケセン語版（岩手県気仙地方の方言）』、さらには『大阪弁聖書』もあります。

世界最大の宗教であるキリスト教の教えとして聖書をとらえると難解な教理が詰まっていると思われ、その分厚さに圧倒されます。ところが意外にも平易な言葉で、バラエティ豊かな内容であることに驚きます。世界の創造、人類の誕生にはじまり、親子・兄弟の葛藤、嫁姑問題、英雄・豪傑物語、戦争、友情、愛憎など、人間をめぐる物語の宝庫なのです。文学的評価も高く、古くから芸術家を刺激し、絵画や彫刻をはじめ聖書を題材にした音楽、建築、小説、映画などの作品が多数存在します。

聖書は西欧人の生き方、価値観の礎になっているともいえます。自然災害を素直に受け入れる日本人をなぜ西欧人は理解できないのか、その答えは聖書にあります。簡単にいえば、神は人間を自然界の支配者として創造した故に、自然は人間の力で制御すべき対象であるというのが聖書の教えなのです。

聖書とは『旧約聖書』と『新約聖書』に分けられます。これはキリスト教が成立した経緯を示すもので、『旧約聖書』はユダヤ教の聖典、『新約聖書』はイエス誕生とその言行録を中心に記されています。旧約・新約という言葉はあくまでもキリスト教

聖書
それは世界最大の宗教
キリスト教の聖典です
HOLY BIBLE
聖書は旧約聖書と新約聖書にわかれ
記された大量の文書から
推敲・選別され
紀元前5世紀に成立しました
新約聖書は
イエスの死後
紀元後50～140年頃に
記されたものです
聖書には原本がなく
古い写本でも
10世紀のものが
残るのみでした

しかし
1947年に
死海近くの
要塞都市
クムランで
紀元前2世紀から
紀元後1世紀の間に
書かれたと
みられる写本、
「死海文書」なるものが
大量に発見されました
現代に伝わる聖書と
照らし合わせると
大きな違いはなく
聖書は史実を忠実に
伝えていたという
事実もさることながら
さらなる謎を呼びおこす
文書として
大きな反響を呼びました

旧約聖書は全能の神とイスラエル人との交流を描いた壮大な物語と言えます
人々は全能の神によりさまざまな試練を受け、祝福を受けます

新約聖書は
イエスの生涯と弟子たちによる
伝道活動を記したものです
救世主イエスが生まれ、
数々の奇蹟を起こし、そしてその教えは
世界各地に伝わります
それでは世界中の人々を
魅了してやまない
聖書の扉を開いてみましょう

美術絵画で見る旧約聖書

神話と寓話に彩られた旧約聖書の世界。
それらを人々に知らしめるため、
キリスト教会は聖堂内を多くの絵画で飾った。
礼拝に訪れる信徒は天地創造、
アダムとエバ、モーセの脱出行、
羊飼いダビデの活躍といった壮大な物語を、
圧倒的な迫力のなかに目撃・体験することになるのである。
それでは絵画を通して聖書を紐解いていこう。

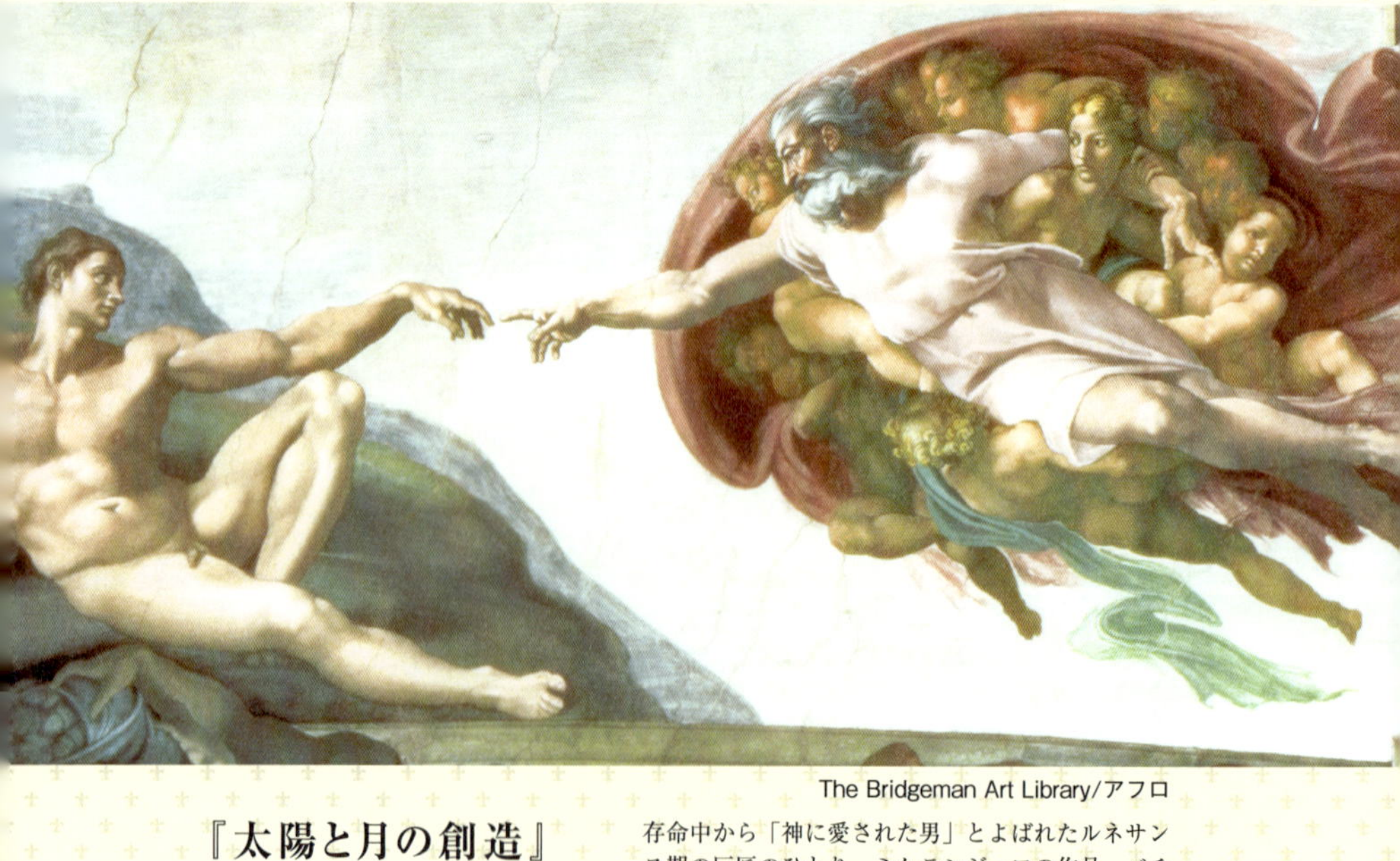

The Bridgeman Art Library/アフロ

『太陽と月の創造』
ミケランジェロ・ブオナローティ作

存命中から「神に愛された男」とよばれたルネサンス期の巨匠のひとり、ミケランジェロの作品。バチカン宮殿システィーナ礼拝堂の天井画の一部。神の指がアダムに生命を吹き込もうとしている図で、たくましい肉体を持つ壮年の神が印象的である。

The Bridgeman Art Library/アフロ

『原罪』
フーホ・ファン・デル・グース作

グースは15世紀に活躍したオランダ初期フランドル派の画家。「善悪を知る木」の実は、中世西洋の伝説を踏襲し、りんごに描かれている。人頭の奇妙な動物は、エバを誘惑して「原罪」を犯させ、神に「地をはう」よう罰を与えられる以前の蛇の姿とされる。

The Bridgeman Art Library/アフロ

『カイン、弟を殺す』
バルトロメオ・マンフレディ作

マンフレディは16～17世紀に活躍したイタリア・バロック期の画家。アダムの長男カインは神に愛される弟アベルを嫉妬するあまり、人類最初の殺人を犯す。大地に流されたアベルの血が神に自分の死を訴え、事件を知った神はカインに罰を与えた。

The Bridgeman Art Library/アフロ

『バベルの塔』
ピーテル・ブリューゲル作

ブリューゲルは16世紀オランダの画家。農民生活を題材にした作品が多い。神の高みに達しようと建設した聖塔（ジッグラト）は、人の傲慢さを示すもの。神は人々を罰するため、各民族の言葉を変えて、混乱（バベル）を生じさせた。

interfoto/アフロ

『アブラハムの燔祭』

レンブラント・ファン・レイン作

レンブラントは「光と影の魔術師」の異名を持ち、17世紀を代表するオランダの画家。神はアブラハムの信仰を試すため、愛児イサクを生贄に捧げよと命じる。アブラハムが愛児の喉元にナイフを当てる直前、天使によって押しとどめられたとされる。

Superstock/アフロ

『塩の柱に変わるロトの妻』

ラファエロ・サンティ作

ラファエロはルネサンス期の洗練・優美な様式を確立したイタリアの画家・建築家。アブラハムの甥ロトの一家は、神の怒りに触れて破壊される悪徳の町、ソドムから脱出する。逃げる途中で町を振り返った妻は、塩の柱に変わってしまう。

PHOTOAISA/アフロ

『ロトと娘たち』

アルブレヒト・アルトドルファー作

アルトドルファーは16世紀、ドイツ・ドナウ派の画家。ソドムの町を逃れ、荒野の洞窟に暮らすロト一家。ふたりの娘は父親の血筋が絶えるのを惜しみ、父親を酩酊させてベッドに誘い、近親相姦のタブーを犯す。

Artothek/アフロ

『川から救われるモーセ』

ニコラ・プッサン作

プッサンは17世紀フランス・バロック期の画家。イスラエルの民の増加を恐れたファラオは、赤子の殺害を命じる。モーセの両親は殺害を逃れるため、モーセをナイル河畔の茂みに隠した。そこに、たまたま水浴びに訪れた王女に救われれるのである。

Superstock/アフロ

『紅海渡渉《こうかいとしょう》』

ラファエロ・サンティ作

エジプトを脱出したイスラエルの民。しかし目前には紅海が。エジプト軍が迫りくる危機に、モーセは神に祈りを捧げる。すると紅海が割れ、道が開かれた。渡渉するイスラエルの民をエジプト軍が追撃するが海が閉じられ、軍勢は海に飲み込まれた。

Artothek/アフロ

『エン・ドルの口寄せの家で サウルに現れるサムエルの霊』
サルバトール・ローザ作

ローザは17世紀に活躍したイタリアの画家。初代イスラエル王サウルは容貌が優れ、勇敢であったが、後継者と目されるダビデの登場もあって、神経衰弱に悩まされた。彼を王にした預言者サムエルは死後、サウルの夢に現われて彼の最期を予告した。

Superstock/アフロ

『ゴリアテの首を持つ少年ダビデ』

カラヴァッジョ作

17世紀イタリア・バロック期の画家カラヴァッジョは、強烈な明暗法と自然主義のスタイルで知られる。ペリシテ軍の豪傑ゴリアテの挑発に応じたダビデは、小石ひとつで巨漢を倒した。そしてゴリアテに近寄り、その首を切り落としたとされる。

旧約聖書

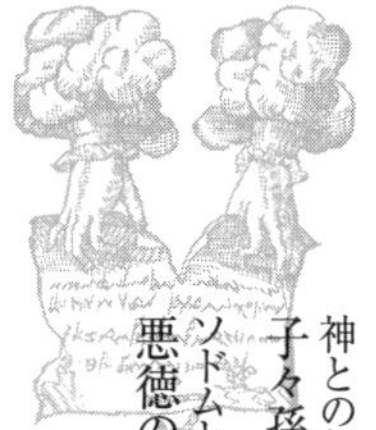

天地創造と部長族の物語

Column

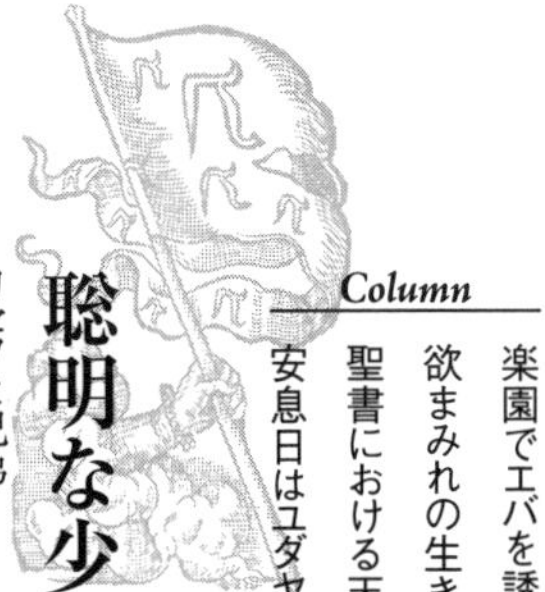

聡明な少年と偉大なる指導者

神に選ばれし英雄たち

王国の崩壊と預言者の時代

Column

新約聖書

救世主の誕生と広がる教え

Column

あまねく世界に伝わる福音

旧約聖書

The Old Testament

旧約聖書とは

【どんな内容なのか？】

冒頭の文書『創世記』は、神が七日間で世界を創り、楽園に男（アダム）と女（エバ）を住まわせたものの、彼らが禁忌を犯して追放されたという神話にはじまる。このほか、史上最初の殺人、神による人類リセット計画「ノアの箱舟」、

「バベルの塔」などの有名なエピソードが記されている。さらに、イスラエル民族の祖とされる族長アブラハムと息子たちのドラマが続く。『出エジプト記』はエジプトで迫害されていたアブラハムの子孫（イスラエルの民）が、指導者モーセの導きで「約束の地」に脱出する物語。『レビ記』『民数記』『申命記』は主に宗教儀式の手順・方法などが記されている。さらにモーセ死後、後継者に率いられてパレスチナに侵入する『ヨシュア記』、定住後に先住民との軋轢・闘争を記した『士師記』がある。『サムエル記』『列王記』はイスラエルがもっとも耀いた王国時代のエピソード。英雄ダビデの登場や、栄光に満ちたソロモン王の治世が記されている。そして隣国に占領され、王国が崩壊する苦難の時代に、信仰の意義や救済を説いた『預言書』とされる文書が続く。

【どんな構成になっているのか？】

三十九の文書からなり、次の順に構成されている。

モーセ五書（律法の書）五巻＝創世記、出エジプト記、レビ記、民数記、申命記。

歴史書六巻＝ヨシュア記、士師記、サムエル記上、サムエル記下、列王記上、列王記下。

大預言書三巻＝イザヤ書、エレミヤ書、エゼキエル書。

小預言書十二巻＝ホセア書、ヨエル書、アモス書、オバデヤ書、ヨナ書、ミカ書、ナホム書、ハバクク書、ゼバニヤ

書、ハガイ書、ゼカリヤ書、マラキ書。

【誰によっていつ書かれたのか?】

紀元前一四〇〇年、あるいは紀元前一〇〇〇年頃から一〇〇〇年間にわたって記述・編集された文書群であり、著者名は不明。それぞれの時代の宗教指導者の手によって書かれたと考えられている。モーセ五書とされる『創世記』『出エジプト記』『レビ記』『民数記』『申命記』は伝統的にモーセ自身が記したとされるが、聖書学者の研究によると実際は時代の異なった四人または四グループによる著作とされる。ちなみに、使用された主な言語はヘブライ語で、ごく一部にアラム語（ペルシア帝国で使用された言語）で記されている。

【どこで起こった出来事なのか?】

旧約聖書の物語は今日、中近東とよばれる地域で繰り広げられる。東と北はチグリス・ユーフラテスのふたつの川に挟まれたメソポタミア。西はエジプト、南はアラビア半島の砂漠地帯に挟まれた地域である。『創世記』はもちろん神話や神話的要素が強く、歴史書とされる『ヨシュア記』以降の文書にも史実と伝承が入り混じっている。ただし、イスラエル王国の分裂以降のエピソードは、その内容の多くが史実であると諸外国の資料によって裏づけられている。

【主な登場人物は?】

『創世記』では、神が創造した最初の男アダム。そしてアダムの肋骨から造られたエバにはじまり、彼らの長男カイン、十代目の子孫ノアと続く。イスラエル民族とアラブ民族の祖とされるアブラハム（ノアの子孫）、その孫ヤコブが神から「イスラエル」の名を与えられて以降、「イスラエルの民」を中心としたドラマが展開される。エジプト脱出を指揮したモーセ、二代目のイスラエル統一王となったダビデ、王国に繁栄をもたらす息子ソロモンと、美術絵画や映画など、現代にも残る芸術作品の題材になった有名人が多数登場する。

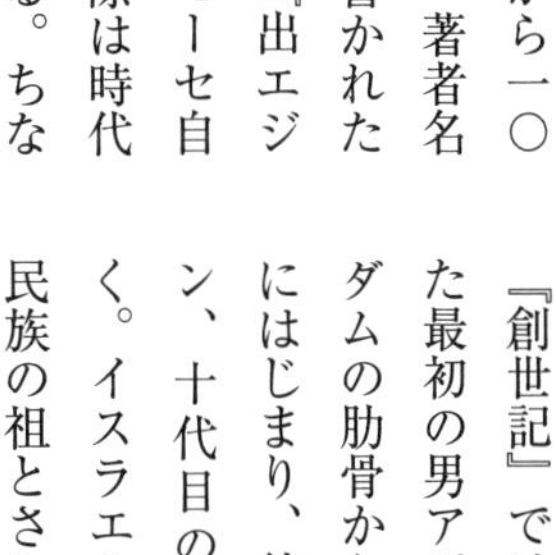

【現代ではどういう存在になっているのか?】

ユダヤ教徒にとってはタナハ（旧約聖書のこと）とタルムード（モーセが伝えたとされる口伝律法）が、もっとも尊

重される聖典である。キリスト教徒にとっては、キリスト教が生まれる母体となったユダヤ教の聖典であり、イエス・キリストの来臨を預言するとされる数々の記述が見られることから、新約聖書とともに尊重されている。イスラム教徒もまた、旧約聖書をコーラン、ハディース（創始者ムハンマドの言行録）に次ぐ聖典としてとらえている。

【旧約聖書に登場する神とは？】

この神は単独で海、大地や山川、人と動植物など自然界に存在するものすべてを創造したとされる。つまりは「唯一神」であり「全知全能」の神である。また、人に似て知性や意志を持ち、人と交信可能なことから「人格神」とされる。最初にアブラハムの前に出現した際、ほかの神々ではなく、彼自身のみを信仰することを条件に恩寵（幸運、子孫の繁栄など）を与えると約束を交わしたことから「契約の神」とも呼ばれる。

【ユダヤ人、ユダヤ教とは？】

ユダヤ人という呼称はイスラエル（神の民の意味）王国分裂後の南王国ユダ（十二部族のユダ族の国家）に由来する。彼らが紀元前五九七年以降、バビロン捕囚として連行され、さらに地中海地域に居住することで、ほかの人々からユダヤ（ヤー＝人）と呼ばれるようになった。ユダヤ人は諸外国にはない特有の宗教を信奉することから「ユダヤ教」の名称も生まれた。その後、各地で混血が進んだこともあり、民族としてのユダヤ人の特徴は存在しない。今日、ユダヤ人と言われるのはユダヤ教徒を親（とりわけ母親）に持つこと、あるいは自身がユダヤ教徒であることを自認する場合である。

そして南ユダ王国の人々は
次々とバビロニア軍に
連行されたのである

天地創造と部長族の物語

旧約聖書の冒頭は、神による宇宙の創造によって
世界の幕が開く。
神は動物、植物とともに人間を
創造するが、人はあまりにも不完全な存在だった。
欲望に負けた人類の始祖は楽園を追放され、
額に汗して働き、死を恐れる宿命を負ったのだ。

The Old Testament
天地創造
光をまとった神
壮大なスペースドラマ

神は七日間にして天地を創造

旧約聖書巻頭の文書『創世記』の冒頭には、神（ヤハウェ）による天地創造が記されている。混沌とした大地を前にして、神は「光よ。あれ」と言った。宇宙創成に先立って発せられたこの言葉は、キリスト教徒なら誰もが襟を正す、圧倒的な存在感を持っている。以来、神は光を衣のようにまとうこととなった。光は高貴な霊性を示す神の属性となったのである。

ついで具体的な天地創造がなされていく。

第一日　光と闇を区別し、光を昼、闇を夜と名づけた。
第二日　周囲に漂う水を区切り、大空を造った。
第三日　大地と海を造り、さまざまな種類の植物を造った。
第四日　太陽と月、星を造り、それぞれ昼と夜を照らさせた。
第五日　海のすべての生き物、そして翼を持つ鳥を造った。
第六日　あらゆる種類の野獣と家畜、さらには神に似せて男と女を造り、人に大地と生き物すべてを支配するように命じた。
第七日　神は休息し、この日を祝福した。

これが天地創造の七日間である。最初の人間アダムは土で形を造り、神はその鼻に息を吹き込んだ。この息は聖霊（プネウマ）と呼ばれ、人の生命の源、魂そのものとされる。

史実と聖書

天地創造の7日間と1週間の関係

古代の人々は7を聖なる数字としていた。聖書の舞台オリエントでは火星、水星、木星、金星、土星に太陽と月を足して七曜とした。月齢の１カ月を4等分した数字も7である。

ギリシアの哲学者ピュタゴラスは数で世界を理解できるとし、7を世界を示す4と神を示す3の合計数として、宇宙全体を表現する聖数と考えた。

エジプト、ケルト、ローマなど多くの世界でも7は聖数とされ、聖書中の出来事に7が絡むことも多い。これが1週間が7日の理由であり、現代人の知るラッキー・セブンのルーツである。

キーワードピックアップ

ヤハウェ

ユダヤ教徒にとって、神の名前を直接唱えるのは不謹慎な行為である。そのため、ヘブライ語の一般名詞「アドナイ（主）」や「エル・シャダイ（全能の神）」と敬称した。

文書ではエル（神）の複数形「エロヒム」と記し、または聖四文字とされる神の名前ＹＨＷＨで記した。ヘブライ文字では子音だけの表記になるので、発音は歴史の経過と共に忘れられ、やむをえずＹＨＷＨにアドナイ（adonay）の母音を当てはめてヤハウェと称した。

キリスト教では、ゴッド（神）あるいは父と呼ぶのが一般的だ。同じ神を信奉するイスラム教の場合、アッラー（アッラーフ）の呼び名が一般的で、意味は「崇められる者」。そのほかアッラーには99の美名があるとされ、コーランの各所にちりばめられている。例をあげれば「すべての慈悲深き者」「究極なる真の王」「守護者」「惜しみなく与える者」「寛容なる者」「死をもたらす者」「高貴なる者」「比類なき者」などがある。

The Old Testament

楽園追放
すべての人類があがなうべき原罪

年代

不詳

登場人物

アダム
エバ
蛇

!
おまえたち！
禁断の果実を
食べたな！
神は大いに怒り
ふたりをエデンの園をから追放し
蛇を腹ばいでなければ
動けない姿にした
そして罰として
男には労働の苦しみを
女には出産の苦しみを
課したのである

言いつけに背いて犯した罪

　さて、神は最初の人間であるアダムに対し、すばらしく快適な環境を用意した。それは「エデンの園」と呼ばれ、そこには裸で暮らせる穏やかな気候と豊かな水があり、そして人が食べるのに適したさまざまな果樹が植えられている。さらに、神は創造したあらゆる種類の家畜、獣、鳥をエデンの園に運び入れ、アダムにそれぞれの名前をつけさせた。名前をつける行為は、その生き物の秘密を握ることになり、つまりはそれらを支配することであったのだ。

　こうして楽園の主人となったアダムであるが、獣たちでは彼の相談相手にはなれない。そこで、神はアダムを眠らせ、そのあばら骨から女を創造した。アダムは女に言った。

「これこそ、今や、私の骨からの骨、私の肉からの肉。これを女《イーシャー》と名づけよう。これは男《イシュ》から取られたのだから」

　こうしてアダムはエバを妻とした。『創世記』は、女は男の手助けとして、つまりは男の一部分という製作意図があったと記している。ところで、神はアダムにたったひとつの禁止事項を示した。楽園の中央に「生命の木」と「善悪の知識の木」が生えており、その木について神はこう厳命した。

「あなたは、園に生えるどの木からでも、思いのままに食べ

キーワードピックアップ

名前

　古代から中世にかけて、名前はその持ち主の本質であり、運命を示していると考えられた。本質を知ることは弱点を知ることとなるので、敵対者に名前を知られることは危険を招いた。古代エジプトでも犯罪行為とされたのだ。日本でも、子どもに幼名をつける習慣があったのは、悪霊に本名を知られることを避けるため。新規まき直し、人生の再出発の際に新しい名前をつけるのもこれが理由だ。

原罪

　すべての人間は生まれながら罪を背負う。
　これがキリスト教の人間理解のスタンス。その理由は人類の祖アダムが、楽園で神に背いたから。唯一の例外は聖母マリア。イエスの母親である以上は無《む》垢《く》、つまり「無原罪」である必要があった。現代神学では、人間の意志はキリストを信仰して神に服従すると、はじめて「意志の自由」が発揮され、それ以外の意志は原罪ゆえに「堕落」と考えられる。

人物クローズアップ

アダム
土から生まれた男

　アダムという名前は、ヘブライ語で「人」「人類」を示す言葉。土または塵を意味するアダーマーという言葉がその語源とされる。

エバ
タブーを破った女

　エバはアダムの肋骨から造られた。その名の意味は「生命」である。聖書は基本的に男権社会とされるが、その理由を「エバが蛇にそそのかされて禁断の木の実を食べ、それをアダムに勧め、罪を犯させたから」だと説明する。

てよい。しかし、善悪の知識の木からは取って食べてはならない。それを取って食べるとき、あなたは必ず死ぬ」

アダムとエバは快適な楽園で、なにひとつ不自由することなく暮らすはずだった。しかし、ふたりの前に思わぬ悲劇が待ち受けていた。動物のうちでもっとも狡猾《こうかつ》な蛇がエバに接近したのだ。そして、善悪の木のタブーを聞いてから、そっと耳元でささやいた。

「あなたがたは決して死にません。あなたがたはそれを食べるとき、あなたがたの目が開け、あなたがたが神のようになり、善悪を知るようになることを神は知っているのです」

エバが木の実を見ると、いかにもおいしそうに思えた。そして、エバはその実を取って食べ、夫アダムにも与えたのである。

こうしてふたりは神に与えられたタブーをあっさり犯してしまう。その途端、大きな変化が訪れた。ふたりは自分たちが裸でいることに突如として気がついたのだ。あわてて付近にあったいちぢくの葉をつづり合わせて、腰のあたりをおおい隠した。

夕方ころになって、この事件は神が知るところとなった。園を散歩する神の声を聞いて、ふたりが姿を隠したからだ。神は事態を知ると、厳しい罰を与えたのである。

聖書深読み

コロンブスが大航海に向かった原動力は楽園の探索だった?

「エデン」は、初期メソポタミア文明の担い手シュメール人の言葉で「平地」を意味する。中世に至るまで、西欧では聖書の記事はすべて事実と考えられた。エデンの園も、実際に存在する場所とされて人々を興奮させた。永遠の生命が得られ、さらに金銀宝石が山ほどあるというのだから、それも当然だ。ただ聖書中で楽園についての情報はごくわずかだ。エデンの園を水源地としてピソン、ギホン、ヒデケル、ユーフラテスの4つの川が流れていると記される。ヒデゲルはチグリス川と考えられ、ユーフラテス川も実際に特定できるが、それ以外は不詳。このわずかな手がかりをもとに、何人もの冒険家や山師が大冒険旅行を実行した。なかには空想の探索行だったケースがあるものの、その手の書物が発表さると大ベストセラーになるほど大きな話題となった。

イタリア人探検家C・コロンブスは、そんな時代の最後を飾る「楽園発見者」だ。彼は大西洋横断の末にベネズエラ北東岸に接岸、膨大な水量のオリノコ川（南アメリカ第3の大河）を発見し、冒険旅行のスポンサーであるスペインのイザベル女王に「楽園を発見した」という報告を送っている。やがて地球上に空白地帯がなくなると、楽園伝説という大ロマンも急速にその魅力を失っていった。

アダムとエバが犯した罪は現在も……

神は蛇に対して、一生を腹ばいで歩き、人に忌み嫌われ、頭を踏み砕かれるよう命じた。エバに対しては出産時に大きな苦痛が与えられた。そして、アダムに対してこう語った。「あなたは、一生、苦しんで食を得なければならない。……顔に汗を流して糧を得、ついに、あなたは土に帰る」

こうして、ふたりは楽園を追放された。「楽園」をめぐる一連の事件は西欧的思考の根幹を形成している。第一に、神がアダムを楽園の頂点に置いたことで、彼の末裔《まつえい》たる人類は自然を管理する立場にあるとする。日本人の場合、手つかずの自然に美を見いだし、共生をはかる。地震など自然災害を「やむをえないもの」として受け入れる日本人の姿勢は、西欧人には理解しにくいだろう。

第二が労働観である。楽園を追放され、額に汗して食糧を得る必要が生じたとする西欧人にとって、労働とは神に与えられた罰という意味がある。日本人は「働かざる者、食うべからず」といわれ、労働そのものに人生の価値を見いだす。

さらにもうひとつ重大な事柄がある。それは、アダムとエバの犯した罪は、子孫であるすべての人類が生まれながら負うべき「原罪」としたことである。

聖書深読み

善悪を知る知識の木と生命の木 現代人は罪深き存在?

「善悪を知る知識の木」のタブーについてはさまざまな意見がある。なぜ神は、人が知識を得ることを嫌ったのだろうか。知識欲を持つことは悪なのか。なまじ知識を持ってしまったおかげで、人は殺人兵器を作り、あるいは邪悪な知識を我が物にしたというのだろうか。人が無知ならば扱いやすいと神が考えたのか。それとも、たんに服従させる手段だったのか。

紀元前後、キリスト教と同時期に地中海世界で広まった宗教思想運動グノーシス主義は、人間を救済に導くための知識の追求を提言する立場から、こうしたキリスト教の神の立場を激しく攻撃している。かれらは、人を肉体という檻《おり》に閉じ込め、知識不要という立場をとるキリスト教の神こそが悪魔であると断定した。

もうひとつの疑問もある。もし、アダムとエバが知識の木の隣にあった「生命の木」の実を食べていたら、人間は不老不死になれたのだろうか。もっともアダムが逝去《せいきょ》したのは930歳という年齢だった。アダムの三男セツは807歳、洪水神話の主人公ノアは950歳と、驚くほどの高齢者である。

ではなぜ、現代人の寿命は短くなってしまったのか。キリスト教関係者はその理由を断言する。時代が下るに従って人々の罪が深くなっていった結果だ、と。

Column

楽園でエバを誘惑した蛇の素性

神の敵対者は豊穣《ほうじょう》と不死のシンボル

エバを誘惑し「善悪の知識の木」の実を食べさせた蛇とは、何者なのか。鋭い視線と敏捷で獰猛な攻撃力。蛇を見て悲鳴をあげる女性も多い。

エバを誘惑した蛇に神は罰を下す。「おまえはあらゆる家畜、あらゆる野の獣よりものろわれる。」

さらに神は「地を這《は》う」よう蛇に命じた。そのため、事件前の蛇は直立していたと想像され、宗教画では人に似た立ち姿で描かれることが多い。

ここでは聖書をはじめ、多くの神話や伝承に登場する蛇という存在について考えてみよう。

人が蛇に恐怖心を抱くのは、太古に大蛇に追われた記憶が人類のDNAに刻まれているとする説がある。また、蛇の視線は「賢者」を思わせ、その特異な生態から神または神の使者と人々は受け止めた。蛇が地中から生まれることから地母神との関連を想像させ、冬眠と脱皮は不死を連想させた。

蛇の生息する地では必ず蛇信仰が存在する。蛇は霊的な動物と考えられたのだ。西洋世界では、自分の尾をくわえて円形となった蛇の図形をウロボロスとよび「永遠」のシンボルとした。また、『ギルガメッシュ叙事詩』では、長旅の末、不死の霊草を手に入れた帰路、水浴びのさなかに霊草を蛇に食われてしまう。結果、蛇が不死を得たと記されている。蛇信仰は日本にも根強い。神々が蛇に変身したり、神の使者となる物語にこと欠かない。民俗学者の吉野裕子は、神社の御神体である鏡は蛇の目であり、鏡餅は蛇がとぐろを巻いた姿だとしている。

The Old Testament

カインとアベル

神の偏愛に嫉妬した兄、人類初めての殺人劇

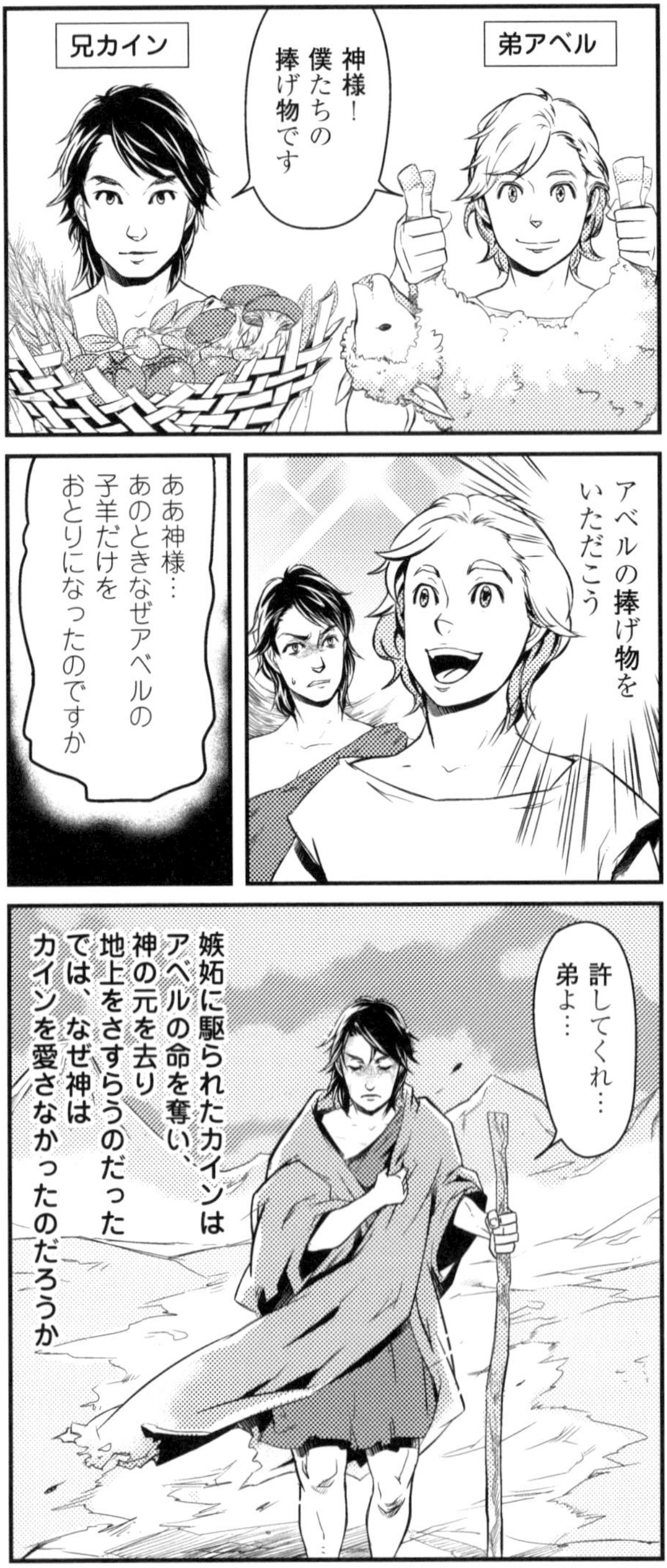

年代

不詳

登場人物

カイン

アベル

最初の殺人者、カインの事情

楽園を追放されたのち、エバは長男カインを生み、ついで次男のアベルを生んだ。成長して兄カインは土を耕す者となり、弟アベルは羊飼いとなった。

収穫の時期が訪れ、カインは農作物、アベルは子羊を神へ捧げた。神はアベルの供物《くもつ》を喜んだものの、カインの供物には目もくれなかった。カインは弟に対して激しい嫉妬心を起こし、ついには殺してしまう。人類史上初の殺人だ。この物語から、人類は「カインの末裔《まつえい》」とよばれる。

悲劇は発覚し、神はカインに居住地からの追放を命じた。この時代、追放は死刑宣言に等しいのだ。過酷すぎるとカインが訴えると、神は印を与えて殺されないよう庇護《ひご》した。

なぜカインは神に愛されなかったのか。神は放牧者を愛し農耕者を疎んじたと説明されるが、もっとも単純に考えれば、神はアベルを「えこひいき」したにすぎないのだろう。ユダヤ人にとって、神の恩寵《おんちょう》は人の才能や容貌、運不運、寿命などすべてに及ぶ。しかし、恩寵はすべての人に均等ではなく、神の匙《さじ》かげんによるものなのだ。不平等と嘆くまい。もし神が平等に恩寵を与えれば、人類は全員が均一な才能、容貌の持ち主となり、世界は不気味なものとなってしまう。

人物クローズアップ

カイン

畏れと差別に生きた集団の祖

名前の語源はヘブライ語の「鍛冶師」である。追放後のカインは漂泊の生活を強いられ、やがてエデンの東のノド（流浪、放浪の意味）という土地に落ちついた。彼の子孫トバル・カインは聖書で言及される最初の鍛冶師となる。鉄器や青銅器は古代農耕社会では最新鋭機器であるが、鍛冶師の特殊技能と閉鎖的な移動生活ゆえ、人々の畏れと差別の対象となった。以来、中世にいたるまで、鍛冶師は偏見と蔑視のさなかにいたのだ。

史実と聖書

「逃亡司祭」の習慣が物語の背景に

カインによる弟殺しを生贄《いけにえ》儀式ととらえる見方がある。当時のオリエントでは、生贄を屠《ほふ》る者は一定期間、土地を離れなければならない習慣があった。これを「逃亡司祭」という。

古代の先進国バビロニアでは羊を屠った司祭はその血を神殿の壁に塗り、すみやかに荒野に逃れ、祝祭が終わるまで一定期間そこに留まるルールがあった。神への捧げものであれ、動物を殺すことは穢《けが》れた行為と受け取られたのだ。

それゆえにカインもまた、追放という処罰を受けると共に、神の庇護下にあったと解釈される。

The Old Testament

ノアの箱舟

地上の生き物すべてを洗い流す神

年代

不詳

登場人物

ノア

ゴオオォォォ…
欲望にまみれ悪行を繰り返すようになった人々を見て神はお怒りになったのだ
洪水はもう40日も続いている…
150日後
だいぶ水が引いた鳩よ外の様子を見ておいで
アララト山
さらに7日後
オリーブの葉だ！陸地に緑が戻ったのだ
地上に降り立ったノアは神に感謝を捧げ神は二度と惨事を起こさないことを約束した

恐怖の世界リセット計画

アダムから数えて九代目の子孫、ノアが六百歳を迎えるころの物語である。世界の創造主たる神は、人を造ったことを悔やんでいた。地上に人の悪が蔓延《まんえん》し、世界は神の意図するものとはまったく違ってきたからだ。大地の生き物すべてが堕落《だらく》し、暴虐《ぼうぎゃく》に満ちていた。神は心を痛めて結論を出した。

「わたしが創造した人を地の面から消し去ろう。人をはじめ、家畜や地を這《は》うもの、空の鳥に至るまで。わたしはこれらを造ったことを残念に思うからだ」

こうして、神は大洪水を起こす計画を立てた。すべての人類を抹殺するものの、唯一の例外としてノアとその家族を指名。彼は心清く正しく、神のめがねにかなった人物だった。それで、神はノアに箱舟を造るよう命令した。

「わたしは……大洪水を起こそうとしている。地上のすべてのものは死に絶えなければならない。……あなたの息子たち、あなたの妻と……いっしょに箱舟に入りなさい」

ノアとその家族は箱舟を造り、神に命じられたように地上のすべての生き物から、それぞれ雌雄一匹ずつを選んで箱舟に乗せた。

神は予定を実行した。天の水門が開かれ、膨大な量の水が

史実と聖書

箱舟は浮かぶビルディング 漂着先はトルコの山か

箱舟は長さ135m、幅23m、高さ13mという当時としては巨大なもの。船というより浮かぶビルで、内部は三層に区切られていた。水が引きはじめたとき箱舟が漂着したのは、伝説ではトルコ南部のアララト山（標高5137m）とされている。実際、アララト山頂付近でノアの箱舟の木片が発見されたという報告が過去数回ある。しかし、炭素測定法による近年の調査では、発見された木片はいずれも7世紀前後のものと鑑定された。

残念ながら、ノアの箱舟が史実であると証明するチャンスは、失われてしまったのである。

人物クローズアップ

ノア

泥酔した父親の秘事

ぶどう酒造りの祖であり、泥酔者の祖でもあったノア。洪水の後日談だが、あるとき、次男ハムが天幕をのぞくと、泥酔したノアが全裸で眠っていた。外に出て兄弟に告げると、ふたりは父親の裸を見ないよう衣服をかけた。酔いから覚めたノアはハムに激怒し、兄弟の下僕になれと呪った。

聖書の表現で「裸を見る」とは性行為を間接的に示すものだが、彼は父親の秘事を見たのだろうか。

四十日間も地上に降り注いだ。高い山々まで水におおわれ、鳥も家畜も獣も植物もすべて、死に絶えていく。雨が降ってから百五十日が過ぎ、ようやく水が減りはじめた。ノアはあたりの様子をうかがい、一羽の鳩を空に放つ。すると、鳩は夕方になってオリーブの若芽をくわえて箱舟に戻ってきた。大地が乾きはじめ、植物が生えた証拠だった。乾いた大地に降り立ったノアと家族は、神へ感謝の生贄《いけにえ》を捧げ、神は二度とこうした惨事を起こさないことを約束する。

「地の続くかぎり、種蒔きと刈り入れ、
寒さと暑さ、夏と冬、
昼と夜とは、やむことはない。……
あなたがたは生めよ、ふえよ。
地に群がり、地にふえよ」

神は、ノアの一族や箱舟から出てきたすべての生き物が地上で繁栄することを約束し、その証拠として、空に巨大な虹を出現させたのである。

寓話好きのユダヤ人に「ノアの箱舟」は格好のテーマだ。たとえば「虚偽」が乗船を求めたが夫婦しか認められないので「不幸」を説得し、夫婦として乗船。以来、両者は常にペアとなったという。また船内に水漏れが起こり、ノアはとっさに犬の鼻で小穴を塞いだ。犬の鼻が濡れている理由だ。

史実と聖書

世界各地の洪水神話
ルーツは古代シュメールか

大洪水によって世界の秩序がリセットされるという神話は、アフリカをのぞく世界各地に存在する。原初、世界が水でおおわれていたとする物語や、氾濫する水を制御することで秩序をもたらすなど、いくつかのバリエーションがある。

ニューギニア神話では、魚を食べずに椰子《やし》の木に登った男とその家族だけが助かり、魚を食べた者はすべて溺れ死んだという。日本のイザナギ神話は、泥海を矛《ほこ》でかき回し、しずくから大地ができたという。この「国産み」神話も、あらかじめ大地が水でおおわれていたとする洪水神話の一種である。

聖書の洪水神話のルーツはメソポタミア南部のシュメール文明にあったとされる。地上に人類や動植物が造られ、神々の血を引く王が治める5つの都市が作られた後、洪水に襲われる。人間が騒々しくて眠れないという理由だった。

あらかじめ洪水を知らされた王は、被害を避けて生き残った。洪水が7日間続き、太陽神が大地を乾かしたので、王は感謝の印に生贄《いけにえ》を捧げた。神々はこれを喜び、王に神のような長寿を授けたとされる。

聖書によって再解釈された洪水神話は広くオセアニアや北アフリカにも伝播した。ノアという名前、鳩のエピソードなどで、旧約聖書由来と見分けられる。

The Old Testament

バベルの塔

天にも届く高塔
神の逆鱗に触れた人類

うぬぼれた人々に神の鉄槌

世界のはじめころ、人類はすべて同じ言葉を話していたという。移動生活の末にオリエントの平地に落ち着くと、彼らは石ではなく焼いたレンガ、漆喰《しっくい》のかわりにアスファルトを使用して町を建設した。そして、天に届くほどの塔を建て、遠くからでも見えるような、町のシンボルにしようと志《こころざ》した。

塔の建設がはじまり、人々は忙しげに働いていた。神はこの様子を見て考えた。塔が天まで達したら、人間たちが神の住居まで侵入するのではないか。それは明確に神への反逆であり、神の権威を無視するものである。こう考えた神は、塔の建設を中断させる行動にでた。

「彼らがみな、ひとつの民、ひとつの言葉で、このようなことをし始めたのなら……とどめられることはない。さあ、降りて行って、そこでの彼らの言葉を混乱させ、彼らが互いに言葉が通じないようにしよう」

神は部族ごとに言葉を変えたのだ。たちまち、人々は混乱に陥いり作業は中断。塔は建設中のまま打ち捨てられ、人々はそれぞれの地に散らばったのである。

この町の名はもともと「バビル（神の門）」であったが、のちに「バベル（混乱）」と呼ばれることとなった。

史実と聖書

実在したバベルの塔は砂漠にそびえる極彩色

この物語には実際のモデルがある。それは、紀元前6世紀、バビロンで造られたエ・テメン・アン・キ（天と地と礎石《そせき》の家）という名前の聖塔（ジッグラト）だ。バビロニアには33基の聖塔が確認されているが、この聖塔は一辺が90m、高さも90mという巨大なもので、しかも建設途中に放棄されていた。

聖塔はいわば神々を祀《まつ》る祭壇で、建物の極彩色の外壁に沿って階段が造られた。七層の最上階は神殿で、天から降りてくる神と巫女が、性的な交わりをする場と推定される。砂漠の太陽に照らされた聖塔は、旅人を驚愕させただろう。

物語はさまざまな解釈がなされる。古代史家ヨセフス（37～100頃）は、ノアのひ孫ニムロデ王が、再び神に洪水を起こされても避難できるよう塔を計画したという。ユダヤ聖職者の説では、石のかわりにレンガ、漆喰のかわりにアスファルトと記されることから、この高塔の建設は当時の技術革新だったと判断する。そして、それが人間の傲慢《ごうまん》だと知らせるため、神が破壊したとしている。

民間伝承では、最上階に登った人々が天に向かって矢を射たところ、天から血が流れ落ちたと伝えられている。あと少しで神々の住居にたどりつけると、人々は狂喜したという。ずいぶんと乱暴な話である。

欲まみれの生きものたち 創世記の異聞《いぶん》・奇譚《きたん》

Column

エバ以前に女が存在 男たちを誘惑する女

旧約聖書の一書『イザヤ書』に「夜の妖怪」という一句がある。この句がユダヤ人の想像力を刺激し、中世にリリス伝説が生まれた。楽園にはアダムとエバのほかにリリスという女性がいて、彼女はエバの誕生前にアダムの愛人だったというのだ。

ところがアダムとリリスは仲が悪かった。アダムにとって、性行為は男性上位が当然だが、リリスは女性上位を要求したのだ。主導権を握りたいリリスに、アダムは応じない。怒ったリリスはアダムを罵倒、家出して紅海のほとりに住み着いた。そしてアダムへのあてつけか、悪魔を相手に奔放なセックスを繰り返した。

ドイツの文豪ゲーテは著書『ファウスト』で彼女を紹介している。

「アダムの初めの女房ですよ。あの美しい髪の毛にご用心なさい、それだけが、あの女の自慢にしている飾りなんです。あれでもって若い男を手に入れたが最後、なかなか手放しません」(『ファウスト』岩波書店刊)

リリスは悪魔たちと交わり続け、地上に悪魔の一大勢力を作る原因になった。また、彼女の娘たち「リリム」は、中世ヨーロッパでアダムの末裔《まつえい》たちに母の恨みをぶつけた。男たちを夢の中で誘惑するスクブス(Succubus＝女性夢魔)が彼女たちの正体だ。信心深いキリスト教徒が思わず夢精するたびに、暗闇から彼女たちのあざけり声が聞こえてきたという。ちなみに女性を専門に誘惑する夢魔はインクブス(Incubus)。総称してナイトメア(Nightmare)と呼ばれる。

欲望に溺れた天使たち神を裏切った代償とは

『創世記』に次の記述がある。「人が地上に増えはじめ、娘たちが生まれた。神の子らは、人の娘の美しいのを見ておのおの選んだ者を妻にした」

これはどういうことだろう? 旧約外典『エノク書』によれば「神の子」とは地上の人間を監視する天使だとする。総勢二百人、一般の天使とは区別され、見張りの天使ウォッチャーズ（Wachers）と呼ばれた。当初は神の命令にしたがい、人間たちの行動を見張っていたが、年頃の娘を観察するうちに欲情した彼らは、好みの娘を選び、交わったのである。

天使は娘との寝物語に武器の製造法、腕輪やネックレス、化粧の仕方など、天界のさまざまな知識を教えた。その結果、娘は男に媚びて姦淫《かんいん》し、男は互いに女や物を争い奪い合いをはじめるなど、知識を得た人間たちは腐敗していった。

さらに凶事が待っていた。天使と交わった娘たちは妊娠し、子どもを出産。混血児は身長一三五〇mと、とてつもない巨人だったのだ。成長するにしたがい彼らの食欲は増大し、人間の作った食物をすべて食べつくすと、その矛先を人間に向け、さらには巨人同士で共食いをはじめる始末。

地上におびただしい血が流れ、あらゆる暴虐《ぼうぎゃく》が行われた。この事態を知った神は、見張りの天使を全員逮捕、天界の牢獄に押し込めた。さらに汚れきった地上を一掃する計画を立てたのである。これがノアの大洪水の真相だとされる。

The Old Testament

父祖アブラハム
神に命じられるままにカナンの地へ出発

アブラハムよ
故郷ハランを捨て私の示す地へ行きなさい
アブラハム
私はもう70歳になるが神の思し召しとあらば従おう
アブラハムおじさん我々はどこへ向かうのですか
ロト
カナンの地だロトよ
美しきわが妻サラよ共に旅立とう
はいあなた…
サラ

年代

B.C.1900年頃

登場人物

アブラハム
サラ
ロト

一行は神を信じ旅を続けた
ついに来たここが…
よくぞたどり着いた
アブラハムよこのカナンの地をそなたと子孫たちに与えよう
この後アブラハムはエジプトに入ったがファラオが美しいサラを見初め宮中に入れると神は怒り宮中に伝染病を起こした
病気の原因を知ったファラオはサラをアブラハムの元へ返したのだった
神よお許しを…
人の妻とは知らなかったのだ…

死を賭した旅路へ

ノアから数えて十代目の子孫に、アブラハムという人物がいた。彼はイラク南部、ユーフラテス川下流域にあったウルという町に生まれた。父親に伴われてハラン（現在のトルコ南東部にあった商業・文化の中心地）に移り、平凡な生活を送るアブラハムの前に、突如として神が出現して語った。

「あなたは、
あなたの生まれ故郷、あなたの父の家を出て、
わたしが示す地（カナン）へ行きなさい。
そうすれば、わたしはあなたを大いなる国民とし、
あなたを祝福し、あなたの名を大いなるものとしよう。
あなたの名は祝福となる。
あなたを祝福する者をわたしは祝福し、
あなたをのろう者をわたしはのろう。
地上のすべての民族は、あなたによって祝福される」

「祝福」とは神が自らの意志で、あるいは人の仲介を受けて、霊的な力や物質的な恩寵《おんちょう》を授けること。ついでながら「祈り」は神に祝福を求める行為とされる。

神の言葉に触発されて、彼は故郷を後にするのである。アブラハム七十四歳の出来事だった。考古学者は彼を神話上の

史実と聖書

ひとりへの啓示が世界へ アブラハムの宗教

神がひとりの老人の耳元でささやいた言葉が、数千年を経て大きな実りを得たというのだろうか。アブラハムを始祖とする、いわゆる「アブラハムの宗教」は、ユダヤ教、キリスト教、そしてイスラム教という世界規模の信仰を生み、その信者は総計34億人と推計されている（キリスト教約21億人、イスラム教約13億人、ユダヤ教約1500万人）。

アブラハムはイスラム教ではイブラーヒムと称されるが、ユダヤ人のみならずすべてのアラブ人の祖先とされており、ノア（イスラム名ヌーフ）、モーセ（同ムーサー）、イエス（同イーサー）、そしてイスラムの創始者ムハンマドとともに、5大預言者（神の意志を伝える者）のひとりとされている。

イスラム教最大の聖地メッカ（サウジアラビア）のカアバ神殿建設にも、アブラハムが関わったとされる。イスラム聖典『コーラン』（正しくはクルアーンと発音する）によると、ノアの大洪水以来、カアバの場所が不明となっていたが、アブラハムは神からその場所を教えられ、息子のイシュマエルとともに建設したというのだ。その後、一時は多神教の神殿となったが、ムハンマドの登場で本来の姿を取り戻したという。カアバには「アブラハムの立ち所」とされる場所が、今も残されている。

人物ではなく、実在していたと推定する。肥沃《ひよく》な土地への定住を志《こころざ》す集団は少なからず存在したと考えられたからだ。家族中心の小グループを率いる彼は、神の命じるままに羊と牛の群れを追いカナン（現在のパレスチナ地方）に向かう。略奪者に怯え、水を求める困難な旅の末、カナンに到着したアブラハムの前に神が再び出現した。

「あなたの子孫に、わたしはこの地を与える」

アブラハムは神への感謝のため祭壇を築いた。しかし、不幸にも飢饉に見舞われたために一時的にエジプトへ避難する。ところが、エジプト人はアブラハムの妻サラの美貌に目をつけた。権力者が美女を得ようとすれば、その夫は殺害される危険がある。そこでアブラハムは妻に語った。

「おまえはわたしの妻ではなく、妹ということにしてくれ」

案の定、ファラオ（エジプト王）はサラを王宮に招き入れた。しかし、神はこの事態をこころよく思わず、王宮にさまざまな災害をもたらした。サラがアブラハムの妹ではなく妻だと悟ったファラオは彼女を送り返したのである。

一行は再びカナンに向かう。奴隷や家畜が増えたため、アブラハムの甥ロトとその家族は分かれてヨルダンの低地地帯に向かった。そして、アブラハムたちはヘブロン（エルサレムの南四十キロ）に落ち着いたのである。

史実と聖書

アブラハムの生活と酷似 砂漠の民「ベドウィン」

聖書に記されたアブラハムの生活を見ると、現代のベドウィンに酷似していることに気がつく。ベドウィンの生活とは、アラビア半島の砂漠地帯を中心にラクダや羊の放牧、売買を行うアラブ系の遊牧民を指す。

ひとつの天幕（テント）に3、4人の成人とその子どもたちで小集団を構成し、水と家畜の食糧を追って移動天幕生活を送る。まさにアブラハムの一族と同じだ。彼らは1万数千年前と、さほどかわらない生活を現在も続けているのだ。

アラビア半島の農耕地帯が南端に集中し、はみだした人々が家畜を連れて北上する。これがベドウィンのはじまりとされる。アブラハムも、ベドウィンのように定住を目指したと理解できる。

現代、アラブ人とは中東に住むイスラム教徒を意味するが、コーランでは明確にアラブ人＝ベドウィンである。彼らはプライドが高く、伝統を重んじる一方、頑迷《がんめい》かつ排他的で、血縁関係を重視し、紛争もいとわない。定住民を軽蔑する傾向もあり、ときとして略奪者に化けることもあった。

また、オアシス周辺に定住する人々と相互依存して、彼らの家畜を預かって飼育し、町を外敵から防御したり、その反対に定住民がベドウィン所有の土地を管理し農作物を売ることもある。

The Old Testament

サラとハガル

後継者不在に悩むイスラエルの父祖

神様
私たちに子を
お授け下さい
神も授けたかったがアブラハムとサラには子どもができなかった
ハガル
仕方ないわ
私のかわりに
このハガルを…
イシュマエルを産んだハガルは主人であるサラに横柄な態度をとるようになった
やがてアブラハムは99歳になり神のお告げを聞いた
サラは男子を生むであろう
まあ神様 私こんな歳ですのに…
名はイサク（笑う）とするがよい
すると本当に男の子が生まれハガルとイシュマエルは追い出されてしまった

年代

B.C.1800年頃

登場人物

アブラハム
サラ
ハガル
イシュマエル

女たちの嫉妬と確執

ヘブロンに移り住んで十年、着実に生活の礎《いしずえ》ができつつあるなかで、アブラハムには大きな悩みがあった。後継者がいないのである。この地で暮らせば子孫代々繁栄すると神に約束されて、故郷からはるばる移動してきたものの、子どもができなければはじまらない。悩むのは妻サラも同じだった。

悩んだあげく、彼女は自分のエジプト人奴隷ハガルを夫の側女《そばめ》として提供した。そして、幸いにもハガルは身ごもった。すると、ハガルは優越感から正妻サラに対して横柄な態度をとるようになり、ふたりの女性の間に確執が生まれたのである。やがて、ハガルは男児を生み、イシュマエルと名づけられた。

嫉妬に悩むサラだが、すでに九十歳で生理も止まっていた。夫もまた百歳という老齢である。神はふたりに子宝を与えるというのだが、もう諦めていた。ところが、ここで奇蹟が起こる。サラが妊娠したのだ。生まれた子どもはイサクと名づけられ、アブラハムの正当な後継者となった。そして正妻サラはここで立場を再逆転させた。十三歳になったイシュマエルと母親ハガルを追放したのである。イシュマエルはのちにアラブ人の始祖になったとされている。

史実と聖書

一夫多妻制度は子孫存続のため?

旧約聖書では基本的に一夫多妻が認められる。アブラハムの場合は妻はひとり、女奴隷ハガルは側女なので一夫多妻といえるかどうかは微妙なところ。

近代以降の西欧社会では一夫一婦制だが、王侯貴族などは実質的に例外だった。イスラム圏ではコーランに基づくイスラム法によって4人まで妻を持てる。ただ、夫は妻を保護・扶養する義務があり、妻の間に差異を設けることは許されない。また、王侯などは実質的に5人以上の妻を持つことも珍しくない。現代でもこの習慣は続けられており、イスラム圏で多妻禁止なのはトルコとチュニジアのみである。

人物クローズアップ

サラ

ユダヤ理想の母親像

名前の意味は「王妃」。もとはサライという名前。彼女が89歳のとき、天使から息子の誕生を約束された際に改名された。「イスラエルの母」「約束の子らの母」「妻の模範」と賞賛される。

ハガル

正妻との確執のはてに

サラの女奴隷でエジプト出身。名前は「逃亡」の意味。息子イシュマエルとともに家を追われる。のちに息子はエジプト人の妻を持ち、アラブ人の始祖になったとされている。

The Old Testament

神との契約

子々孫々の神として アブラハムと契約を結ぶ

99歳となった
アブラハムに
お告げがあった
そなたは
諸国民の父となるがよい
カナンの地をそなたの
子孫たちに
永久に与えよう
子らには
割礼《かつれい》を施すのだ
仰せの通りに
いたします

年代

B.C.1900年頃

登場人物

アブラハム

契約のあかしとしての割礼

アブラハムが九十九歳のとき、神が出現した。ひれ伏すアブラハムに対して、神はみずから「全能の神」であると語った。そして、アブラハムの子孫が増えていくつかの国を作り、その国王になることを約束し、彼ら子々孫々とのあいだに、その神として「永遠の契約」を結ぼうというのである。

「あなたがたのなかの男子はみな、代々にわたり、生まれて八日目に、割礼《かつれい》を受けなければならない。……あなたの家で生まれたしもべも、あなたが金で買い取った者も、必ず割礼を受けなければならない。わたしの契約は、永遠の契約として、あなたがたの肉の上にしるされなければならない」

割礼とは男性器の包皮の一部を切りとること。神は契約のあかしとして割礼を要求した。これを受けてアブラハムは自分をはじめ集団の男子すべてに割礼を施したのである。

割礼の習慣は世界各地にある。もともとは衛生上の理由だったとされ、多くは成人儀式として行われたが、アブラハム以降は宗教的帰属を意味することとなった。選ばれた民であるというエリート意識を証明するものでもある。アブラハムを始祖とするユダヤ教徒、イスラム教徒はすべて割礼を受けている。ちなみにイエスも生後八日目にして割礼を受けた。

史実と聖書

契約と割礼
ユダヤ教の独自性

ユダヤ教、キリスト教における最大の特徴は神との「契約」だ。ヘブライ語では「結ぶ」といった意味があり、具体的には信仰の代価として、人が神から与えられる恩恵のことを意味する。また、契約の相手は個人ではなく、子孫代々との契約と理解される。人が神から最初に委託されるのは地球の管理と、神信仰の文明構築。『創世記』には記されている。

「生めよ。ふえよ。地を満たせ。
地を従えよ」

つまり、人は大地という自然環境の制御と管理を委託されている。自然そのものを神ととらえ、自然災害を神の力そのものと受け止める日本人とは大きく異なる自然観だ。

割礼もまたユダヤ教に特徴的だ。石器時代にはすでに割礼があったとされる。古代社会では女性の割礼もあったが、ユダヤ教では男性に限られる。具体的には現代の包茎手術と同じで、神の儀式に参加するための「聖別」の手段となったのは、この故事による。後に身体的記号としてユダヤ人を特定する役割になった。

ヤコブが娘を犯され、その相手から結婚を申し込まれた際、相手の部族全員に割礼を要求した。相手がそれを受けて、すべての男子が割礼の傷に苦しんでいるときに攻撃し、全員を滅ぼしたエピソードがある。

聖書における天使と悪魔

光から創造された神の使者

　聖書に登場する天使について紹介しよう。旧約聖書に記述される天使は、ヘブライ語では御使いと記される。英訳のエンジェル（Angel）はギリシア語のアンゲロス（Angelos＝使者）に由来する。なにしろ神はたったひとりである。だから手足となりメッセージを人間に伝える存在は不可欠なのだ。ユダヤの伝承によれば、天使は神による天地創造の二日目に創造された。つまりは人間よりも先輩なのである。また、人間の原料は粘土だが、天使は光を材料に造られたとされる。天使の住居は、神の玉座周辺に置かれ、天界と地上を行き来する都合上、鳥に似た翼を持つ。

　天使学、悪魔学が盛り上がりを見せるのは中世以降で、それ以前に聖書に記されるのはごく限られた天使たちだ。まずは『ダニエル書』などに登場する天使長ミカエル。数億も存在するとされる天使たちのトップに君臨する彼は、もっとも人々の人気が高く、イスラエルの守護天使であり、新約聖書では悪魔との全面戦争の際の最高司令官を務める。ついで有名なのはガブリエル。聖母マリアへの受胎告知で知られ、イスラム教の創始者ムハンマドにコーランを口述したのもこの天使だ。四大天使とする場合、ミカエルとガブリエルに加えてラファエルとウリエルという天使が追加される。

悪魔軍団の総帥は天界から堕落した元天使

　悪魔のルーツはルシファーと呼ばれ、以前は最高位にランクされた天使だった。あるときルシファーの心に魔がさした。彼は自分が神と同等の力があり、自分の力で世界を運営できると思ったからだ。そして、彼は神へのクーデターを企てたのだ。神はこれを察知し、激怒して天界からルシファーを突き落とした。地上に落下したルシファーは地中深くのめり込み、暗黒のなかで復讐を誓ったとされる。堕天使の誕生だ。

一説では、神が生まれたばかりのアダムに敬意を示すようルシファーに命じたところ、自分より遅く生まれ、しかも不完全な人間を敬う必要などあろうかとルシファーが猛反発し、これが神の怒りを買ったという説もある。

いずれにせよルシファーは人間を堕落させるべく、さまざまな誘惑を仕掛ける。ルシファーが神への造反を決意した際、天使の総数の三分の一が彼と行動を共にして、地獄の住人になったとされる。また、キリスト教普及以前に各地で信仰されていた地母神や土地神など、土着の神々が悪魔の同盟者になったという。

悪魔の本性は「七つの大罪」を持つとされる。驕《おご》り、強欲、憤怒、欲情、暴食、嫉妬、怠惰である。十六世紀の悪魔学者ペーター・ビンスフェルトは、それらの大罪にそれぞれルシファー、マモン、アスモデウス、サタン、ベルゼブル、レヴィヤタン、ベルフェゴールという著名な悪魔をあてはめて、人々の注意を喚起した。

The Old Testament

ソドムとゴモラ

悪徳の町を焼きつくす神の怒り

ソドムの町
…
ロト
ロトよ
私は神の使いです
あなたは家族とこの町を出なさい
明日にはこのソドムの町とゴモラの町に神の罰が下ります
神はアブラハムと話し心の正しい者が10人いれば町を救うと約束したのですが…
私たちが見たところこの町の腐敗は手遅れのようです

年代

B.C.1900年頃

登場人物

ロト

翌日
なんだ あれは？
ドドドドド。
神様は振り向いてはならんと言われた 前を向いて進むんだ
お父さん 怖い…
振り向いたロトの妻は塩の柱になってしまった

アブラハム、破壊の町から甥を救う

ある日のこと、アブラハムの天幕に三人の旅人が立ち寄った。砂漠の民の習慣として、アブラハムは彼らを客人として歓迎した。食事の接待をしているうち、アブラハムは旅人のひとりが神であることを悟った。食事の後、ソドム（ゴモラとともに死海南東部にあったとされる町）を見渡せる場所で、神は悪徳に満ちたふたつの町を滅ぼすことを語った。

ソドムが性の乱れた町であることをアブラハムは知っていたが、甥のロトが暮らしている。そこで、彼は神に質問した。

「正しい者を悪い者といっしょに滅ぼしつくされるのですか。……その町の中に五十人の正しい者がいるかもしれません。本当に滅ぼしてしまわれるのですか。……正しい者と悪い者をいっしょに殺し……、あなたがなさるはずはありません。とてもありえないことです」

神は五十人の正しい者がいれば町を滅ぼさないと語った。アブラハムはさらに迫った。もし、それが四十人だったら滅ぼすのか、あるいは三十人だったらと。こうしたやりとりの末、神は正しき者が十人いれば町を滅ぼさないと約束したのである。このあたりの駆け引きは、いかにも砂漠の民らしい執拗さである。

史実と聖書

コーランに記された悪徳の町ソドム

イスラム教の聖典『コーラン』にも、このエピソードが記されている。ここではアブラハムの甥ロトが預言者のひとりとされている。また、町の名前はなく、ソドムの住民については「ロトの民」としている。以下にコーラン独特の記述を紹介するので、独特の雰囲気を味わって欲しい。

「次はロト。彼がその民に向かってこう言ったときのことだ。『これ、お前たち、世界中の誰ひとりいまだかって犯したこともないような破廉恥（男色）をしておるのだな。お前たち、女のかわりに男にたいして欲情を催すとは。まことに言語道断な奴』と。そのとき、彼らの答えたことといえば、『ただ、おい、みんな、彼ら（ロトとその家族）を村から叩き出してしまえ。何と清浄《せいじょう》ぶる奴らだ』と。そこで我ら（イスラム教の神アッラー）は彼とその家族を救い出した。但し彼の妻だけはぐずぐずしていたので駄目だったが。そして彼らの上からざーっとばかり大雨を降らせた。まあ、見るがいい、あの罪作りどもがどんな最期をとげたかを」（『コーラン』井筒俊彦著　岩波書店）

『コーラン』は神の言葉を天使ガブリエルを介してムハンマドに伝えたものとされる。神の言葉は語気荒く、いかにも威厳に満ちた口調が特徴的だ。

町の実態を調べようと、ふたりの天使がソドムを訪れた。ロトが家に招き入れると、町の住民が集まってきた。

「今夜おまえのところにやって来た男たちはどこにいるのか。ここに連れ出せ。彼らをよく知りたいのだ」

住民たちは天使を犯そうと騒ぎだした。ロトは自分のふたりの娘を差し出すから、客人には手を触れないよう頼んだ。しかし、住民たちは言葉を聞かず、無理やりに押し入ろうとする。緊急事態の夜明け、天使はロトに脱出を促した。

「さあ立って、あなたの妻と、ここにいるふたりの娘たちを連れて行きなさい。さもないと、あなたはこの町の咎《とがめ》のために滅ぼし尽くされてしまう。……命がけで逃げなさい。うしろを振り返ってはいけない」

ロトの一行が脱出したとき、町の一帯に天から硫黄の火が降り注いだ。ロトのうしろにいた妻は振り返ったために、塩の柱になってしまった。彼女は残してきた品物に心を奪われたため、神の怒りに触れたという。

ソドムとゴモラのあった町は、現在は死海の湖底に沈んでいるとされる。天然ガスが噴出し、死海南端に近い西岸には、南北十キロメートルにわたり、高さ二百メートルほどの岩塩の山がある。あたりには風化した岩塩の柱がいくつも立ち並び「ロトの妻の塩柱」と呼ばれるものもある。

聖書深読み

同性愛、獣姦はタブー 告発されれば絞首刑だった

聖書の記述から、欧米では男性の同性愛行為だけでなく、異常性愛行為を総称して「ソドミー（Sodomy）」と呼ばれることとなった。また、ソドミー法といって、特定の性行為、つまりは「自然に反する性行動」を禁止する法律がある。具体的には口内性交、肛門性交、獣姦が含まれる。

最初にこの法律が作られたのは紀元前11世紀ごろのメソポタミア文明の地アッシリア。「男性が戦友と性交渉を持った場合は宦官《かんがん》に処す」というもの。宦官とは陰茎切断を意味する。

古代ローマにもこの種の法律があったが、その対象が奴隷の場合は罪に問われなかった。西洋諸国でこの法律が作られたのは16世紀のイギリスから。違反者は絞首刑とされたものの、実際に執行されるのは19世紀以降。

近代に入り、世界各地で同種の法律が制定されたが、20世紀からは「成人同士の合意による同性間性行為を犯罪から除外するべき」といった意見が主流となり、この種の法律は各国で撤廃されつつある。

イスラム諸国でも同性愛が禁止された経緯があり、アラビア語で「リワート」と表記される。現在もイラン、サウジアラビア、アフガニスタンなどでは死刑の対象である。

The Old Testament

ロトとふたりの娘

父を泥酔させて子孫を作ろうとした姉妹

逃げ延びたロトとふたりの娘は洞窟で暮らしていた
子どもを生みたいけど…
相手がいないわ
男はお父さんだけ…
今ならぶどう酒が効いてよく寝ているわ…
娘たちはこっそり父の寝床に潜り込み男の子を授かった

年代

B.C.1900年頃

登場人物

ロト

近親相姦というタブー

さて、災害を逃れたロトはふたりの娘とともに山中で暮らすこととした。娘たちには心配事があった。適齢期の女性の義務は、結婚してその子孫を残すことだった。しかし、山中で暮らすふたりに婿《むこ》など望むべきもない。このままでは父親の血族は途絶えてしまう。そこで、娘たちは父親に酒を飲ませ、父親の子どもを作る計画を立てた。姉の生んだ男児はモアブと名づけられ、のちに死海の東に王国を築いたモアブ人の始祖となった。妹の生んだ男児はベン・アミと名づけられ、子孫はヨルダン川東岸に国家を築いたアンモン人とされている。

ユダヤ教では近親相姦を嫌悪し、この物語を記すことでそれらの民族を蔑視《べっし》したのだ。近親相姦は人類最後のタブーと呼ばれる。親子間、兄弟間の相姦は現在でもドイツ、イギリスなどでは犯罪だ。近親相姦は遺伝的リスクはあるが、異常児出生の割合は二・六倍程度で、数世代にわたる近親婚がないかぎり大きな問題とはならない。つまりは道徳的嫌悪感が支配しているのだ。また、男権社会では女性は家長の所有物で、他家族と友好関係を築くため女性を嫁がせた。それが習慣化し、家族内の婚姻がタブーとされたとの説もある。

聖書深読み

ロトとふたりの娘の子どもは イスラエル民族の宿敵

娘たちの子どもはそれぞれモアブとベン・アミと名づけられ、後のユダヤ人の軽蔑の対象になっている。

モアブの子孫は後に死海東岸に王国を築いた。領土は海抜900mの台地であり、死海側の岸は外敵の侵入を防ぎ、アルノン川（死海東岸の川）の影響により肥沃《ひよく》な土地で、優れた文化を作るうえでの基礎となった。イスラエルのカナン侵入（→P104）の際には、すでに優れた農耕技術を持つモアブ人として先住していた。モーセは当初、彼らを敵対視しなかったものの、モアブ人側は敵意を示した。

士師時代にも敵対関係は続いたが、ダビデ、ソロモン王の時代（→P136）にイスラエルによって征服されている。

末娘の息子ベン・アミもまた、後のアンモン人の祖先とされている。アンモン人とはアルノン川からヤボク川（ヨルダン西部を流れる、ヨルダン川の支流）の上流付近に定住していた人々を指す。イスラエルとは友好と敵対を繰り返し、ソロモン王はアンモン人の夫人を妻としている。エルサレム滅亡後（→P150）はユダヤ新国家建設に敵対したため、預言者たちから宿敵と非難された。

現在、それぞれの領土は遺跡として残され、出土した考古資料はヨルダンのカラク考古博物館やアンマン国立考古博物館で見ることができる。

The Old Testament

アブラハムとイサク

信仰のあかしに神が要求した残酷な命令

カナンの南
モリヤ
祭壇に着いた
お父さん
生贄《いけにえ》はどこに？
…
アブラハムの息子
イサク
待て
アブラハム
イサクを
生贄にと言ったが
取り消そう
そなたが神を
畏れていることは
十分にわかった
神よ…

年代

B.C1800年頃

登場人物

アブラハム
イサク

息子を差し出すアブラハム

アブラハムに思わぬ椿事《ちんじ》が起こった。それは正妻のサラに子どもができたのだ。神はふたりに子どもの誕生を保障していた。しかし、百歳の夫と九十歳の妻との間に子どもができるわけがないと思うアブラハムは、神の言葉に微笑んでしまった。ところが、うれしいことに子どもが生まれたのである。狂喜する父は息子をイサク（笑う）と名づけた。

ある日のこと、神はカナンの南にあるモリヤという場所に行き、イサクを生贄として捧げるよう、アブラハムに要求した。いとし子を生贄として捧げよという命令である。アブラハムがどれほど躊躇《ちゅうちょ》し、悲嘆《ひたん》に暮れたのかは記されていないが、翌朝にはアブラハムはイサクには何も告げず、ふたりで目的地に向かった。そして、生贄がいないと不審がる息子を無視して祭壇を作り、祭壇にイサクを乗せてその首にナイフを当てたのだ。あわやという瞬間、天使の声が聞こえた。

「その子に何もしてはならない。今、わたしは、あなたが神を畏れることがよくわかった。あなたは……自分のひとり子さえ惜しまないでわたしに捧げた」

間一髪で息子の生命は救われた。付近の茂みに雄羊がいて、アブラハムはそれを息子のかわりに生贄としたのである。

聖書深読み

生贄のルーツは古代の「燔祭《はんさい》」儀式

聖書では神の命令は試練であり、受け入れ、乗り越えることでより強い信仰が得られるとされる。

当時の地中海世界では初子《ういご》（家畜の最初の子供）、あるいは初穂《はつほ》（最初の収穫）は神の取り分とされていた。また、神への帰依《きえ》を示すため燔祭という儀式をする習慣があった。神はアブラハムの前に出現した際、こう命じている。

「三歳の雌牛と三歳の雌山羊、三歳の雄羊と、山鳩と、家鳩のひなとをわたしのところに連れてきなさい」

アブラハムは鳥以外の生贄をふたつに裂き、裂いた半分ずつを互いに向かい合わせに置いたのだ。そして日没後、煙立つかまどと炎を上げるたいまつが、裂いた動物の間を通過するのをアブラハムは目撃したのである。

奇妙にも思える儀式であるが、人間同士の契約の際にも同じことをする習慣があった。つまり、当事者が切り裂いた子牛の間を通り抜け、その生贄を焼いて煙を立ち上らせる習慣があった。香ばしい煙が神への捧げものだったのだ。

この儀式は古代ギリシアでも国家間の協定や、戦勝祈願の際に実行された。裁判に先立って告発者が裂いた動物の上に立って宣誓する儀式も、正式な手続きとされた。英語にも「契約を割く（cut a covenant）」という表現があるという。

The Old Testament

ヤコブとエサウ

ユダヤ民族の始祖はずるがしこい知恵者だった

イサクにはふたりの息子がいた
ヤコブその豆を食べさせてくれ
兄エサウ
じゃあエサウ兄さんの長子権を譲ってよ
ああいいよ
弟ヤコブ
愛する息子エサウよおいしい肉を捕ってきておくれ
…
イサク
お母さんどうしたの?
かわいいヤコブエサウの身代わりになるのよ
リベカ
お父さんエサウです
あなたエサウの捕った肉を料理したわよ
おおこの毛深い腕はエサウ…おまえを祝福しよう
ヤコブは母リベカの入れ知恵でエサウに変装し目の見えないイサクはすっかり惑わされてしまった

年代

B.C.1700年頃

登場人物

ヤコブ
エサウ
イサク
リベカ

一杯の煮豆が兄弟の運命を逆転

アブラハムの息子、イサクは双子に恵まれた。ひとりは毛むくじゃらで生まれたエサウ（「毛深い」の意）、もうひとりはエサウのかかとをつかんで生まれたのでヤコブ（「かかとをつかむ者」の意）と名づけられた。エサウは優れた狩人で父親イサクは彼を愛していたが、母親のリベカはヤコブの賢さを愛した。ある日のこと、ヤコブが豆を煮ていると、腹を空かせたエサウが猟から帰ってきた。エサウが煮豆を食べさせてくれと要求したので、ヤコブは次のように答えた。

「あなたの長子権をわたしにくれるなら」

空腹のエサウにとっては、長子権といった面倒な話より、目の前の煮豆が魅力的に見えた。それで、長子権を渡す約束で、一椀の煮豆を食べたのである。

やがてイサクが死期を迎え、エサウを枕元に呼んだ。獲物を捕ってくるよう依頼し、彼を祝福しようと約束したのだ。これを聞いた母親リベカはヤコブに知恵をつけた。エサウに化けてヤコブが祝福を受けるよう仕組んだのだ。エサウは山羊を料理し、身体に毛皮をかぶせ、兄の衣服を身に着けて父親に近づいた。すでに目の見えないイサクはまんまと騙されて、ヤコブに祝福を与えてしまったのである。

史実と聖書

遊牧民の遺産分与は末子相続か

この物語は、ずる賢い機転によってヤコブがエサウの長子権を奪ったとされているが、『創世記』のなかではむしろ末子相続が当たり前に行われている。ヤコブたちの父イサクにしても、実兄イシュマエルを差し置いて家督相続しているのである。さらに、ヤコブの息子たちの間でも同じような結果がある。つまり、ヤコブはほかの兄たちよりも末子のヨセフを愛して、相続権を与えている。さらにいえば、イスラエル稀代《きだい》の英雄ダビデにしても、父親の末っ子という立場なのである。

おそらくは当時の社会では長子相続と末子相続が混在していたと想像できる。当時の社会情勢を考えれば、それは容易に納得できる。略奪婚が珍しくもない時代である。女性を略奪して妻としても、すでにほかの男性との間の子どもが胎内にいても不思議ではない。だから末子、つまり長時間にわたって自分の元に置いていた妻の子どもであれば、自分が父親の可能性は限りなく大きいというわけ。

また、放牧民の場合、資産は分割可能である。成長して成人となった子どもが、家畜を何匹かもらって独立するというケースは容易に納得できる。次々と息子たちが独立していき、最後に残った年若い息子が、父親の全資産を受け継ぐというのが無理のない流れなのである。

The Old Testament

ヤコブの旅
逃亡先で見た天空に掛かる梯子

ヤコブは兄の怒りを避けるため伯父ラバンのもとへ向かった
今日はここで野宿だ
ん？なんだあれは…
ヤコブよ そなたの横たわるこの土地をそなたと子孫に与えよう
かっ神様!?
神の祝福を得たヤコブは枕にしていた石を立てて油を注ぎ
その場所をベテル（神の家）と名づけた

年代
B.C.1700年頃

登場人物
ヤコブ

ヤコブが見たイリュージョン

帰宅したエサウは、父親を騙して祝福を受けたヤコブに怒り、殺意を持った。これを知ったヤコブの母親は、自分の兄ラパンのところへ避難することを勧めた。背水の陣だった。

旅の途中で日が暮れて、ヤコブは一夜を過ごすために付近の石を枕にして横たわった。するとヤコブは不思議な夢を見た。天空の一角に窓が開き、そこから梯子《はしご》が地上にとどいていたのだ。そして、その梯子を天使たちが上り下りしているのである。気がつくと、神がヤコブの傍らに立っていた。

「あなたの子孫は地のちりのように多くなり、あなたは西、東、北、南へと広がり、地上のすべての民族は、あなたとあなたの子孫によって祝福される」

眠りから覚めたヤコブは、畏れおののいた。

「この場所はなんと畏れおおいことだろう。こここそ神の家にほかならない。ここは天の門だ」

そしてヤコブは自分が枕にした石に油を注ぎ、この場所をベテル（神の家）と名づけた。ここはエルサレムの北方十九キロにあるテル・ベイティンと推定される。また、古代社会で油は高価な万能薬とされ、油を注ぐとは、その対象を俗界から引き離し、神聖なものに「聖別」する行為である。

聖書深読み

UFOの遭遇か 神の威光か

はたして夜中にヤコブが目撃したものは何だったのか。聖書の一般的な解釈では、その土地をヤコブと子孫のために与えた証拠ととらえるが、まったく異なった解釈もある。

ヤコブが目撃したのは宇宙人に違いないという主張だ。目撃されたという天の窓は宇宙船で、空中に停止してハッチが開かれ、タラップが地上に延びていたというのだ。さらにそこを出入りするのは天使ではなく宇宙人で、彼らの目的は地球上のサンプル採取と考える。そして、そう主張する人々は、古代の地球に宇宙人が頻繁に訪れ、それを人間が崇拝していた事実を証明するものだと結論する。

ところで、このヤコブの梯子は光学現象として「薄明光線」と定義される。雲の切れ目から太陽光が帯状に伸びている様子のことだ。

また、最近では概念ではあるが、惑星などの表面から静止軌道上まで伸びるエレベータに対してヤコブの梯子（Jacobs ladder）と名づけられている。

ヤコブがこの不思議な光景を目撃した土地ベテルは、北イスラエル王国の時代（→ P150）になると、もっとも人気のある聖地となり、祭壇が作られ、王の特別な保護下にあったという。

The Old Testament

十二部族の祖

十四年間の労働の末 愛する人と結ばれる

ラパンのところに着いたヤコブは娘のラケルが好きになってしまった
姉のレアです
妹のラケルです
レア
ラケル
伯父さん！僕にラケルを下さい！
では7年間働きなさい
ラパン
7年後
こんばんは…あなたの妻です
朝になるとヤコブは自分の間違いに気づいた
どうしてラケルをよこさなかったんです!?
長女のレアを先に嫁がせたかったのだ
ヤコブはラケルをめとるためもう7年間働きようやくふたりは結ばれた

年代

B.C.1700年頃

登場人物

ヤコブ
ラケル
レア
ラパン

伯父ラパンの計略に屈したヤコブ

神秘に満ちた旅を終え、ようやく伯父ラパンの元にたどり着いたヤコブ。やがてヤコブは姿も顔も美しい伯父の娘ラケルに恋をする。無一文のヤコブは七年間をラパンの元で働くことを条件に、ラケルを妻に欲しいと伯父に求めた。

「娘を他人にやるよりは、あなたにあげるほうが良い」

快諾した伯父の元で、ヤコブは七年間働いた。約束の期間が満了し、近所の人々を集めて祝宴を挙げた。ところが、初夜の晩にヤコブの部屋に訪れたのはラケルの姉レアであった。知らずに一夜をともにしたヤコブは、朝になって相手がラケルでないことを知って怒るが、伯父はこう答えた。

「わたしたちの習慣では、長女より先に下の娘を嫁がせるようなことをしないのです」

そして、ラケルが欲しければさらに七年間働くよう要求。ラケルを愛していたヤコブは、騙されたと知りつつ再び伯父の元で働くことになったのだ。やがてレアにはルベン、シメオン、レビ、ユダ、イサカル、ゼブルンと六人の息子が生まれた。そしてラケルからはヨセフ、ベニヤミンのふたり、ラケルの女奴隷ビルハからダン、ナフタリの息子が生まれ、彼ら十二人がのちのイスラエル十二部族の祖となるのである。

聖書深読み

古代ユダヤ教の世界は7層構造ドーム

この時代のユダヤ人の宇宙観は独特のものだ。宇宙のイメージは時代によって変化するが、もっとも古いものはセム族に伝わる宇宙観とされている。セム族とは、ノアの息子セムを始祖としたオリエント世界の中心的民族。彼らは世界を3層の家に例える。最上部（天界）が神の住居、下部（陰府《よみ》）は死者や冥界の神々の住居。そして、その中間に人間の住む大地があると考えられた。

旧約聖書外典『エノク書』には、さらに複雑な宇宙観が記されている。アダムの7代目の子孫とされるエノクによれば、地上は四角形で、その上部にはお椀形の屋根がかぶされている。まさにドーム球場である。しかも、このドームは7層構造となっている。最下部の第1天は普段人間が見られる天で、海ほどの大きな貯水槽があり、ときおり地上に雨を降らせる。ちなみにノアの洪水の際は、ここの栓を抜いたとされる。また、ここはカーテン状で、夜間には開放されて星や月を見ることができる。第2天は神に逆らった天使の収容所、第3天には植物の繁茂《はんも》する天国がある。第4天は太陽と月を運行する場所。第5天はやはり反逆天使たちの収容所、第6天は天使たちの参謀本部や教育施設がある。そして、最上階の第7天に神の玉座を中心とした神殿があると想像した。

The Old Testament

神との格闘

夜を通して格闘相手の正体とは

ヤコブは
兄の許しを請うため
カナンへ向かう
途中だった
ある夜…
誰だ!?
見知らぬ男との
取っ組み合いは
一晩中続いた
夜明けだ
もう行かねば
待てッ
祝福をして
くれるまでは
帰さない
わかった…
あなたは
イスラエルと
名乗りなさい
神との
戦いに勝ったの
だから
あの人は神様
だったのか…

年代

B.C.1700年頃

登場人物

ヤコブ

神との格闘でヤコブが得たもの

神に祝福されたヤコブは、働くほどに富み、多くの家畜と奴隷を持つ身分となった。伯父ラバンの息子たちはこれが面白くない。彼らはヤコブが父の財産を奪ったと疑ったのだ。身の危険を感じたヤコブは家族を連れて、ひそかに伯父の家を脱出した。そして、仲違いした兄エサウの許しを請うため、生まれ故郷のカナンへ向かった。

旅の途中、またも不思議な出来事が起こる。ある夜のこと、ヤコブがひとりでいると、見知らぬ男がやってきて彼に組みつき、格闘となったのだ。ふたりの格闘は一晩中続き、夜明けに男が去ろうとしたものの、ヤコブは許さない。

「わたしはあなたを離しません。祝福してくれるまでは」

すると男がこたえた。

「あなたはこれからイスラエルと名乗りなさい。あなたは神と戦い、勝ったからだ」

イスラエルとは「神と戦って勝つ」という意味。ヤコブは戦った相手が神の使者であるとようやく悟ったのだ。この場所はのちにペヌエル（神の顔）と呼ばれることとなった。ヤコブはこの戦いで腰の筋をはずされたことから、ユダヤの人々は動物の腰の靭帯《じんたい》を食べることがタブーとなった。

聖書深読み

格闘した神の正体は何だったのか

ヤボク川のほとりで深夜に見知らぬ神と格闘した事件について、多くの研究者は首をひねる。格闘の目的が理解不能なのだ。民俗学者フレイザーは、『旧約聖書のフォークロア』で博識を駆使して説明している。彼によれば、川で出会った相手は川の守護神であり、取っ組み合いは、神の祝福を得るためにヤコブがわざと仕組んだと想像できるという。

たとえ浅瀬であれ、気まぐれで危険な性格の「川の神」をなだめることは、古代では珍しくない行為だった。つまり、家族がヤボク川を渡る前に、神の祝福を受けて、渡河を無事に過ごそうという意図があったとするのだ。

また、フレイザーはこの物語と類似した例を古代メキシコの神話から引用する。ある神は夜に灰色の布をまとい巨人の姿となり、腕に自分の頭をかかえて歩き回ると人々は考えた。気の弱い人間はこの神を見ると気を失って死んでしまう。しかし、勇敢な男がこの神に飛びかかり、「日が昇るまで離さないぞ」と告げる。男が恐怖に打ち勝ち、夜明け前まで押さえ続けると、神は富でも力でも好みのものを授けようと約束したという。

つまり、畏れに打ち勝ち、神と力比べをすることで、人は恩恵をもたらされると考えられたのだ。

Column

安息日《あんそくび》はユダヤ人の伝統ある行事

主の御業《みわざ》に感謝して静かに過ごす日

安息日（シャバト）は、神が天地創造を六日間で終えて、七日目を休んで過ごした神話をもとにする行事である。この日、ユダヤ人は日常生活の仕事のすべてを中断して「主の御業を喜ぶとき」を持つことが、安息日の目的である。モーセ（→P78）が安息日の規律を決めたものの、バビロン捕囚（紀元前五九七）後、外地で暮らすユダヤ捕囚民の間で信仰が薄れはじめた。そのため、指導者たちは、捕囚民が支配者に抵抗し、契約の民としてのアイデンティティを保つため、安息日の規定を厳しくしたのである。

安息日には一切の労働が禁じられ、家で静かに静養しなければならない。厳格な人々の場合、食事は事前に用意し、自動車に乗ることも、買い物や庭掃除など一切が禁じられる。もちろん、電気製品のスイッチを入れるのも駄目で、できるだけ安息日前に電源を切るタイマーをセットしておくのだ。

マンションのエレベーターは事前に各階止まりにされ、貨幣に触れたり、ペンを持ったり、花を摘むことすら御法度である。

家庭ではこの日、天地創造が「光あれ」の言葉ではじまったことを記念して、光の祝福を唱える。安息日の終わりには一家の主がろうそくを灯し、神に感謝して終了する。

ユダヤ教の安息日は金曜日の日没から土曜日の日没まで行われる。キリスト教徒は日曜日を安息日とするが、これはユダヤ教徒を意識してずらしたもの。なお、イスラム教徒は金曜日を安息日としている。

聡明な少年と偉大なる指導者

神に祝福された部族長の子孫は、
それぞれの能力を発揮して生命を輝かせる。
また、強き意志の持ち主が民族を鼓舞し、
奴隷の縛めを解く。
苦難と放浪の旅路の末、
彼らは祝福された大地に足を進める。

The Old Testament

ヨセフと兄弟

父イスラエルの偏愛が生んだ兄弟の確執

イスラエル（ヤコブ）
ヨセフ
お父さんはいつもヨセフばっかりだ
頭に来るな
そうだいい考えがあるぞ
お父さん大変です！
かわいいヨセフが事故で死んでしまいましたよ！
これはヨセフの着物…おおヨセフ！
イスラエルの息子たちはヨセフが死んだことにして隊商に売り飛ばしてしまったのだ

年代

B.C.1600年頃

登場人物

ヨセフ
イスラエル（ヤコブ）

兄弟に売られたヨセフ

ヨセフをめぐる物語は『創世記』の末尾を飾るにふさわしいドラマである。兄弟の確執、因果応報といった人間関係を語り、芸術的評価も高く、現代もなお輝き続けている。

さて、十二人の息子を持ったイスラエル（元の名前はヤコブ）だが、家庭内は平穏というわけにはいかなかった。原因は本人にあり、彼は末のふたりの息子を溺愛していた。なぜなら、彼らは最愛の妻ラケルの遺児だったからだ。彼女はヨセフを生んだのち、末っ子のベニヤミンを出産する際に死んでしまっていた。父親の偏愛に異母兄《いぼけい》たちは敏感に反応。弟が兄たちを差し置いて遺産相続することを怖れたのだ。またも相続権をめぐる争いである。ヨセフの殺害計画がもたれたものの、兄弟のひとりユダが反対した。兄弟は相談してアラブ人の隊商に売り飛ばすことで合意し、さっそく実行に移された。そして父親には、ヨセフは野獣にかみ殺されたと説明したのだ。

父イスラエルは自分の着物を引き裂き、息子の死を深く悲しんだのであった。

一方、ヨセフを買い取った隊商はエジプトに到着し、ヨセフをエジプト高官に奴隷として売ってしまった。

史実と聖書

砂漠のキャラバンは小規模の軍団組織

ヨセフを買った隊商（キャラバン）とは、らくだや馬、ロバなどに荷物を背負わせて砂漠を縦横断する、「砂漠の船」と呼ばれる古代社会から続く伝統的な独立集団である。

途中で盗賊に襲われたり、滞在地で暴力行為に会う危険があるため、常に集団で行動することが原則。一般に複数の商人が共同出資して構成され、武装することもある。リーダーは通商路や水場を熟知する経験者で、絶対的な決定権を持つ。

人物クローズアップ

ヨセフ

自ら切り開いた運命

母親ラケルの「主がわたしに、なおひとりの子を加えてくださるように」という言葉から「加える」という意味が元になった名前とされる。ユダヤ人にはよくある名前で、聖書には数人のヨセフが登場する。その中でも『創世記』のヨセフは数奇な運命を自らの才能で切り開いていった。

The Old Testament

ヨセフの夢解き

エジプトを襲う不気味な夢

やるなあ ヨセフ 奴隷のくせに 奥様に ちょっかい 出すなんて
誤解だよ あれは奥様の ほうから…
囚人ヨセフ！ ファラオが お呼びだ
おまえは 夢解きが できるそうだな
はい
ファラオ
では余の夢を 解いてみせよ
この夢は どういう意味か…
ヨセフはファラオの 夢から飢饉を予知し
それが手柄となり 宰相《さいしょう》に 召し上げられた

年代

B.C.1600年頃

登場人物

ヨセフ
ファラオ

夢解きで奴隷から宰相に

奴隷となったヨセフは、持ち前の利発さが幸いして次第に高官の信頼を得る。しかし好事魔多《こうじま》し。ヨセフの若さに興味を抱いた高官の妻が彼を誘惑するも、ヨセフはこれを拒否。するると、高官の妻は逆ギレして、レイプされたと訴えた。無実の罪で入牢《にゅうろう》するヨセフであったが、神は見捨てはしない。牢内で王の料理人と知り合い、彼の見た夢を解説してやったのだが、それが素晴らしいとファラオの耳に伝わったのだ。

その頃、ファラオは意味不明の夢を続けざまに見て、不安を抱いていた。学者や呪術師を招いて夢の真意を探るのだが、まったく意味不明だった。そこで、ヨセフが宮廷に召しだされたのだ。ファラオは自分の見た夢を説明した。「ナイル川から肥えた七頭の雌牛が上がり、草を食んでいたのだが、後から弱々しく醜い七頭の雌牛がきて、前の雌牛たちを食いつくした」という内容だった。それを聞いたヨセフは、エジプトの地に七年間の豊作があり、続く七年間は飢饉となり、大地を荒らしてしまうと解説。そして訪れるであろう飢饉に備えて、これから七年間は可能なかぎり食糧を備蓄するよう提案した。この夢解きは見事に当たり、ヨセフは宰相に取り立てられたのだ。

史実と聖書

夢を介してメッセージを発信
「夢」と「幻覚」の違い

古代社会では、夢は重要な意味を持っていた。それは神のメッセージとされ、「夢占い」「夢解き」など、その意味を解釈する専門的な職能集団が存在した。

2世紀にはすでにエーゲ海東岸出身のアルテミドロスという占い師によって、夢解釈の手引書「夢判断の書」が刊行されている。中世に至るまでこの書物はヨーロッパ各国で翻訳され、重視された。

彼の夢判断はまず「夢」と「幻覚」を分別した。「幻覚」は覚醒時の欲望や恐怖や感情が作用した結果なので、未来予知には役立たないとする。しかし「直接的な夢」の意味は重要で、未来予知そのものと評価した。「比喩的な夢」の場合には解釈技術が必要とされた。

夢の要素は自然、法律、慣習、技術、仕事、名称、時に分類できるという。これらが自然法則や道徳と合致していれば吉夢《きちむ》。違えば凶夢《きょうむ》と判断する。

権力者の夢は国家の命運にかかわるといったように、夢を見る人の社会的地位でも判断される。たとえば赤ん坊が生まれる夢を見たとする。貧民には庇護者が現れる吉夢だが、権力者には凶夢となる。新たな主人の登場と考えられるからだ。

近世になると、急速に夢解釈は迷信とされるようになったが、20世紀に心理学者フロイトの登場により、夢は「心の深層を示すもの」として再評価された。

The Old Testament

兄弟との再会

ヨセフと兄弟が感激の再会

飢饉のため ヨセフの兄弟たちは食糧を求め エジプトに出かけた
やっと着いたぞ…
待て！
よそ者め！ スパイだな！ こっちへ来い！
ちっ 違います！ お助けを！
疑いを晴らしたければ 末の弟を連れて きなさい
はい…
？
連れて きましたが…
宰相《さいしょう》が お呼びだ！
ああっ！
おまえは ヨセフ！
立派に なって…
わたしです ヨセフです！ 久しぶりですね 兄さんたち！

年代

B.C.1560年頃

登場人物

ヨセフ

生き別れの弟に会う

飢饉はカナンにもおよび、エジプトには多量の備蓄食糧があると聞いたヨセフの兄弟たちは、食糧調達に訪れる。これに対応したのは、今や宰相となったヨセフだった。彼は素性を隠して兄たちをスパイ容疑で取り調べ、彼らの供述が事実であるなら、故郷に残した末弟を連れてくるよう命令した。ヨセフはベニヤミンの身の安全を心配していたのだ。

やがて、ベニヤミンを連れて再訪した兄たちと対面したヨセフは、はじめて彼らに自分の素性を明かしたのである。兄弟が出会った感激の瞬間を『創世記』はこう記している。

「『私はヨセフです。父上はお元気ですか』兄弟たちは驚きのあまり、答えることができなかった。……『今、私をここに売ったことで心を痛めたり、怒ったりしてはなりません。神はいのちを救うために……私を遣わしてくださった』」

歳月が家族間の怒りやわだかまりを消していた。ヨセフは一家をエジプトに迎え、肥沃《ひよく》な土地を提供したのである。

十八世紀末、ナポレオン率いるフランス軍はエジプト遠征の際に、聖書の記述にあるピラミッドを見て驚嘆した。この建築物こそ『創世記』にある食糧を備蓄していた穀物倉庫に違いない、と確信したのである。

史実と聖書

ユダヤ教の夢解釈
あらゆる夢は何かの前触れ

ユダヤ社会において、夢は神の人間への意志疎通の手段であると考えられていた。当時の夢の解読者は広範な知識とともに、神から鋭利なインスピレーションを与えられているとされた。この力があるからこそ、神のメッセージは正しく伝えられると理解されていたのだ。夢には神や天使が見せる良い夢もあれば、悪霊が見せる悪い夢もあると考えた。

夢のなかには意味不明なものもあるが、「朝方に見る夢」「友人が自分について見た夢」「夢のなかで解釈されている夢」「繰りかえし見る夢」の4種類の夢は必ず近く現実化すると考えられた。

具体的なユダヤの夢解釈によれば、動物の夢は一般的に良い夢だ。象はとりわけ吉兆。ただし猿の夢は凶事の予兆とされる。雄牛の肉を食べる夢は金持ちになり、雄牛の角に突かれれば賢い息子に恵まれる。また、雄牛に逃げられる夢は長旅の予兆で、雄牛に跨った夢は将来を約束されるという。死体の夢も悪くない。家の中に死体があれば家内安全、死体が飲み食いするのも吉兆。ただし、死体が何かを持ち出す夢は悪い前触れとなる。

植物の夢もまた、吉兆だ。小麦の夢は平穏、ぶどうの夢は安産、いちじくは律法宗教の教えの知識が身につくという。ざくろは仕事が実を結び、オリーブの実は仕事が長続きする。

The Old Testament

イスラエル人虐殺
もっとも偉大な指導者の誕生

イスラエル人は増えすぎている！
これ以上増えぬよう男の赤子は殺してしまえ！
ファラオ
ある女が我が子が殺されるのを怖れ、籠に入れて川の茂みに隠した
ぼうや！
見つかりませんように…
あら？
まあかわいい
水浴びをしていた王女が偶然見つけた赤子…この子が後のモーセである

年代

B.C.1350年頃

登場人物

モーセ
ファラオ

葦《あし》の茂みに隠された幼子

ヨセフが宰相《さいしょう》だった頃から三百年が過ぎ、イスラエル人はエジプトで子孫を増やしつつあった。ヨセフの時代とは違い、彼らは奴隷の身分におとされ、日干しレンガの製作や都市建設など、過酷な肉体労働に終始していた。ファラオは人数が増えることを怖れた。抑圧された彼らの反乱を警戒したのである。ファラオはイスラエル人の助産婦たちに男児が誕生したら即座に殺すよう命令するものの、助産婦たちは実行をためらったため、彼らは増え続けた。そこでファラオは全国民に命令を出す。イスラエル人の男児が誕生したらナイル川に投げ込めという非情なものである。

そんな状況のもと、モーセが誕生した。レビ人（のちに祭司階級となる）の男性が同じくレビ人の女性と結婚し、やがてふたりの間に子供が誕生した。両親は生まれた子どもを三カ月ほど育てたものの隠しきれず、仕方なく籠《かご》に入れてナイル川ほとりの葦の茂みに隠した。

ところが、たまたま水浴びに訪れた王女が鳴き声に気がついたのである。王女は赤ん坊の素性を察したものの、殺すには忍びない。すると、隠れて様子をうかがっていた赤ん坊の姉が王女の前に姿を見せた。

史実と聖書

史実なれど200年の誤差
エジプト脱出の年代

この『出《しゅつ》エジプト記』あたりから聖書の神話時代が終わり、歴史時代に入るとされている。ところが、何年にこの出来事が起こったのか、という時代設定が特定できないのだ。

『列王記』によれば、ソロモン神殿の建設がエジプト脱出の480年後にはじまったとされることから計算すると、紀元前1438年ということになる。しかし『出エジプト記』に「イスラエル人はエジプト王パロのために国境守備の町ピトムとラメセスを立てる仕事に従事」とあることを根拠にすると、紀元前13世紀となってしまうのだ。

では、当時のエジプト王から推定すると第19王朝のファラオ、ラムセス二世（紀元前1314頃～1224）か、その後継者メルエンタプタ（紀元前1225～1215）の時代の出来事と推定できるが、あくまでも推定の域を出ない。『出エジプト記』の製作年代は紀元前9～8世紀とされるので、実際に起こった出来事との間に400～500年の時間が横たわっているのである。この時間の隔たりによって、史実であることが不透明になっているのだ。もともとユダヤ人は歴史記述として『出エジプト記』を記したのではなく、信仰上の重大事件として取り上げている。だから、正確なところはわかりようがないということなのだ。

「その子に乳を飲ませるため、私が行って、ヘブル女の乳母を呼んでまいりましょうか」

ヘブル女とはイスラエル人女性のことだ。赤ん坊の母親は、姉の機転のおかげで、乳母として王女に仕えることとなった。

エジプト王室で高い教養と学問を身につけて成長したモーセ。しかし、たまたま強制労働の現場でエジプト人がイスラエル人を虐待するのを目撃する。そして民族の血が騒いだのか、モーセはエジプト人を殺してしまう。死体を砂の中に隠したものの、その殺人は人々の知るところとなった。

やむをえずモーセはエジプトを脱出し、北西アラビアの遊牧民であるミディアン人に混じって暮らしていると、井戸端での出来事があった。ある日、ミディアンの祭司の娘たちが羊の群れに水を飲ませに訪れるが、意地悪な羊飼いたちが追い払ってしまったのだ。モーセはこれを見過ごせず、彼女たちの羊に水を飲ませた。これが縁でモーセは祭司の娘のひとりを妻とし、義父である祭司の元で暮らすことになったのだ。

これらの記述からモーセという人物の性格が理解できる。彼は人の難儀を放っておくことができず、つい関わってしまう熱血漢なのである。しかも口下手で話すよりも先に手が出てしまうのだから不器用、無骨なタイプといえる。

人物クローズアップ

モーセ

民族を指揮する大預言者

赤ん坊のときに、水から引き上げられたことから、名前は「引き上げる」を意味する。イスラエル民族の指導者であり、イスラム教徒も「諸預言者のなかで最も優れた人物」と評価している。いわば、消えかかった火を再び灯した中興の祖なのだ。また、12部族の中で最小のレビ族の出身であり、レビ族は後に祭司階級となった。さらに、ユダヤ教徒が重要視するモーセ五書（『創世記』『出エジプト記』『レビ記』『民数記』『申命記』）の著者とされる。

キーワードピックアップ

ミディアン人

現在のサウジアラビア北西部の典型的な砂漠地帯タブーク州が、当時のミディアン人の居住地だったとされる。ミディアン人は遊牧民として知られるが、聖書のほかの箇所では旅商人、あるいは略奪的な人々として描かれている。一時は領土拡大に成功したものの、のちにパレスチナ、アラビアの諸部族に混合、吸収されていった。

イスラエル人との関係が良好だったのはこの時期頃だと推定され、それ以降は敵対関係にあり、互いに侵入・撤退を繰り返していたようだ。

彼らミディアン人のルーツは『創世記』によれば「アブラハムがサラの生存中、ケトラという妻をめとり、彼女からジムラン、ヨクシャン、メダン、ミディアン、イシバクおよびシュワを産んだ」とある。ただしこの子どもたちは、イサクと同等に扱われなかったというから、選民イスラエルの差別の対象だったと推測される。

正統派のユダヤ教徒は髪と髭にこだわる

黒コートに黒い帽子 顔中髭だらけのユダヤ人

　オランダなどを旅行したことがあれば、全身が黒づくめの服で、顔全体が真っ黒に見えるほど髭を伸ばした人に出会った経験を持つ方もいるだろう。あの特異な服装は、ユダヤ教徒でもとりわけ正統派を自認する人々の宗教習慣だ。

　彼らは髭を剃らないどころか、櫛《くし》で整えることもしない。ユダヤの戒律で、髭を伸ばせと規定されるのではない。

「鬢《もみあげ》の毛を切ってはならない。髭の両端をそこなってはならない」（『レビ記』）

　との記述を厳正に守っているのだ。古代のユダヤ社会では、髭を他人に剃られるのは最大の侮辱だった。他方、親しい者の不幸に際しては、哀悼の意を示すため、みずから頭を丸め、髭を剃った。中世にユダヤ神秘主義（カバラ）が流行した頃、髪や髭は神から流れる神秘的パワーの宿る場所と考えられたことも理由である。

　現在では一般のユダヤ人には特別な規定はない。ただ、シナゴーグ（会堂）での礼拝の際には、神への恭順を示すため、男性は帽子かキッパー（皿状の小帽子）をかぶる人が多い。そのため、第二次大戦中、ナチスドイツの収容所に連行されたユダヤ人は、髭を剃られ、頭を丸刈りにされるのは屈辱以上に、神への冒涜行為と受け止めた。

　厳格な正統派の家族の女性は、結婚を機に頭を丸刈りにする。長い髪は男性を誘惑すると考えられたのだ。外出時にかつらをかぶることが習慣となり、そのため正統派ユダヤ人が多く住む町には、必ずかつら屋がある。

The Old Testament

モーセと神

燃えあがる柴と神の勅命

ある日のこと、モーセは不思議な光景を目撃する
あの柴はなぜ燃え尽きないのだろう…
モーセ
!
モーセよ聞くがよい
イスラエルの民をエジプトからカナンへ移すのだ
…
しかし民は私の言うことなど聞くでしょうか
神はモーセに力を見せた
杖が蛇となり再び杖に戻った!
神の助けがあればできるかもしれない…

年代

B.C.1300年頃

登場人物

モーセ

始祖の初心を取り戻すために

異邦人の土地で妻をもらい、ふたりの子どもにも恵まれたモーセは、平凡な暮らしを楽しんでいた。エジプトの同胞たちの悲劇など忘れたかのような毎日だった。

ある日、羊を追っているときに不思議な光景を目撃する。柴の中で火が燃えているのだ。しかし、柴は焼けない。不思議に思ったモーセに声があった。

「わたしはあなたの父の神、アブラハムの神、イサクの神、ヤコブの神である。……イスラエル人の叫びがわたしに届いた。わたしの民イスラエル人をエジプトから連れ出せ。わたしはあなたがたをエジプトでの悩みから救い出し……乳と蜜の流れる地へ上らせると言ったのである」

人々を率いてカナンの地（現在のパレスチナ）へ脱出せよと命じたのだ。自分にはとてもそんな能力がないとモーセが固辞すると、神は奇蹟を起こせる杖を彼に与え、口下手な彼に雄弁な兄アロンを手伝わせると説得する。そして、杖を蛇に変えたり、モーセの手をらい病に冒させる奇蹟を見せ、これをファラオの前で披露することをすすめた。さらにはモーセ自身や息子の生命を奪うと脅かされては、神の命令に従うしかない。こうして、モーセは民族の解放者となったのだ。

史実と聖書

シナイ半島南部の聖山 ジェベル・ムーサ

モーセが神に出会ったのは、シナイ山とされる。この山の所在地はいったいどこなのか。各説あるものの、最近ではシナイ半島南部にある、その名もジェベル・ムーサ（アラビア語でモーセの山という意味）という標高2291mの山であると考えられている。地元ではホレブ山という別名を持っている。

モーセが最初に神と出会った「燃える柴」も、のちに十戒を授かったのもこの山とされているから、ユダヤ人にとってはまさに聖山そのものなのである。

後の時代、『列王記』に登場する預言者エリヤがバアルの預言者との対決の後、命を狙われてこの山に逃げてきた際も、神の言葉を聞いている。

この山にはモーセに由来する伝承を持つ岩や泉があり、古くから土地の人々の信仰を集めていた。神の宿る山として、キリスト教徒の修行者が生活しており、3世紀には聖カタリナ修道院が造られた。十字軍時代に造られた石段も現存する。

ただし、近年の研究者はこの山をシナイ山とすることに疑問を持っている。なぜならば、エジプトからパレスチナへ向かう通り道としては、南に寄りすぎていること。また『出エジプト記』の記述にあるような広い平原が存在しないこと、などがその理由である。

The Old Testament

ファラオとの交渉

モーセとアロンがイスラエル人を救う

エジプトのファラオよ!
イスラエルの民を解放して下さい!
モーセと兄のアロンかつまらぬことを…
ファラオ
イスラエル人よ!さらにこき使ってやるぞ!
駄目だ助けられない…
アロン
今こそ神の力を示すとき!
神よ!

年代

B.C.1300年頃

登場人物

モーセ
アロン
ファラオ

害虫
神の力によって
10の厄災が
エジプトに
降り注いだ
疫病
雹《ひょう》
ガッ…
もう
やめてくれ！
イスラエル人を
解放する
ついに
自由を得た！
カナンへ
旅立とう！

魔術合戦で神の霊威を披露

エジプトに戻ったモーセと兄アロンは、さっそくイスラエル人の長老を集めて神の意志を伝えた。すでに始祖アブラハムの意志は忘れかけられていたものの、奴隷状態にある人々を解放する闘いに反対する者はいない。モーセは代表者としてファラオとの交渉を開始する。

「イスラエルの神、主がこう仰せられます。『わたしの民を行かせ、荒野でわたしのために祭りをさせよ』」

モーセは人々を出国させることを要求するものの、ファラオはこれを拒否する。

「主とはいったい何者か。私がその声を聞いてイスラエル人を行かせなければならないというのは。私は主を知らない。イスラエル人を行かせはしない」

ファラオは、なによりも労働力を大量に失うことを懸念したのである。もちろん、彼ら大集団が敵対国に加勢するのではないかという心配もあった。モーセは反論する。

「イスラエル人の神が私たちにお会いくださったのです。どうか今、私たちに荒野へ三日の道のりの旅をさせ、私たちの神、主に生贄《いけにえ》を捧げさせてください。でないと、主は疫病か剣で、私たちを打たれるからです」

聖書深読み

「祝福」と「呪い」とは?

ユダヤ人の神が人間に関わる際は、「祝福」と「呪い」という両極の対応方法を持つ。祝福とは贈り物や和解の意味があるが、もともとは「救済に満ちた力を付与する」ということである。神はアブラハムに子孫の繁栄、土地を与え、また、彼の子孫であるすべてのユダヤ人は子どもの誕生に際して、神の祝福を受けた。

人は自分自身を祝福することは禁じられているが、祭司は神の代理として、人を祝福することができる。

また、違う神を崇めたり、神の律法に反した場合は、病気や災難など、神による「呪い」を受けることになる。

人物クローズアップ

アロン

イスラエル最初の大祭司

口下手なモーセに代わって、ファラオやイスラエル人を説得したモーセの兄である。遊牧民アマレク人との戦争の際、モーセが杖をあげると味方が優勢になり、疲れて杖をおろすと不利になったのだが、アロンはモーセの腕を支え続けたという。アロンはホル山（現ヨルダンの世界遺産ペトラのジャバル・ハールン）でその生涯を閉じた。イスラエル人は彼の死を悲しみ、30日間の喪に服したという。

しかし、ファラオは聞く耳を持たず、最初の会談はあっけなく決裂した。しかも悪いことに、ファラオは奴隷の監督官を呼びだしてイスラエル人の労役を重くするよう命令したのである。監督官たちは奴隷を鞭打ち、さらなる労働を課した。モーセたちの行動の結果、労役が重くなったことを知ったイスラエルの人たちは、彼の行動を非難したのである。

モーセと兄アロンは、イスラエル人に神の言葉を伝えるものの、彼らは聞いてはくれなかった。それでやむをえず、神にアドバイスされたとおりに神の力をファラオに見せつけることにしたのである。

まずは、神に与えられた杖を蛇に変えて見せた。それに対し、ファラオはお抱えの魔術師を呼び、モーセを真似て杖を蛇に変えさせた。この程度は誰でもできるとほくそ笑むファラオであったが、モーセが出現させた蛇は魔術師の蛇を飲み込んでしまったのである。ファラオの顔色が変わった。

もちろん、この段階でもファラオはイスラエルの神の力を認めようとはしない。次第に神の力はエスカレートして、エジプトに罰を与えていく。

モーセはファラオと家臣の目前でナイル川の水を杖で打った。すると、川の水は血に変わり、魚は死に、水は臭くなり、人々はナイルの水を飲めなくなったのだ。

史実と歴史

レビ族は聖職に就く運命のエリート部族

ヤコブとレアとの間に生まれたレビをルーツとするレビ族は、12部族の中でもっとも人数の少ない部族だった。もちろん、モーセの兄であるアロンの家系はとりわけ名門とされ、彼の息子エルアザルの家系から、世襲で大祭司が輩出されたほどである。

そのほかのアロンの子孫たちもすべて祭司階級である。そのほかのレビ族は「レビ人」とよばれ、伝統的に祭司の下で聖所《せいじょ》に関するさまざまな仕事をするようになった。そのため、レビ族は12部族から別扱いされ、かわりにヨセフ族をマナセとエフライムの2部族に分けて、12部族とすることもある。

彼らが聖なる任務に就くようになったのは、イスラエル人が異教の神である金の子牛像を作った際（→P97）、レビ人だけが神への忠誠を示したからだ。荒野では、レビ人はアロンの監督の元で幕屋《まくや》の奉仕、契約の箱の運搬、聖所での奉仕に従事していた。彼らは20歳で祭司を助ける修行をはじめ、30歳で勤務に就き、50歳で引退したのである。ダビデの時代になって、彼らは祭司助手、裁判所助手、神門警備、合唱隊など4階級に分けられた。

カナン侵入後、レビ人は所有地を持たず、全国に居住地を与えられ、奉納物の十分の一が報酬として供与された。

悲鳴が飛びかう戦慄の夜

ところが、エジプトの魔術師も秘術を駆使して同じように水を血に変えたのである。魔術師の実力もさることながら、この程度でファラオの気持ちが変わることはなかった。

つぎに、モーセは実に奇妙な方法でファラオを苦しめることにする。モーセが口を開いた。

「もし、あなたが行かせることを拒むなら、見よ、わたしは、あなたの全領土を、カエルをもって、打つ。カエルがナイルに群がり、上って来て、あなたの家に入る。あなたの寝室に、あなたの寝台に、あなたの家臣の家に、あなたの民の中に、あなたのかまどに、あなたのこね鉢に、入る」

なんと、モーセはエジプト全土にカエルを大量発生させたのである。だが、ファラオはこの奇妙な攻撃に耐えた。それどころか、魔術師たちも神を真似てカエルを発生させたのである。しかし、モーセが地上の塵《ちり》を杖で叩き、大量のブヨに変えると、もう魔術師たちは真似することができなかった。ブヨは家畜や人々を襲い、さらにアブを発生させ、家畜に疫病が蔓延《まんえん》し、人々は皮膚病に悩まされたのである。そのうえ雹《ひょう》が降って畑の作物に被害を与え、追いかけるようにイナゴの大群が畑をおおい尽くした。さらに、モーセが太陽に手を

史実と歴史

ユダヤの民が伝える過越《すぎこし》の行事

奴隷となっていた民族が決死の覚悟で「約束の地」に脱出行をした。この解放と自由への歴史を記憶にとどめようと、ユダヤの人々はこの故事を「過越の祭」として、現在も祝っている。ユダヤ暦でニサン月（3～4月）中旬に行われる。

パレスチナは地中海型の亜熱帯気候で、雨季から乾季へと変わる時期に行われる行事なのである。この祭の7日間、人々はクラッカーに似た種無しパン（マツォット）を食べる。これは多忙の際の携行食糧である。

祭は一家の主人が司会役で問答、賛美歌、語り、祈りの順に進行される。そして、ハガダーといって、過越の祭の式次第や詩篇などが小冊子としてまとめられたものを読むのだ。「われらはエジプトにてファラオの奴隷だった。……われらを奴隷から自由へ解き放ち、慈悲から歓喜へ、暗黒から大いなる光へと導き出せし神に感謝する」

食事内容にも意味があり、苦菜（わさび）は奴隷の苦難を示し、羊の骨を焼いたものは子羊の犠牲を象徴、ぶどう酒にりんごやナッツを混ぜたものは、苦役の記憶としての建築用漆喰《しっくい》を意味する。さらにパセリやゆで卵が出される。

この祭のあいだ、男性の多くは敬虔《けいけん》の証として「キッパー」という縁なし帽子をかぶる習慣がある。

伸ばして、三日ものあいだ、あたりを暗闇としたのである。

しかし、それでもファラオはイスラエル人のエジプト出国を許そうとはしない。ここに至り、神は決定的とも思える大胆な制裁を決定した。それは、ファラオから奴隷まですべてのエジプト人の初子《ういご》（最初の子ども）をすべて殺してしまうという残酷な決断だった。家畜の初子も例外とはしないという。その際、イスラエル人は自分の家の鴨居《かもい》と柱に羊の血を塗ってしるしとすれば、神はその家を「過越《すぎこ》す（通り過ぎる）」ので悲劇は免れると指示を受けた。

「あなたがたのいる家々の血は、あなたがたのためのしるしとなる。わたしはその血を見て、あなたがたの所を通り越そう。わたしはエジプトの地を打つとき、あなたがたには滅びの災いは起こらない」

満月の夜に神の制裁がはじまった。あちこちの家から悲鳴が聞こえてくるなか、イスラエル人はまんじりともせずに神が通り過ぎるのを待った。ユダヤ教徒はこの出来事を記念し「過越《すぎこし》の祭」として、現在でも毎年春に行事を行っている。

さて、この恐ろしい事態に至り、ようやくファラオはエジプト出国を認めるのである。しかし、出国の際にすべての財産を放棄せよという条件を出した。モーセはこの条件を拒否したため交渉は決裂し、モーセはついに脱出行を決断する。

聖書深読み

カナン地方の「魔除けの夜祭」が「過越の祭」のルーツ?

「過越の祭」には、まったく違った角度からの研究もなされている。それはこの祭はもともとカナンの人々に伝わる「魔除けの夜祭」という祭事だったというのだ。悪魔は初子をねらって夜中に侵入する。その攻撃に備えて人々は種無しパン（放牧民の常食だった）と苦い野菜を食べ、子羊を屠《ほふ》ってその血を天幕の入り口に塗るというものだ。まさに『出《しゅつ》エジプト記』に記された過越の事例そのものだ。

この行事は遊牧民が、夏の放牧地に向かう予定日の前夜に行われたとされる。ただし、カナンの人々はすでに定住生活をする農耕民である。だから、行事本来の意味が失われて、かつてエジプトを脱出してこの地を訪れたという祖先の故事へと変化したと考えられるのだ。

ちなみに、家の鴨居と柱に羊の血を塗ることは、神へ犠牲獣を捧げることを意味する。『レビ記』に「体の命は血の中にある」と記されるように血は重視された。

それが人間の血であればなおさらだ。古代社会では血は生命そのものと理解された。世界各地で、お互いの身体を傷つけて血を流し、それを混ぜることで兄弟の絆を結ぶ儀式が行われた。

またこの出来事は、イエス・キリストが十字架上で流した血を連想させる。流された神聖な血が、新たな世界の創造をイメージさせるのだ。

The Old Testament

エジプト脱出

立ちはだかる海原
神とモーセが奇蹟を起こす

ザッ‥
ザッ‥
60万のイスラエルの民が出て行きました
……
やはり許せん!!
連れ戻せ

年代

B.C.1300年頃

登場人物

モーセ
アロン
ファラオ

大変だ
エジプト軍が
追いついてくる！
早く
逃げないと…
!!
ザザァ…
行く手を海に
阻まれた……
おしまいだ……

ゴオォォオオ
海がふたつに割れた！
神の奇蹟だ……
さあ早く渡るんだ！

ドドドドドド
追え！
逃がすな！
よし
全員
渡ったぞ！
!!
ザァ…
ザバババァ
モーセたちは
エジプト軍から
無事逃れた

海が分かれ、草原が燃える奇蹟

『出《しゅつ》エジプト記』によれば、このあと指導者モーセに従ってエジプト脱出を敢行したのは壮年男子六十万人とされる。彼らの妻子や奴隷を含めると数百万という膨大な数字になり、この大集団がそれぞれの家畜を連れて荒れ野の移動を続けるのである。そのため、この出来事にどれほど信憑性《しんぴょうせい》があるのかが問われることとなる。一説ではこの脱出ドラマは事実であるものの、その規模は数十人からせいぜい数百人程度ではなかったのかといわれている。また、この一連の「出エジプト」そのものが祭儀のイベントとして演じられる宗教ドラマ（架空の出来事）であるという説もある。

ともあれ、聖書の記述から脱出ドラマのハイライトを紹介していこう。出発する人々を前にモーセは語った。

「奴隷の家であるエジプトから出て来たこの日を覚えていなさい。主が力強い御手《みて》で、あなたがたをそこから連れ出されたからである。主があなたに与えるとあなたの先祖たちに誓われた……乳と蜜の流れる地に、あなたを連れて行かれる」

『乳と蜜の流れる地』とは、神がイスラエルの民に与えると誓った土地のことである。乳とはもちろん家畜のミルクのことである。そして、蜜とはナツメヤシの実を意味している。

聖書深読み

旧約聖書には
複数の神が存在した？

モーセの前に出現した神は、こう自己紹介している。「わたしは、あなたの父の神、アブラハムの神、イサクの神、ヤコブの神である」 つまり、ここで神は自らイスラエル民族の始祖の代から守護神として存在していたと説明している。つまり氏族の神、民族の神なのである。後に一神教の神とされるのだが、旧約聖書の時代には、世界には多くの神々が存在しており、聖書の神（ヤハウェ）は彼らと競い合っているとされる。『詩篇』に神々との会議の席上で、主導権を握ろうとするヤハウェが描かれる。

「『いつまで君たちは不正に裁き、
　神に逆らう者の味方をするのか。
　弱者や孤児のために裁きを行い
　苦しむ人、貧しい人の正しさを認めよ。
　神に逆らう者の手から助け出せ』」

多くの神々のひとりだったからこそ、ほかの神への信仰を激しく糾弾し、罰したのである。

その後、イスラエルの民は40年にわたって荒野を放浪するなど、多くの苦難を経験するのだが、その過程でヤハウェは超越神としての性格を示していく。その理由は、放浪の不安と苦痛の中でイスラエル人が否応なく団結心を強め、共通の理想を持ち続けることになることがあげられ、それに応じてヤハウェも強力な唯一神へと変貌していったと思われる。

つまり、家畜たちが丸々と育ち、ナツメヤシがたわわに茂るほどに豊かな土地ということになる。まさに始祖アブラハムが生命をかけて旅立ったように、数百年を経た彼の子孫たちもまた、理想の土地を求めて進むのであった。

モーセ率いる一行が荒野を進むと、目前に海が現れた。悪いことに背後からはエジプトの軍勢六百台の戦車を先頭に、騎兵や徒歩の兵隊たちが押し寄せてきて、人々は浮き足立った。一行は進むことも退くこともできない。逃げ場がない状況だ。目前まで迫った敵は日没を迎えて攻撃を控えた。神は雲を出現させて両者の間に暗闇をつくり、攻撃をとどまらせる。そして、モーセが海原に手を差し出すと、強風が吹き荒れて海が割れ、なんと真ん中に道が出現した。人々は開かれた道を進んだ。その後をエジプトの軍勢が追いかけるが、モーセが再び手を差し伸べると、道は再び海水で閉ざされ、海に入った軍勢はことごとく溺死してしまったのである。

窮地を脱したイスラエルの人々は、神の起こした奇蹟に歓喜した。アロンの姉、預言者ミリヤムはタンバリンを手に喜びを歌い、踊った。

「主に向かって歌え。
主は耀かしくも勝利を収められ、
馬と乗り手とを海の中に投げ込まれた」

聖書と史実

モーセがエジプト人で唯一神はアテン神?

イスラエル人の指導者であるモーセが、生粋《きっすい》のエジプト人だったという説がある。20世紀の思想界に大きな影響をあたえた精神医学者S・フロイト（1856～1939）の遺作的著書『モーセと一神教』（筑摩書房）に記されている。

フロイトによればモーセはエジプト人であるばかりか、エジプトの一神教である「アテン信仰」の熱烈な信者だったというのだ。アテン神とは太陽円盤あるいは太陽の放射光線で表現される神で、人類史上初の一神教とされる。もともとエジプトは多神教国家で、多くの神々が動物の頭部を持ち、ファラオ自身も神のひとりだ。

この神を強烈に信仰したのは第18王朝のファラオ、アメンホテプ四世（紀元前14世紀中ごろ）である。彼は名前をイクナートン（アテン神に愛される）と改名するほど、この神に傾倒している。しかし、一部の王族が信仰したものの大衆的な支持は得られず、彼の死後は急速に勢力が衰えていった。

フロイトによれば、エジプト王族の一員であったモーセは、ファラオ亡き後もアテン信仰を捨てられず、支持者とともにエジプトを脱出したとされる。ただし、この意見はヤハウェの選民を自負するユダヤ教徒にとっては侮辱的な見解として一蹴されている。

四十年間の放浪は神の制裁

モーセ一行は葦《あし》の海を出て、シナイの荒野に入る。出発前に神は人々に緊急用の食糧として酵母の入らないパンを作らせていたが、数日の旅路で底を尽き、飲料水も無くなっていた。ようやくオアシスにたどり着いたが、その水は苦くて飲めない。そんななか、ここでも神は奇蹟を起こす。モーセは神に示されて一本の木を水に投げ込むと、水はたちまち甘くなったのだ。しかし、その後も困難な旅が続き、飢えたイスラエル人が抗議した。

「あなたがたは、わたしたちを荒野に連れ出して、この全集団を飢え死にさせようとしているのです」

モーセは神に祈り、神の言葉を代弁した。

「あなたがたは夕暮れには肉を食べ、朝にはパンで満ち足りるであろう。あなたがたはわたしがあなたがたの神、主であることを知るようになる」

神の言葉通り、夕方に鶉《うずら》の群れが飛来し、宿営の周囲一面の大地で白い霜のような細かいものが採取できた。それは白い種のような粒で、味は蜜を入れた焼き菓子のようだった。人々はこれをマナと名づけた。それ以来、マナは常に毎朝のように宿営の周囲で採取することができるようになった。

史実と聖書

神の姿を表現したルネサンス人

目前に現われた神に、モーセはその名前を質問した。すると神は答えた。

「わたしは『有りて有る者』」

この言葉、ヘブライ語ではYHWHである。「わたしは以前から存在し、今もここにいる」という意味だが、意訳すれば「すべての存在の本質」ということだ。

旧約聖書の神の姿は見えにくい。こんな言葉がある。

「新約聖書を太陽とすれば、旧約聖書は月。旧約のなかに真理がヴェールにおおわれているが、イエス・キリストの死がそれを剥ぎ取った」

しかし、キリスト教徒、とりわけルネサンスの偉人たちは神の姿を白日の下にさらけ出した。一例をあげよう。ミケランジェロが天井画として描いた神（→P8）はたくましい肉体を持ち、髭をたくわえた初老の男性である。どこの世界でも賢者は老人の姿をとるようだ。

ミケランジェロはモーセ像も描いている。伝統的なモーセ像は、十戒の石版をかかげた若々しい立像だが、彼のモーセ像はたっぷりの髭を蓄え、鋭いまなざしでたたずむ老人の姿である。

ちなみにイスラム教の場合は偶像崇拝が否定され、絵画や彫刻にすることはできない。神とは「目無くして見、耳無くして聞き、口無くして語る」とされ、姿形を持たず意志のみの存在なのである。

エジプトを出発して三カ月目、人々はようやくシナイ山のふもとに到着した。実をいえば、エジプト国境から乳と蜜の流れる地カナンまでは三百キロ程度で、一カ月もあれば十分に踏破できる距離なのだ。しかし、イスラエルの人々はカナンに到着するまでに四十年という歳月を費やすことになる。なぜなのか。その理由は彼ら自身にあったといえる。

彼らは奴隷待遇だったとはいえ、安逸な暮らしに慣れていたため、エジプトを出発して三日目にしてすでに不平不満を募らせていた。それは旅の疲労に対してだけではなく、食糧や水不足に対してであり、しかも目的地であるカナンに居住する先住民がたいへんに強力だという噂に怯えてもいた。こうしたなか、決定的な事件があった。モーセが神に召喚されてシナイ山頂を訪れている間に、人々は身に着けていた金の腕輪を持ち寄って子牛の鋳像《ちゅうぞう》を作り、こともあろう自分たちをエジプト脱出に導いたのはこの神だと公言したのだ。

ふもとに戻ったモーセは仰天した。人々が祭壇を築いて黄金の子牛を祀り、礼拝していたのである。激怒したモーセは子牛像を粉々に砕いた。もちろん、神の怒りはそれでは収まらない。エジプトを脱出した世代は四十年間もの間、灼熱の荒野を放浪することを運命づけられた。約束の地を訪れることができたのは、彼らの次の世代になる。

史実と聖書

モーセの神の残酷な側面

宗教的な対立が、ときとして残酷な結果を生むことがある。とりわけ一神教を信仰する者同士の憎悪は凄まじい。人々が黄金の子牛像を作った際、神は激怒してモーセに命じている。

「腰に剣を帯び、……その兄弟、その友、その隣人を殺せ」（『出エジプト記』）

結局、3000人もの人々が殺害された。『民数記』には、さらに残虐な命令が下されている。ミディアン人と戦った際、男は皆殺しにしたものの、女と子どもは生かしたまま連れ帰った。すると、神はモーセの口を借りて、こう命令した。

「あなたがたは女たちをみな生かしておいたのか。子どもたちのうち男の子をみな殺し、また男と寝て、男を知った女をみな殺しなさい。ただし、まだ男と寝ず、男を知らない娘はすべてあなたがたのために生かしておきなさい」

男を知った女をみな殺すのは、彼女たちがミディアン人の子どもを妊娠している可能性があるからだ。男性経験のない女を生かしておくのは、妻や奴隷として利用できる、いわば資産価値があるからだ。まさに徹底した抹殺作戦である。これが当時の戦争作法とはいえ、異教徒に対する徹底した憎悪は、その後の十字軍の戦いやパレスチナ紛争、さらにはアメリカの9.11同時多発テロにも共通する「負の連鎖」とでもいうのだろうか。

The Old Testament

シナイ山での契約

神からもたらされたモーセの十戒

シナイ山に着いたぞ
私は山頂に登る戻るまで待つんだ
神よ…モーセが参りました
そなたに十戒《じっかい》を与える

年代

B.C.1300年頃

登場人物

モーセ

モーセ殿が
戻ったぞ
これは
神の教えが
書かれた石版だ
おお…
なんと
ありがたい
神は「契約の箱」を作らせ
その中に石版などが
納められた
この契約の箱は
至高の宝物として
ユダヤ人のシンボルと
なったのである
モーセたちは
契約の箱を先頭に
カナンの地を目指した

ユダヤ人のシンボル「契約の箱」

苦難の末、エジプトを脱出した人々に対して、四十年間も荒野を放浪させるという聖書の神というものの性格がおわかりだろう。神はけっして優しい存在ではない。それどころか過酷と思われるまでに人々に試練を与えるのである。このあとも読者は聖書のなかで、とうてい忍耐の限界を越えるような事件に遭遇する人々を目撃することになる。

神が過酷なのか、あるいは彼らの現実が過酷なのか、理由はわからない。ただ、国家を持たないイスラエルの民にとって、団結を維持するのは簡単なことではない。強力な国家に挟まれた小集団での生活は、始祖アブラハムの例でもわかるように屈辱的な忍従《にんじゅう》を強いられる。となれば、ひとりの神に帰依《きえ》して精神的な求心力を確保し、十二部族が堅い団結力を持つことが、民族必須の課題と考えても不思議ではない。

そのため、神の下した試練は格好の接着剤となるのだ。さらには神によって選ばれた民であるという「選民」意識がこれを補強する。もちろん、これは信仰心を持たない筆者の独り言ではあるが。

さて、モーセはシナイ山で神から十戒《じっかい》、つまりは十カ条の戒《いまし》めを授かることとなる。これはユダヤ教徒、キリスト教徒

聖書深読み

モーセの神が与えた移動可能な御神体

モーセがシナイ山で神から与えられた十戒を2枚の石版に刻み、それを収納するために作られたものが「契約の箱」であり、聖柩（アーク）とも呼ばれる。

神の指示のもとに作られており、長さ1m、高さと幅が70㎝ほどの長方形の箱である。材質はアカシア材で、内部外部共に金箔で覆われ、純金の上蓋には翼を広げた２体の天使（ケルビム）像が飾られる。側面に運搬用の棒を通すために環がつけられている。いわば、持ち運びできる御神体である。形といい機能といい、日本の御輿《みこし》に似ているのは興味深い。

新約聖書の『ヘブライ人への手紙』によれば、この「契約の箱」には十戒を刻んだ石版のほかに、奇蹟の食品マナの入った黄金の壺、モーセの兄アロンが使用した奇蹟の杖が収められているとしている。

ユダヤ教徒はこれを神そのものと崇拝した。カナンに侵入して、先住民と戦う際は、なによりも「契約の箱」が先頭になって敵陣に挑むのだ。後にソロモン王の時代、エルサレムに神殿が造られ、至聖所《しせいじょ》と呼ばれる内陣に納められた。その後は毎年一度、祭司たちによって「契約の箱」は外へ運び出され、人々に開帳されたという。しかし王国消滅後（→P150）、このユダヤ教徒とキリスト教徒が至高とする宝物は行方不明になっている。

にとってもっとも基本的な信仰上の掟とされている。
格調高い『文語訳聖書』からその内容を紹介しよう。

①汝《なんじ》我面《わがかお》の前に我の外何者をも神とすべからず。
②汝自己のために何の偶像をも彫《きざ》むべからず。
③汝の神エホバの名を妄《みだ》りに口にあぐべからず。
④安息日《あんそくび》を憶えてこれを聖潔《きよく》すべし。
⑤汝の父母を敬え。
⑥汝殺すなかれ。
⑦汝姦淫《かんいん》するなかれ。
⑧汝盗むなかれ。
⑨汝その隣人に対して虚妄《こもう》の証をたつるなかれ。
⑩汝その隣人の家を貪《むさぼ》るなかれ。

以上がその内容である。研究者によればこれらの文言は本来、禁止命令ではなく、事実の認定に近い表現がなされているという。つまり「そんなことをするはずがない」というニュアンスが含まれているという。これは、人々が自らの意志で選んだことを強調し、禁止や規制で縛りつけてはいないことを示すものである。

神はモーセに石板を二枚用意させ、十戒を記して与えたのである。この石板は「契約の箱」に納められて、のちに至高の宝物としてエルサレム神殿に安置された。

史実と歴史

ハンムラビ法典と契約の書
その影響と相違点

『出《しゅつ》エジプト記』はモーセがイスラエル人を率いてエジプトを脱出し、シナイ山で神から十戒を与えられたとする物語であるが、実際にはその後に幕屋《まくや》の建設、儀式の方法、安息日の取り決めなど、さまざまな律法上の規定が記されている。「契約の書」として記された部分を紹介しよう。

「……殺傷事故があれば、いのちにはいのちを与えなければならない。目には目。歯には歯。手には手。足には足。やけどにはやけど。傷には傷。」

この「目には目」のくだりは新約聖書にも引用され、そのルーツはハンムラビ法典にあるとされる。法典はバビロン第1王朝6代目の王ハンムラビ（紀元前1792～1752頃）の晩年に制定されたもので、現存する世界最古の法律とされる。当時のバビロニアは進んだ文明を持つ多民族国家であり、社会維持のため必要とされたのだ。

法典の趣旨は犯罪に対して厳罰を加えることを主目的にしているのではなく、むしろ無制限な報復を禁じるための規定だ。ただし、法律学者によれば『出エジプト記』の「契約の書」に比べるとハンムラビ法典ははるかに洗練されたものだという。法典が都市生活者を背景としたものに対して「契約の書」が農耕者の律法であることも影響しているのだろう。

神の姿を描くことは戒律で厳禁だった

偶像禁止の功罪と西欧世界

　聖書に登場する神はモーセに十戒を授け、その遵守《じゅんしゅ》と引き換えにユダヤの民を守り、イスラエルの地を約束した。神は全知全能であり、似姿としてアダムを造ったとされるから、男性神である。ただし、神がモーセに与えた十戒の二番目で、神像を作ることを禁止した。そのためユダヤ人は、名前も知らず形も見えない神を信仰することになったのだ。

　この事実はユダヤ人の性格に大きな変化をもたらした。ギリシアの神像や仏像を見ればその存在感を実感でき、具体的な信仰対象としやすいのだ。ところが偶像崇拝を禁止されたユダヤ教徒は、抽象的な概念として神を認知するしかない。神を物ではなく精神的な存在とすることは、その精神性を変化させることも可能であり、ユダヤ人の思惟《しい》的な頭脳を育てた。彼らが知的と評される理由もそこにある。

　ただし芸術活動、とりわけ絵画や彫刻、建築などの分野では十九世紀まで傑出したユダヤ人を見出すことはできない。しかし、二十世紀に入ると、シャガールやモジリアニという著名な画家がようやく出現した。

　初期のキリスト教徒もこの戒律を守ったが、次第に絵画や彫刻が作られていったのはご存知のとおり。理由はキリスト教の宣教範囲が世界規模になったこと。また、下層階級の人々に宣教する際、偶像を示すほうが実際的だったからと思われる。しかし、十一世紀にローマ教会と袂《たもと》を分かったギリシア正教会などは、イコンとよばれる平面の絵画表現にとどめている。

神に選ばれし英雄たち

「約束の地」に至るため、
民族の命運を賭けた戦闘がはじまる。
神の力を信じ、同胞の血を代償に勝ち取った勝利。
神に選ばれし指導者が、
人々に義なる教えを知らしめる。

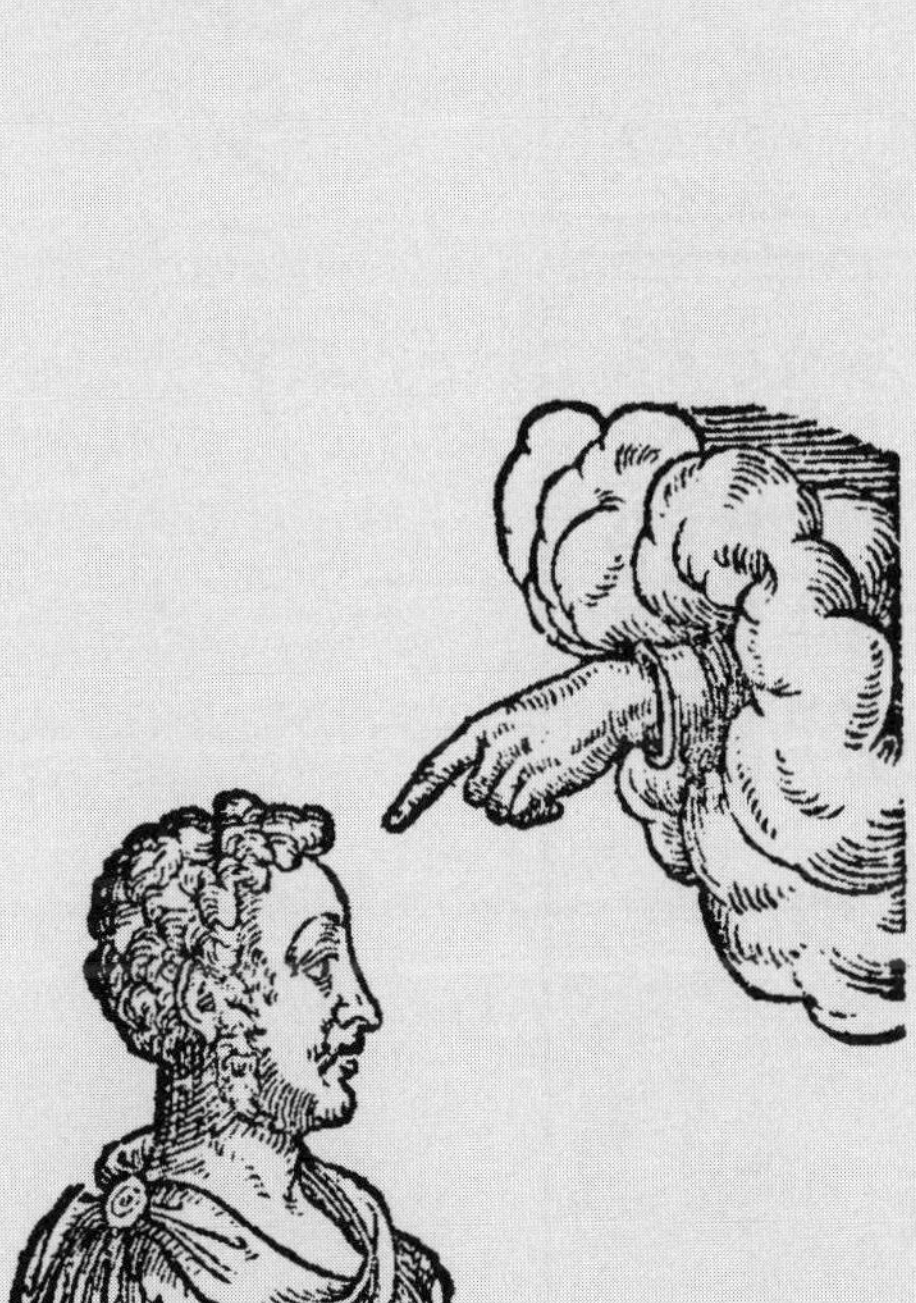

The Old Testament

カナン侵入

モーセの後継者ヨシュア ヨルダン川を渡る

モーセ亡き後
従者のヨシュアが
リーダーとなった
ヨシュア
ヨシュアたちは
エリコに侵入した
・・・
イスラエル軍が
1日1周
城の周りを
ただ回っている
何が
したいんだ？
イスラエル軍は
主の導きどおりに
エリアの城壁を周り続け
7日目には兵士たちが
一斉に雄叫びをあげた
すると奇蹟が起こり
城壁が音を立てて崩れ落ちたのだ
ヨシュアたちは内部に侵入し
町を制圧した

年代

B.C.1250年頃

登場人物

ヨシュア

エリコの戦いで神が本領発揮

カナンの地に到達する直前、ヨルダン川東岸でモーセが逝去する。次のリーダーはモーセの従者のヨシュアである。エジプト脱出時に二十歳を越えていた者はほぼ亡くなり、彼はわずかに残った第一世代に属している。カナンにはすでに先住民が町を作り暮らしているため、イスラエル人は彼らと闘って、みずから「約束の地」を奪い取らなければならない。まずその攻撃目標は西岸の要塞都市エリコである。エリコの町は二重の堅固な城壁に守られ、警戒体制中だった。

神に命じられるままに契約の箱を担いだ祭司たちがヨルダン川に入ると、神によって川の水がせき止められた。それからのエリコ攻略はすべて神のプランどおりに運ばれた。

まず、ヨシュアは兵士を進軍させ、その後を契約の箱を担いだ祭司を従わせ城壁沿いを歩き、一周したところで雄羊の角笛を鳴らさせた。ヨシュアたちはこれを六日間繰り返し、そして七日目に角笛が鳴らされると兵士が一斉に雄叫びをあげた。すると奇蹟が起き、エリコの城壁が音を立てて崩れ落ちたのである。町に侵入した兵士たちは老若男女の区別なく、町民すべてを徹底的に殺戮《さつりく》し、火を放った。ただ、味方を敵から匿《かくま》った遊女の一家だけは殺戮を免れた。

史実と聖書

世界最古の都市?
城塞都市エリコ

エリコはヨルダン川河口から北西に15kmの、現在のヨルダン川西岸地区に含まれる。海抜マイナス250mの低地で、旧約聖書には「棕櫚《しゅろ》の町」とも記される。

20世紀に入って、イスラエル人の記念碑的存在であるエリコの発掘調査がはじまった。その結果、後期青銅器時代の町が4カ所発見され、その中にレンガで二重に城壁を囲った町があった。焼けたレンガ層や木炭の堆積《たいせき》が大火のあったことを示しており、この町こそがヨシュアの滅ぼしたエリコの町であると断定された。そして地層による年代測定によって、イスラエル人のカナンへの侵入が紀元前1400年頃と推定された。

ところが精密な再調査の結果、この町の建設は紀元前7000年の新石器時代にさかのぼると判明した。世界でもっとも古い都市の遺跡だったのである。

当時の町は周囲を800mの城壁に囲まれ、人口は2000人程度と推定されている。驚くべきことに城壁は17回も建て直された形跡があった。つまり、この城塞都市の痕跡はヨシュアの時代よりもさらに古いのものなのだ。

残念ながら聖書に記されたエリコの戦いは証明されなかったが、そのかわりにエリコは世界最古の都市遺跡という名誉をものにした。

The Old Testament

アイ攻防戦

神への裏切りと敗戦 ヨシュアの次なる手とは

一度目は神を裏切った兵士がいて失敗したが
今度こそアイの町を攻め落とす!
ヨシュアはアイに入りアイの兵士を挑発した
わあああ
アイの地を奪いにきた!
何だと!
アイの兵士はすかさず攻撃に出る
イスラエル人め
逃がすな
退却だ!
ところがこれはヨシュアの策略だった
シャ…
アイはおしまいだ観念しろ!
ドドド
しまったさっきの奴らはおとりだったのか!
ヨシュアたちを追ってカラになった町を待機していた本隊が制圧した

年代

B.C.1250年頃

登場人物

ヨシュア

アイの町をめぐる攻防戦

イスラエル人の戦争は徹底したものだった。抵抗するものは皆殺し、降伏すれば生かして奴隷とした。もちろん、財産はすべて没収し、さらには町を焼け野原とした。情け容赦ないが、これが当時の戦争作法の通例なのだろう。

さて、緒戦を大勝利に終わらせたヨシュアの軍は、その勢いのままにカナン侵入を進める。だが、エルサレムの北の町アイを攻撃するときは勝手が違った。三千人程度の兵士が攻撃したのだが、一瞬にして撃退されてしまった。敗退の原因を探すと、ある者が戦利品を隠匿《いんとく》していたことが発覚した。金銀は神の取り分なのである。

ヨシュアは違反者を処刑後、ふたたびアイ攻略を開始した。まずは屈強な兵士三万人を選び、アイの町の周辺で待機させる。そして、ヨシュアが先導する部隊がアイの町に姿を見せて挑発し、敵の反撃があればすぐに撤退する手はずだった。案の定、敵軍は撤退する部隊を追って、町から出撃したので、無防備となった町に待機中の兵士がなだれ込んだのである。

ヨシュアの軍勢を追いかける敵軍が町を振り返ると、すでに町からは黒煙があがっていた。これで戦いの趨勢《すうせい》は決まり、ヨシュア軍は勝利を収めたのである。

聖書深読み

すべての事柄には神の意志が働いている

最初のアイへの攻撃が失敗した際にイスラエル側は36人の兵士を失った。これがヨシュアには不満だった。神はこの土地に占領を約束したはずなのに、なぜ死傷者を出す事態に至ったのか、神に問いただした。

すると神は、違反行為をした者がいると答えたのだ。占領した町の金銀宝石はすべて神へ献納《けんのう》されるはずが、誰かがこれを私物化したため、神が罰を与えたというのだ。そして、犯人を見つけて処罰すれば今後も戦争に勝つと保障した。

ヨシュアは部族の祭司と指導者を集めて状況を説明の上、くじ引きをさせた。するとユダ族の誰かが涜神《とくしん》行為をしたことが判明、さらにユダ族の家族ごとにくじを引かせた結果、アカンという兵士の犯罪が明らかになった。彼はエリコの戦闘の際、金糸で編まれた王の外套《がいとう》と金塊を発見し、密かに穴に埋めて私物化しようとしたのだ。アカンは処刑され、再びヨシュアの軍は優勢に進軍していった。

現代人には奇妙に思われるかもしれないが「くじ引き」は、神の真意を知るために有効な方法と考えられていた。あらゆる出来事には必ず、細部に至るまで神の意志が働いているととらえるのだ。

ユダヤ人の間では、こうした神託がよく実行されたのである。

The Old Testament

デボラの戦い

勝利の唄を歌う女預言者デボラ

約束の地を手にしたイスラエル人だったがその生活は安定しなかった
北部一帯はイスラエル人をカナン王が圧迫していたのだ
バラクです お呼びですか 預言者デボラ
バラク
神のお告げがありました
あなたは1万の兵を率いてカナン王を討つのです
デボラ

年代

B.C.1150年頃

登場人物

デボラ
バラク

あなたが一緒なら
私も一緒に行きます
敵は戦車が900両という大軍だった
来られたらとてもかなわない！
しかし突然の嵐が吹き荒れ川が氾濫し戦車はぬかるみで動けなくなった
いまだ！
軍事力の差は逆転しデボラたちは圧勝した
勝利の唄を歌いましょう！

異民族を撃退する神の力

聖書によればイスラエル人がエリコ、アイの両都市を占領した噂はカナン全域に広まり、周辺の先住民に恐慌を巻き起こした。都市の王たちが同盟して抵抗するものの、イスラエル人の勢いを止めることができない。そしてついに、彼らは念願の「約束の地」を自らのものにしたのだ。十二部族はそれぞれの土地を分け与えられて、始祖アブラハムが強く願ったように、晴れて農耕の民となったのである。

生命をかけて勝ち取った土地で暮らしはじめたものの、カナンでの生活は、けっして安定したものではなかった。戦争世代が亡くなると、人々は土着の文化を受け入れ、それどころか彼らの信仰を受け入れることもあった。加えて、外部から絶え間ない侵略者の姿があった。定住してから国家建設にいたる過渡期ともいえるこの時期、士師《しし》（裁き人、擁護者の意味）とよばれる指導者が活躍した。『士師記《ししき》』には十二人の士師が紹介されている。

士師記の物語は各地に伝えられた英雄譚《たん》や伝承を再編集したものとされるが、一定のパターンにしたがっている。人々が神への信仰を忘れると、神は懲罰として異民族の侵入を許す。すると人々は悔い改めて神に許しを願う。神は救済者と

キーワードピックアップ

士師（しし、さばきつかさ）

カナン侵入に成功したイスラエル人であるが、さまざまな外敵の侵入に脅かされる日々を過ごしていた。もともと士師は人々の推薦によって12部族を指導し、日常的な揉めごとや争いを調停する立場にあった。彼ら士師はヨシュアによるカナン定住から王国の成立までの間、イスラエル人を指導したのである。

士師の支配地域は一定地域に限定されており、世襲制ではない。他民族からの圧迫に抵抗した士師を「大士師《だいしし》」といい、外敵の攻撃とは直接関係しない仲裁者を「小士師《しょうしし》」と分けている。

一般的には、イスラエル人が神に背いた行い、たとえば偶像崇拝などを行うと、神の審判として他民族の侵入・圧迫があり、悔い改め、許しを求めると救助者として士師が登場する。そして、しばらく平和が続くとまた、神に背いて……という循環でイスラエル人は歴史をとらえていた。

人物クローズアップ

デボラ

棕櫚《しゅろ》の木の下で託宣

『デボラ記』のなかの「デボラの歌」は、使用されるヘブライ語が最古の形と考えられており、散文と詩歌の繰り返しという形式もまた古いもの。そんな理由から、「デボラの歌」部分は旧約聖書中、最も古い時代に記された文書とされている。

バラク

敵に対峙する英雄

名前の意味は「電光、稲妻」。ナフタリ族の出身。女預言者デボラの進言によってカナン軍との戦争を決意、1万人の兵士を集めた。

して士師を指名し、士師は民族を結集して敵を撃退し、平和を回復させるという構成である。

さて、イスラエルの北部一帯は先住のカナン王が圧倒的な軍事力を持ち、二十年にわたって人々を圧迫していた。神はデボラという巫女をイスラエル人の救済者として指名した。デボラはバラクという青年を呼びよせ、反抗軍を組織させる。これに応じて十部族から一万人の軍勢が結集した。反攻を察知したカナン王は将軍シセラに攻撃を命じ、シセラは九百両もの鉄製戦車を擁する軍勢で迎撃の構えを見せる。

主戦場はキション川のほとりである。両軍が激突するなか、突然嵐が起こって川が氾濫したので、戦車はぬかるみに車輪をとられて立ち往生してしまう。この千載一遇のチャンスに部族連合軍は軍事力の不利を大逆転させ、ついには敵の殲滅に成功するのである。

デボラは高らかに勝利の唄を歌った。

「天か星が下って戦った。
その軌道を離れてシセラと戦った。
キション川は彼らを押し流した。
昔からの川、キションの川。
私のたましいよ。力強く進め」

聖書深読み

ユダヤ教と女性の地位 神の目論見外れる

聖書の登場人物は圧倒的に男性が多く、デボラのような女性の主人公は珍しい。アダムのあばら骨から女性を造った神は、男権的な神とされる。しかし、実際のユダヤ人の中で、女性の立場はどうなのだろうか。ユダヤ教の口伝伝承である「タルムード」から、彼らの女性像を紹介しよう。まず、こう述べられる。

「神は男のどの部分から女を造ろうかと思案された。頭からは造るまい。女が偉そうに頭をもたげないように。目からも造るまい。女の好奇心が強くならないように。口からも造るまい、おしゃべりにならないように……。そうではなくて、体の隠れた部分から造ることにしよう。女が慎み深くなるように」

しかし神の目論見は失敗だったようだ。なぜならラビ（ユダヤ律法学者）はこう記している。「4つの資質が女性にある。執念深く、盗み聞きをし、怠け者で、嫉妬深い」「10個のおしゃべりが世界に降りてきた。女性が9つを占め、男性がひとつ取った」（以上『タルムード入門』教文館）

女性蔑視《べっし》というより、恐妻家の言い訳にも思える。なぜなら、生まれた子供がユダヤ人と認められるには、父親ではなく母親がユダヤ人であることを条件としている。もっとも、これは女性の貞節を信用しない証拠かもしれない。

The Old Testament

ギデオンの戦い

少数精鋭に徹底した士師ギデオン

カナンではミディアン人による略奪が繰り返されていた
ギデオンよ イスラエルを救うのだ
神様… 私にできるでしょうか…
ギデオン
しかし神様が励ましてくださるなら…
ドキ…
不幸の元凶が親の崇拝するバアル神にあると知ったギデオンはその祭壇を打ち壊し…
3万人を越える兵を集めた

年代

B.C.1100年頃

登場人物

ギデオン

しかし、神は兵士数の削減を命じた
ああ うまい
ギデオンは神の命令に従い兵士に水を飲ませた
無警戒な者は帰れ！
そして泉に顔をつけて水を飲んだものを帰らせ兵士の数を３００人に減らした
その夜 神は敵陣に潜入するようギデオンに命じた
こんな夢を見たんだ
それは俺たちが負ける夢じゃないか？
ザワ ザワ…
ギデオンは勝利を確信した
神よ… 感謝します
さあみんな いくぞ！
ギデオンたちは敵陣に入り一斉に角笛を吹いた
主の剣！ ギデオンの剣だ！
突然の襲撃に敵は混乱ギデオンたちは圧勝した

少数精鋭の兵士が勝利を導く

ミディアン人とは典型的なアラビア遊牧民で、現在はベドウィン（→Ｐ47）と呼ばれる。『士師記《ししき》』の時代の彼らはイスラエルの地を占拠していた。ミディアン人は洞窟や要塞に住み、わずかに農耕をするものの、穀物の収穫時期になるとイスラエル人の隠れ家を襲い、作物をすべて略奪した。こんな悲惨な事態がすでに七年も続いていたのである。

そんなおり、ギデオンという若者を神が選んだ。当初、ギデオンはなぜ自分が選ばれたのか理解できなかった。しかし、ギデオンは不幸の元凶が親が崇拝するバアル神にあると知り、その祭壇を打ち壊し、ミディアン人と対決の姿勢を強めていく。そして彼の呼びかけで三万人を越える兵力が集まったが、神は兵士数の削減を命じる。戦いを怖れる者を帰すと一万人になったが、神はさらなる兵士の削減を求めた。

そこでギデオンはミディアン人の陣地の向かい側にある泉で、兵士たちに水を飲ませた。そして、顔を水につけて飲んだ者を帰郷させ、手で水をすくって飲んだ者を残した。つまり警戒を怠らない者を選んだのだ。その結果、兵士の数は三百人に激減したが、少数精鋭の兵士たちが残った。

その夜、神はギデオンにミディアン人を攻撃するよう命令

キーワードピックアップ

カリスマ

カリスマとは本来はギリシア語で「恵み」「喜び」という意味を持つが、預言者・呪術師・英雄などに見られる超自然的・超人間的な資質のことを指す。一般的には、特定の人物が持っている天賦の才能を示すもの。人間の能力をはるかに超えた能力の持ち主は「カリスマが宿る」と表現された。ドイツの社会学者マックス・ウエーバー（1864～1920）は、この特質を持つ人物に人々が支持、崇拝される状態を「カリスマ支配」とよんだ。以来、この言葉は一般名詞となり、日本でも流行語になった経緯がある。

旧約聖書に登場する預言者、士師はすべてカリスマという、神の恩寵《おんちょう》を授かった人物ということができる。カトリック教会では同じ意味の言葉として「ペンテコステ」があるが、カリスマという用語を使用するほうが多い。神がどんな人物を選んでカリスマを贈るのかは、人知の及ぶところではないようだ。

人物クローズアップ

ギデオン

神意を疑う戦士

「破壊者」「強力な戦士」「伐採者」の意味を持つ士師。デボラの勝利の40年後、イスラエルは再び外敵の執拗な侵入に悩んでいた。そこで神はマナセ族のなかから平凡な若者ギデオンに白羽の矢を立てた。しかし、慎重な性格で神意を疑うギデオンは神に証拠を求めた。羊毛を大地に置いた翌朝、露でびっしり濡れながら大地が乾いているという「奇蹟」を、二度も目の当たりにして納得したほどだ。

した。そして、もし神を信用しないのなら、敵陣に入って彼らの声を聞けというのだ。ギデオンが敵陣に潜入すると多くの兵士たちが谷に伏していた。ひとりの声が聞こえる。

「私は今、夢を見た。見ると、大麦のパンのかたまりがひとつ、ミディアン人の陣営にころがってきて、天幕の中にまで入り……それは倒れた。……天幕は倒れてしまった」

すると仲間の兵士がその夢の解釈をした。

「パンのかたまりはイスラエル人……ギデオンの剣にほかならない。神が彼の手にミディアンと陣営全部を渡されたのだ」

農夫であったギデオンはパンにたとえられ、それが敵の天幕を倒したことは、ギデオン軍の戦闘力（ギデオンの剣）が敵軍を撃破することを意味する。

これを聞いたギデオンは、神の言葉を確信し、味方の陣営に戻り、精鋭部隊を三つに分けた。兵士は敵陣に到着すると一斉に角笛を吹き鳴らした。そして、口々に叫んだのだ。

「主の剣、ギデオンの剣だ」

敵陣は大混乱におちいった。あちこちで同士討ちがあり、主力の部隊は浮き足立って逃走する。追跡するギデオンは敵の首長を討ち取り、戦争はイスラエル人の勝利となった。

その後四十年にわたってギデオンは士師としてイスラエルの人々を指導し、複数の妻と七十人もの息子に恵まれた。

聖書深読み

オリエント世界に君臨するバアルという神の正体

紀元前3000年紀から紀元前1000年紀に、シリア・パレスチナでもっとも勢力のある男性神がバアル（別名をベール、ハダド）という嵐と雨の神である。「主」の意味があり、カナンのみならず、エジプト世界でも信仰対象となった神だ。

シリアの地中海岸にあった古代都市ウガリトから出土した粘土板（ウガリト神話という）によれば、バアルは最高神エールと神々の母アスタルトの息子で、勝利の女神アナトの兄にして夫である。

その姿は右手で矛、左手に稲妻を握った戦士の姿で表現されることが多い。

豊穣神であり、龍神ヤムナハルや冥府《めいふ》の神モトの敵対者である。龍神との戦いはバアルが治水、利水の神を意味し、モトとの戦いは「死と再生」を意味する。

バアルは植物神でもあり、乾季に死んで冥府に降りるが、雨季になると復活を果たす。また、アスタルトほかの地母神との性交渉によって、大地に豊穣をもたらす存在でもある。

日本でも「稲妻」は稲を生み出す夫（妻）という意味があり、母なる大地に雷が落ちることが性交渉を意味し、大地に新しい生命をもたらすといわれる。

もともとバアル・ゼブル（崇高なるバアル）と呼ばれていたが、中世キリスト教徒はバアル・ゼブブ（蝿のバアル）と呼び、悪魔のひとりに位置づけた。

The Old Testament

サムソンとペリシテ人

誘惑女デリラが暴く怪力サムソンの秘密

神に捧げられた子であるサムソンは怪力を身につけ
イスラエル人を支配するペリシテ人に反抗した
サムソン
あなたはどうしてそんなに力持ちなの?
秘密だ
デリラ
私はあなたの妻よ!お願い教えて
髪の毛を切らないでいることさ
よくやったぞデリラ
さすがペリシテの女だ
髪を切られたサムソンは捕らえられてしまった

年代

B.C.1100年頃

登場人物

サムソン
デリラ

ペリシテ人の神殿
そうだ あの間抜けは どうしている?
おお 良い見せ物が きたぞ
神よ 私に力を!
ガラガラ
しまった! 髪がのびて いたのか!
サムソンが 2本の柱を折ると 神殿は崩れ落ち ペリシテ人たちは サムソンもろとも 下敷きになってしまった

遊女デリラの誘惑に負けた士師

『士師記《しき》』の最後に登場するサムソンの物語は、痛快無比な豪傑伝説である。宗教色が薄く、内容の面白さから叙事詩やオペラ、さらにはハリウッド映画にも採用されている。

さて、主人公サムソンはライオンを素手で引き裂くほど人並みはずれた怪力の持ち主として、周囲から怖れられていた。ただし、豪傑色を好むのたとえどおり、単純な性格で女性にはからきし弱いのが欠点だったのだ。彼はイスラエル十二部族のダン族の一員として生まれたが、彼が成長する時代、イスラエル人はペリシテ人の支配下にあった。

サムソンの怪力には理由があった。彼が母親の胎内にいた頃から、母は息子をナジル人として神に捧げていた。その誓いとは、息子がけっして髪の毛を切らないことだった。そのため、彼は人並みはずれた怪力を神から授かったのである。

彼の豪傑ぶりはエピソードに事欠かない。ペリシテ人の娘に恋をしたときのこと、その父親に結婚の同意を求めたものの、父親はほかの男に娘を嫁がせた。怒ったサムソンは三百匹のジャッカルを捕まえ、二匹ずつ互いの尾に松明《たいまつ》を結びつけてペリシテ人の土地に放ち、焼き払ったのである。その後、罪を問われて縛られて連行されたものの、途中で縄がほ

キーワードピックアップ

神に捧げられたナジル人

ナジル人とは自ら志願して、あるいは神の任命によって、特別な誓約を神に捧げた者のこと。語源のナジールは「聖別された者」を意味する。

サムソンの場合、長い間子宝に恵まれなかった母親が天使に男子の誕生を告げられた際の命令に従ったものだ。

ナジル人となった者はぶどう酒をはじめ、ぶどうの木から作られるあらゆるものを口にすることを禁じられる。また、髪を切ることは許されず、たとえ両親であっても死者に近づくことが厳禁される。

研究者によれば、新約聖書に登場するバプテスマのヨセフはナジル人であったとされる。また、イエスもまたナジル人と推定される。大酒飲みとされるイエスがナジル人とは奇異な気がするが『マタイによる福音書』にある「今後ぶどうの実から作ったものを飲むことは決してあるまい」の言葉がナジル人の誓願と解釈できるからだ。

人物クローズアップ

サムソン

悲劇の豪傑

12士師の最後のひとりであり、最も波乱に富んだ人生を送った。名前は「太陽の人」「神に仕える者」の意味。ただし、敵対するペリシテ人の女性を妻とするなど、女性に弱いことが彼の命取りとなった。

デリラ

男を虜にする女

このペリシテ人女性の名前は「弱くする」意味があるとされるが、アラビア語の「妖婦《ようふ》」「誘惑する女」という意味、またバビロニア人の言語であるアッカド語の「上品な」の意味もある。

どけると、サムソンはロバのあご骨を武器に、千人ものペリシテ人を撲殺した。

ペリシテ人は彼の弱点を探ろうと試み、ガザの町の遊女デリラに依頼した。寝物語でデリラはサムソンに尋ねた。

「あなたの怪力の秘密はなんなの？」

もちろん、簡単に秘密を打ち明けるはずはない。しかし、サムソンは遊女デリラの誘惑に負けて、秘密を打ち明けてしまう。自分がナジル人であり、サムソンは髪を切れば怪力が失われてしまうことを。この情報はすぐにガザ領主に報告され、彼の手下によって髪が切られ、サムソンは怪力を喪失する。縛りあげられ、両目を潰されたサムソンは、散々もてあそばれた末に投獄された。やがて神殿に連行され、二本の石柱にそれぞれの腕を縛りつけられてさらし者に。憎い敵を一目見ようとペリシテ人が集まってくるなか、サムソンは神に祈った。

「わたしの主なる神よ……今一度だけわたしに力を与え、ペリシテ人に復讐させてください」

すると身体に力が蘇ってきた。牢獄暮らしで髪が伸びはじめていたのだ。サムソンは縛られていた腕に満身の力をこめた。すると、二本の柱はまっぷたつに折れ、その勢いで神殿全体が崩壊したのである。崩落現場には数千人のペリシテ人の死骸とともに、英雄サムソンの遺骸があった。

史実と歴史

イスラエル最大の敵ペリシテ人 その強さの理由とは

「海の民」ともよばれるペリシテ人は、カナン先住民であり、イスラエル人にとっては不倶戴天《ふぐたいてん》の敵であった。彼らは紀元前13世紀の後半、エーゲ海付近から東部地中海地方に進出した民族の総称である。そのルーツは不明だが、ギリシア系の人々が中心の混成集団と推定される。彼らは次々と都市国家を滅ぼしシリア・パレスチナの海岸部を南下、エジプト侵入を図ったが、エジプト側の必死の抵抗で断念。海岸平野部に定着した。

彼らはパレスチナのガザ、アシュケロン、エクロンなど5都市を占拠、ペリシテ人の都市国家として同盟を結んだ。そして、内陸部に進出をはじめたのである。パレスチナとは「ペリシテ人の土地」を意味している。彼らが強敵なのは、その優れた文明にあった。彼らが移動をはじめた頃に、すでに世界は青銅器から鉄器文明へと変貌しつつあった。彼らは征服したヒッタイト帝国から鉄の精錬技術を身につけ、パレスチナ定住後もしばらくその技術を独占していた。彼らは直剣と小型の丸盾を持ち、頭には半円形の兜をかぶり、馬2頭立て、あるいは3頭立ての戦闘用馬車で戦陣におもむいた。カナン侵入以来、ずっと彼らに悩まされたイスラエル人であったが、この後登場するダビデによって、ようやく排除に成功している。

The Old Testament

ルツとナオミ

残されたふたりの美しき愛情物語

夫をなくし子孫を作れなかったルツは姑ナオミについて行きベツレヘムへ向かった
ルツ
ナオミ
当時は子孫を残さないことが最大の罪だった
ルツはナオミの親戚であるボアズ家で落穂《おちぼ》拾《ひろ》いの仕事をはじめた
お母さんのために頑張らなきゃ…
ボアズ
よく働いておる
あなたボアズさんと結婚したらどう？
ルツとボアズは結婚し無事に跡継ぎを残すことができた

年代

B.C.1030年頃

登場人物

ルツ
ナオミ
ボアズ

子孫を残さないのは最大の罪

ベツレヘムに飢饉があり、ユダ族の男が妻ナオミとふたりの息子を連れて異教徒の土地に移住した。やがて夫が亡くなり、成長したふたりの息子はそれぞれ地元の女性を妻とした。ところが、息子たちは子どもを残さずに相次いで早世《そうせい》してしまった。

妻ナオミは故郷に帰ろうと思い、嫁ふたりにも実家に戻ることを勧めた。ところが次男の嫁ルツは姑であるナオミに同行するというのだ。ユダヤ教の戒律では、異教徒は十世代を過ぎてもコミュニティには参加できず、迫害の怖れもある。しかし、ルツの気持ちは変わらず、ユダ族の男と結婚した以上は改宗し、姑の面倒を見ると言い張るのだ。

仕方なくナオミはルツを伴ってベツレヘムに帰った。ナオミのためにルツは仕事を探したところ、ボアズという資産家の畑で、落穂拾いを許された。こぼれた落穂を拾うといっても、ルツが拾ったのは二十三リットルにもなった。これは寡《か》婦《ふ》の権利としてユダヤ教が保障し、キリスト教にも伝えられた。十九世紀フランスの画家ミレーの「落穂拾い」は、この様子を描いたものだ。ちなみにぶどう畑の場合、その場で食べることは許されるが、持ち帰りは許されない。本来は異教

聖書深読み

ユダヤ教徒と結婚

結婚はユダヤ教徒にとって義務である。ユダヤ教の口伝伝承である「タルムード」によれば「未婚の男性は完全な意味で男とはいえない」と、早婚が奨励された。結婚相手は、生まれる前から神によって決められているとされた。ただし、神も間違えるのか、離婚も可能だ。たいていの場合は夫の通告で認められた。

離婚が認められる理由は、ユダヤ教に反する行為、夫の前で子どもを呪うこと、隣家まで聞こえる大声を出すことなどである。公衆の面前で髪を布でおおわないのも不謹慎な行為となる。また、結婚して10年間、子宝に恵まれない場合も正当な離婚理由となる。

人物クローズアップ

ルツ

異教徒の嫁

ルツはイスラエル人にとっては異教徒のモアブ人である。モアブは現在のヨルダンのカラク高原地帯を指す。アブラハムの甥ロトの息子の子孫がモアブ人の始祖となり、その地域に定着したとされている。

ナオミ

嫁を想う優しき姑

「私の喜び」という意味を持ち、ユダヤ教徒、キリスト教徒が女性の名前に使用する。日本でも女性名に使われるが、これは大正末、谷崎潤一郎が『痴人の愛』の主人公に命名したことにはじまる。

徒には認められないが、事情を知ったボアズはルツにこの権利を認め、差別されないよう心がけたのだ。

帰宅したルツの話を聞いたナオミは、ボアズが亡父の親戚であると説明し、妙案を思いついた。夫の親戚と結婚すれば夫の血筋は途絶えないですむと。それで、ルツにボアズのベッドに入ることを勧めた。ルツもこの意味を了解した。

その晩、ボアズがベッドに入ると裸の女性が待っていた。「わたしはあなたのルツです。……この端女《はしため》をおおってください。あなたは買戻しの権利のある親戚ですから」

当時のイスラエル律法によれば、人々の土地は神から与えられたもので、みだりに他者に売り渡すことが厳禁されていた。これには、土地の所有が細分割されることを防ぐ目的があった。そのため、土地売買の資格は所有者の近親者のみとされたのだ。ナオミの土地は女だけでは耕作できず、売り渡すしかないのだ。ルツがボアズに接近した理由のひとつが、彼が土地買取の資格者だったこと。ボアズにしてみれば、その理由だけで婚姻するのは、立場を悪用したと疑われる。そのため、同じ親戚関係にある男を紹介したのだ。

心優しいボアズに嫁いだルツは幸福な人生をおくり、やがて念願の息子も生まれた。ルツとナオミは女性の鑑《かがみ》として広く知られるようになったのである。

聖書深読み

民族の智を絶やさぬ為に タマルの知恵と戦略

子孫を残すため、必死の努力をした女性の物語を『創世記』から紹介しよう。ヤコブの息子ユダには3人の息子がいて、長男エルはタマルという嫁を迎えた。ところが早々にエルは死亡。ユダは次男オナンに兄嫁との結婚を命じた。

次男オナンは長子権を得たが、タマルに男子が生まれれば長子権は移ってしまう。そこでオナンは彼女とは同衾《どうきん》すまいと心に誓う。しかしタマルは魅力的な女性。オナンは誓いを忘れ、彼女と夜を共にする。でも子どもはいらない。悩んだオナンは妙案を考えた。「兄嫁のところに入るたびに子種を地面に流した」のだ。

元祖オナニストの誕生だ。だが神の怒りを買い、オナンはあっけなく死亡。タマルは再び寡婦《かふ》となったが、2人の息子を失った義父ユダは三男シェラにタマルを嫁がせるのを躊躇《ちゅうちょ》した。幸い三男は未成年で、成人するまで実家で待つよう、タマルを説得した。タマルはシェラの成人を待つが、何年も迎えが来ない。たまたま義父ユダが町を訪れると知り、そこでタマルは、娼婦姿で道に立ったのだ。ほどなくユダが訪れ、嫁とは知らずタマルに声をかけ、一夜を過ごした。

数カ月後、タマルは双子の男児を出産、事情を悟ったユダは自分の非を認め、タマルは晴れて家督相続者の母親となったのだ。

聖書に採用されなかった外典・偽典という文書

落ちこぼれだが興味満載の内容

旧約・新約聖書とも、ひとつの書物としてまとめる編纂作業は一大事業だった。宗教経典として採用されてきた文書群から、本質的で異端信仰にあたらない文書を精査して取捨選択の末「正典」（公式に信仰基準となる経典）としたのである。正典（カノン）選考に漏れた文書は膨大にあったと推定される。それらの文書の多くは破棄されたが、棄てるには惜しい文書がいくつか残された。それが外典・偽典として今日に伝わる文書群だ。外典は異端的内容が含まれる文書で、偽典は文字通り偽名の書という意味。旧約聖書は外典と偽典、新約聖書は外典が存在する。

●**旧約聖書外典**……ユダヤ教団が旧約聖書を正典化した際、七十人訳聖書（紀元前一世紀頃までにギリシア語訳された聖書）のなかの数文書は採用されなかった。これらの文書が旧約外典と呼ばれる。キリスト教団は採用したが、正典より一段落とした第二正典とした。

●**旧約聖書偽典**……旧約聖書の正典・外典のどちらにも属さない「偽名の書」。古代イスラエルの著名人を著書に擬したものだ。ギリシア語、エチオピア語、シリア語などの文書があり地域的、秘教的、異端的色彩が濃厚だ。

●**新約聖書外典**……新約聖書の編集時に、正典から外された古代教会の文書。内容が大幅に潤色《じゅんしょく》されたり、後日談として作られた文書が主で、通俗的で空想的傾向が強い。

外典・偽典はいかにも泥臭く、胡散臭いものが多い。しかし、原始の息吹を思わせる興味深い文書が多いのも事実だ。

The Old Testament

サムエル記

ペリシテ人に蔓延する「契約の箱」の祟り

ペリシテ人との争いのなか
イスラエルではサムエルを
指導者に仰ぐようになった
サムエル
そんななか
事件が起きた
ペリシテ人が
契約の箱を
奪取したのだ
すごいお宝だ！
数日後ペリシテ人の神殿で
ダゴン神が倒されていた
我々の
ダゴン神が！
そしてペリシテでは
疫病が流行
なんだ
これは？
契約の箱の祟りだとして
ペリシテ人はこれを
イスラエルに返した
繰り返される争いのなか
サムエルは指導者としての
力を発揮していく

年代

B.C.1030年頃

登場人物

サムエル

国家建設の前夜

『サムエル記』は預言者サムエルが、イスラエルの民の要請を受けて王朝を建国するにいたる物語である。本来、イスラエル人は十二部族のゆるやかな共同体であり、強権的な統一王朝は望まなかった。しかし、それを推し進めることになった理由は、地中海沿岸から侵入するペリシテ人という異民族の存在だった。カナン南部の沿岸都市を占拠されるにいたり、事態は深刻化する。撃退すべく強力な国家体制が必要になったのである。

こうした時期にサムエルが誕生した。幼い頃から神殿に仕えるサムエルは、数度にわたり神の声を聞き、人々は彼を指導者として仰ぐようになった。そんなときある事件が勃発した。ペリシテ人に神殿を破壊され「契約の箱」を奪われてしまったのだ。ところが略奪品を収納したペリシテ人の神殿で奇妙なことが起こった。彼らの信仰するダゴン神が倒され、頭と両手が切り落とされていたのだ。しかも疫病まで発生してしまう。これは「契約の箱」の祟りとされ、彼らはそれを送り返したのだ。繰り返されるペリシテ人との戦闘のなかで、次第にサムエルは指導者として力を発揮する。人々は彼が神の庇護《ひご》を受けていると噂したのだ。

人物クローズアップ

サムエル

国王成立の立役者

名前の意味は「神の名」である。宗教的指導者であり、政治的民族指導者でもあった。彼の晩年に人々は王政を望んだ。サムエルはそれに反対したものの、やむを得ずこれを認めることとなった。

彼は士師時代の末期に生まれた士師であるとともに、先駆的な預言者として、人々から支持を受けている。

史実と聖書

ペリシテ人が信仰した半人半魚の奇怪な神

ダゴン神は、古代パレスチナでペリシテ人が信仰した神。名前はヘブライ語のダーグ（魚）とアオーン（偶像）、あるいはダーガーン（穀物）の意味があるとされる。

フェニキア（地中海東岸、現在のレバノンとその周辺）ではバアル神の父親とされ、かなり古い時代から信仰されてきた海神、あるいは農耕神ともされている。その像は頭や手など上半身は人間の姿ながら、下半身は魚の形をしている。いわば人魚のルーツのような存在だ。当時のガザにはダゴン神を祀る大きな神殿があったとされる。

The Old Testament

国家建設

王制を求める民衆とひとりの美しい青年

この男こそ神に選ばれた王だ間違いない
サウル
サムエルはサウルをひと目見るなり彼が王であると宣言した
サウル王万歳！
サウルは有能な王であったが徐々にサムエルを疎んじるようになった
ある日のことサウルはサムエルが不在のまま儀式を行ない神を裏切った
サムエル！遅すぎる！
するとサウルは激しい憂鬱に悩まされるようになった
神を裏切ったサウルにもう道はない新たな王を探さねば

年代

BC1020年頃

登場人物

サウル
サムエル

油を注がれた王の悩み

ペリシテ人の侵入が続き、イスラエルはほぼ占領状態だった。長老たちは人々の先頭に立って戦う王の制定をサムエルに求めたが、サムエルは反対だった。彼は、神こそがわれらの王であると考えていたからだ。しかし度重なる懇願に折れ、王となるべき人物の選定に入ると神の声が聞こえた。
「わたしはひとりの人をベニヤミンの地からあなたのところに遣わす。あなたは彼に油を注いで、わたしの民イスラエルの君主とせよ。彼はわたしの民をペリシテ人の手から救うであろう」

神の言葉通り、サムエルをたずねてきた男はほかの誰よりも背が高く美しい若者だった。彼は荒野でロバを見失い、その行方を教えてもらいに預言者の元を尋ねたのだった。彼の名前はサウルという。サムエルはひと目見るなり、彼が神に選ばれた者であると知ると頭から油を注いで聖別し、王であることを宣言した。ただし別説もある。サムエルはくじ引きによって王を選んだというのだ。まずは十二部族からベニヤミン族を選び、その若者のなかからさらにくじ引きしてサウルを選んだのだ。偶然に委ねているように思われるが、ユダヤ教徒にとってくじ引きは神の意志を直接に反映させる手段

人物クローズアップ

サウル

悩み多き初代王

ベニヤミン族の出身とされるイスラエル初代の王（在位・紀元前1020～1000）。容貌が優れ、背が高く、勇気に富んだ人物であった。しかし気質にムラがあり、しばしば神経衰弱の発作に襲われたとされる。ペリシテ人との戦いでは決定的勝利を得られず、最終的には3人の息子が戦死する敗色濃厚な戦闘の後、自殺した。彼には3人の息子と2人の娘がいた。次女ミカルは次王ダビデの妻。

キーワードピックアップ

油をそそぐ

古代オリエントやギリシア世界では、油は代表的な薬品だった。オリーブ油が珍重され、当初は外科用に使用されたと思われるが、患部に塗ることで痛みを和らげ、雑菌の侵入を防いだのである。油の持つ神秘的な効用は次第に呪術的な意味が込められ、油を塗ることで魂までも浄化されると考えられた。

油はやがて宗教儀式には不可欠なものとなり、神の前に立つ祭司の任命や、神の地上での代行者である王の就任の際に「塗油《とゆ》（注油）」儀式が行われるようになった。
「油をそそがれた者」という語句は王であることの証明であり、のちには「救世主（メシア）」を意味した。ローマ・カトリック教会もこれを引き継ぎ、人の誕生、結婚、臨終などの折々に「塗油」儀式をおこなっている。

古代社会で、王は豊穣祈願のために大地の女神に擬した処女と一夜を過ごす儀式があった。その際、陰部に油を塗ったことが「塗油」儀式のルーツだとする説もある。

として尊重されるのである。いずれにせよ、こうして王国初代の王が決定した。

この出来事はイスラエル建国史の輝かしい一頁となるはずだった。たしかにサウル王は有能な武将で、勇気もあれば戦闘能力にも、戦術にも優れていた。実際、各地で次々と異民族の部隊を撃破した。しかし、彼は次第にサムエルの言葉を疎んじるようになった。サムエルの口を借りて語る神に怯えていたのかもしれない。両者に決定的な亀裂が生じたのは、ある戦場での出来事だ。サムエルは自分が戦地に到着し、神に生贄《いけにえ》を捧げるまで戦闘を控えるように伝えた。しかし、サウルは待ちきれずに戦闘に突入していったのだ。

それ以来、サウルは激しい憂鬱症《ゆううつしょう》に悩まされることになる。突然、権力を握った者がその立場に固執しはじめると、周囲の誰もが敵に見えてくる。疑心暗鬼で、何気ない言葉の裏を探り、人の顔色に一喜一憂する。夜は眠れず、昼間は気力がない。ベッドに伏せる時間が長くなる。「サウルは王の器ではなかった」そんな噂話がサムエルにも伝わった。

そんなおり、サウル王の耳に羊飼いの少年の噂が耳に入ってくる。巧みに竪琴を弾き、聞く者の心を慰めるというのだ。サウル王は早速、少年を王宮に招く。その少年こそ後に二代目の王となるダビデだった。

聖書深読み

傭兵出身か?
不透明なダビデのルーツ

初代王サウルの場合、その出自はベニヤミン族の貴族の出身であるが、二代目の王となるダビデの出自がよく分からないのだ。もちろん、聖書ではユダ族の血をひくベツレヘム人エッサイの子とされている。これが公式見解なのであるが、研究者によれば『サムエル記』などの記述を詳細に検討すると、ダビデがユダ族の出身とは断言できないという。

ならばダビデとは何者なのか。一説では、奴隷あるいは傭兵集団の出身と考えられている。ヘブライ語でダビデの意味は不明ながら、古代シリアの「司令官」「武将」を意味するダヴィドゥムに関連があると推定される。

ダビデは傭兵だったのだろうか。傭兵とは大義、信念、信仰などに関係なく、金銭など利益供与で戦闘員として雇用された兵士のことだ。実際、傭兵は売春婦と共に世界最古の職業とされる歴史を持つ。市民層が育つ以前の社会では、奴隷を兵士としたり、傭兵を使用することは当然だった。もちろん、現在でも民間軍事会社と名前を変えながら、各国で傭兵の需要がある。傭兵は「ならず者」「一匹狼」と軽蔑される存在で、現代のジュネーブ条約でも戦闘員としての権利、あるいは捕虜となる権利を持たないと規定される。ダビデが強い兵士だった理由もここにあるのだろうか。

聖書に登場する奇蹟の食品
ナツメヤシとマナ

オアシスのシンボル
砂漠の樹木ナツメヤシ

　パレスチナの渓谷に自生するナツメヤシはヤシ科の高木で、日本ではフェニックスともよばれ、樹高は30mに達する。聖書に「棕櫚《しゅろ》」「やし」とあるのはこの樹木を指す。葉は家の屋根やマット、籠《かご》、皿などに利用され、幹は木材と、捨てるところがない。

　1本のナツメヤシから20キロ以上もの果実が収穫できる。小さな卵ほどの形の果実は熟すと糖分が多く、独特の甘い匂いに蝿《はえ》が群がる。日本のお好み焼きソースの甘味料「デーツ」の原料でもある。

　アラビアや北アフリカの人々は主食として生食するほか、ジャムやゼリーの材料、酒造りに使用する。

奇蹟の食品「マナ」
正体は虫の分泌物か？

　エジプトを脱出したイスラエル人が食糧不足に悩んだ際、神は不思議な食品もたらした。朝、天幕の周囲に露が降り、太陽に照らされると荒野一面に「霜のように薄く壊れやすいもの」が大量に地表に残った。香菜の種子に似て、ウェファースの味がした。

　この不思議な食品「マナ」は虫の分泌物だという。シナイ半島にマナギョウリュウという植物があり、これにカイガラ虫の一種のマナ虫が寄生する。そして虫が植物の樹液を吸い、余分な炭水化物を窒素とともに排出するのだ。その分泌物は夜間の冷気で固まり、早朝に枝葉から落下して種子の形になるという。

The Old Testament

英雄ダビデ

羊飼いの少年ダビデとサウルの最期

サウル王は己の欲望のため神に見放され
悪霊に取り憑かれてしまった…
おまえの竪琴で王を慰めてはくれぬか
はい
美しい音色だ…
おまえの名は…

年代

B.C.1000年頃

登場人物

ダビデ
サウル
サムエル

ダビデと
申します
ダビデ
彼こそ
預言者サムエルが
神の導きで
見いだした
少年であった
ダビデは
サウルの軍に
入って戦った
どうした！
このゴリアテ様に
誰もかかって来ないのか！
サウル軍とペリシテ軍が
対峙していたときのこと
どうしたんですか
あの
ペリシテ人を見ろ…

僕に任せて下さい
ダビデ!
チビめ!
ひねり潰してくれるわ!
お前なんかこの小石で十分さ
ドオッ

ダビデは倒れたゴリアテの剣を抜き取って首を切り落とした
ペリシテ軍が逃げ出したぞ！
ダビデは英雄だ！
その後もダビデは活躍し人気者となったがサウル王はそれを疎むようになりダビデ殺害を企てるも失敗
やがてペリシテ人との戦いに敗れ王は死んだ
そしてついにダビデが人々の王として迎えられた
ダビデ王の誕生だ！
ダビデ王万歳！
さらばサウル王…

民族史上もっとも勇敢な王

サウル王が憂鬱《ゆううつ》症に悩むなか、神は次の王を探すようサムエルに命じた。ベツレヘムに住むユダ族のエッサイに会うよう勧められたサムエルは、彼の息子たちに面会する。七人のなかで背が高く美しい長男を見て、この若者こそ次の王かと思った。すると神の声が聞こえた。

「人は目に映ることを見るが、主は心によって見る」

エッサイの末っ子ダビデは野原で羊の番をしていた。面会したサムエルはダビデを見て、容貌、資質とも申し分ないことを認め、彼を次の王として油を注いだ。ただし、ダビデが王となる前に幾つかの試練があった。

ダビデには有名なエピソードがある。エラの谷間を挟んでペリシテの軍勢とサウル軍が対峙しているときの話だ。ペリシテ軍から背丈が三メートルを越える巨人が進み出た。巨人は青銅の鎧兜に脛《すね》あて、青銅の投槍を背負い、大声で叫んだ。

「おれと勝負して勝ち、おれを打ち殺すなら、おれたちはおまえらの奴隷となる。もしおれが勝ってそいつを殺せば、おまえらがおれたちの奴隷となり、おれたちに仕えるのだ」

巨人ゴリアテは仁王立ちで一騎打ちを挑発する。サウルの兵士たちは怯え、誰ひとり挑戦する者がいない。そこで、た

キーワードピックアップ

ダビデの星

ふたつの正三角形が上下に組み合わされたマーク、六芒星のマークは「ダビデの星」と称される。もともとユダヤ人独自のものではなく、ユダヤ人社会で自分たちの印として使用するのは17世紀以降の話。19世紀後半にシオニズム（イスラエル再建運動）のシンボルとして採用され、現代イスラエル建国後は国旗の図案に使用された。日本では「篭目《かごめ》紋《もん》」であるが、伊勢神宮の灯篭《とうろう》にこのマークがあったことから、日本人とユダヤ人のルーツが同じであるとする「日ユ同祖論」の重要な証拠とされた。

竪琴《たてごと》

竪琴の演奏は神への喜びと感謝、賛美を意味するもの。若きダビデは悪霊に悩まされるサウルの心を鎮めようと、竪琴を奏でた。三角形の形状から、中世キリスト教では「三位一体」（→P176）のシンボルとされた。

人物クローズアップ

ダビデ

イスラエル建国の英雄

イスラエル王国第2代目の王（在位・紀元前1000～961頃）。旧約・新約聖書ともに国民的英雄として賞賛されている。「王の理想」「ヤハウェのしもべ」「祭儀の祖」の敬称を持つ。『ルツ記』のヒロイン、ルツが苦労して得た息子の孫とされる。

ユダ族でベツレヘムの出身であったことから、救世主（メシア、ギリシア語ではキリスト）もまた同じ部族、同じ地域から出現すると待望された。

またま戦場の兄に食糧を持ってきたダビデが名乗りをあげたのだ。ダビデは小石と野獣避けの投石ひもを手に、ゴリアテに立ち向かった。ゴリアテは面食らった。紅顔《こうがん》の青年がろくな武器も持たずに挑戦するのである。あざ笑う巨人に向かい、ダビデはひもに小石をひっかけて投げると、小石は見事に巨人の額に命中、ゴリアテは昏倒した。走り寄ったダビデは相手の剣を抜くと、その首を切り落とした。恐慌をきたしたペリシテ軍は逃走し、イスラエル軍は圧倒的勝利を得た。

これをきっかけに、ダビデは戦士長として活躍をはじめ、王の息女《そくじょ》ミカルを妻にする。また、彼は町でも人気者であり、彼が戦場から凱旋すると女性たちは歌い踊った。

「サウルは千を打ち、ダビデは万を打った」

サウルの嫉妬は怒りに変わり、ダビデ暗殺を画策する。しかし、サウル王の息子ヨタナンはダビデと深い友情で結ばれていたため、暗殺計画を知ったヨタナンは密かに親友の逃亡を手伝ったのだ。荒れ野を放浪するダビデは集まった仲間とともに、武装集団として各地を転々としていたが、サウル王の追及を逃れるため、仇敵ペリシテの陣営に匿われ、傭兵として戦ったこともあった。そのうちサウル王は戦死。ダビデはようやく帰還し、ヘブロンを拠点としてユダ王国を建てたのである。

聖書深読み

青年ダビデの純愛と
サウル王との確執

サウル王とダビデの関係は複雑なものがある。ダビデはサウルに嫉妬され、生命まで狙われることになるのだが、サウルの長男であるヨナタンとは深い友情で結ばれ、さらに次女のミカルとは熱烈な恋愛関係にあった。奔放な性格のミカルは自分の愛情を隠しておけず、すぐさま父サウル王の知るところとなった。

サウル王は娘を餌に、ダビデに罠をしかけた。娘が欲しければ、敵の首600を持ってこいと命じたのだ。ダビデが娘欲しさに頑張ったところで、とてもそんな数の敵と戦っては勝てるはずもない。きっと殺されてしまうだろうと予想したのである。

謙遜して、とてもそんな力はないと辞退したダビデではあったが、実際は勇気凛々、ミカルを得るためなら100万のペリシテ人でも殺してやろうと、戦場に赴いたのだ。

実際、ダビデの勇猛ぶりは凄まじく、次々とペリシテ兵士を殺しては、首を切り落としていった。戦争に勝利した後、サウル王のもとを訪れたダビデは、600もの敵の首を持参した。

まさかダビデがそこまでできるとは思わなかったサウル王だったが、約束を公言した以上、娘を嫁にやるしかなかったのである。

The Old Testament

エルサレム占領

念願のエルサレム奪取 長期政権のはじまり

イスラエルの民よ エルサレムを 占領するぞ!
サウルの死後 ダビデは民衆の 指導者となり 念願のエルサレムの 奪取を目指した
ついにダビデ王が 攻めてきた!
これまでか… 降伏するしかないな
我が軍は 勝利した!
これから このエルサレムを 国の中心とする

年代

B.C.980年頃

登場人物

ダビデ

ここに城壁を築くのだ
ダビデは行政機構と傭兵制度を整えエルサレムを政治・軍事・宗教上の一大拠点とした

領土拡大政策の成功

イスラエル十二部族のなかでも、ユダ族は最大の部族だった。ダビデがユダ族の王に即位したのは三十歳。エルサレムの北五キロのギベアの町に王朝を構えるサウル家は、主人を失ったものの、ダビデ軍との戦闘を続けていた。しかし、七年後にサウル王朝の勢力が衰えると、王朝側の長老がダビデの元を訪れ、統一王朝の指導者となるよう要請した。

これを受け入れたダビデが最初に手がけたのは、異民族が占拠するエルサレムの奪取だ。この地は王国の南北を結ぶ要路にあり、三方を山や谷に囲まれた天然の要塞だった。しかも、どの部族にも属していない中立地帯だったことがとりわけ重要だった。彼は部族色のない首都を建設することで部族間の摩擦を避けようと考えたのである。エルサレムを攻略、占拠したダビデは、ここを首都として周囲に城壁を築き、目論見どおり政治・軍事・宗教上の一大拠点とした。ダビデの統治能力の高さを物語るものだ。

その後の四十年間を王として君臨したダビデであったが、国家建設にあたり行政機構はエジプトを模範とし、傭兵制度、徴税や賦役《ふえき》（領民が課せられる労働と地代）のための人口調査を実施し、中央集権体制を構築して強力な国家体制の

史実と聖書

イスラエル12部族の兵士がダビデのもとに結集

サウル王が逝去したのち、ただちにイスラエル全部族がダビデのもとに結集したというほど歴史は甘くない。サウル王の子孫を担ぐ追従者たちはダビデに敵対し、両者の動向を見ながら自分の立場を決定しようという日和見《ひよりみ》集団がいた。さらには王室や軍関係の実力者たちの裏切りや同盟が相次ぎ、けっして状況はダビデに優勢とはいえなかった。

しかしダビデは、敵対しているとはいえサウル王の一族に対して、正面切って攻撃に出ようとはしなかった。もちろん、サウル王やその息子ヨナタンの死には、心からの哀悼の意を示すなどして、イスラエル人の支持を得たのである。

そうした細かな努力の積み重ねの結果、ようやくイスラエルの全部族が食糧を携行の上、完全武装してヘブロンに陣地を構えるダビデのもとに結集、エルサレム攻略に臨むのである。

当時エルサレムはエブス人という先住民が住んでいた。そして、イスラエルの進軍を前に、城壁に盲人や足の悪い者などを配備して待ち受けた。彼らは鉄壁の城壁を過信するあまり、ダビデの軍団を揶揄したのである。これに激怒したダビデは、城壁を包囲した上に猛攻撃をかけて、徹底的に彼らを殲滅したのである。

もと、史上最大の支配領域を獲得した。エルサレムは南にエジプト、北にアッシリアという強国があったが、当時は両国ともに衰退期であった。そうした歴史的幸運もダビデを味方したのである。宿敵ペリシテ人との戦いも有利に推移した。逃亡時代のダビデが少数の仲間とゲリラ的に活動したこと、あるいは傭兵として敵軍に参加した経験から、さまざまな戦術を学んだ成果と推定される。

ダビデ王の最大の功績は、エルサレムに衆人環視のもとで「契約の箱」（→P100）を搬入したことである。当時の人々はヤハウェのほかにさまざまな神々を信仰していた。しかし、ヤハウェ信仰のシンボルを持ち込むことで、アブラハムの神は晴れて全イスラエル民族の国家信仰の対象となったのである。これは民族内部においては団結心を強めて異教を排除し、その一方で異民族への牽制という効果があるなど、この出来事は計り知れない効果をもたらしたのだ。

もともと、ダビデはエルサレムに神殿を建設する希望を持っていたようだ。しかし、当時の人々にとってヤハウェは、神殿にはそぐわない神という認識があり、反対されて頓挫している。もっとも、この希望は次のソロモン王の時代に成就することになるが、その際に反対意見はなかったという。時代の推移、環境の変化は人の心も変えさせるのである。

聖書深読み

ダビデが奪還した永遠の聖地エルサレム

エルサレムはヘブライ語で「平和の所有」「平和の基礎」という意味がある。

先住民族を排除した後、ダビデはこの地の東南の一角シオン（要塞の意味）を首都と定め、政治・軍事・宗教上の拠点とした。以降、破壊と再建を繰り返し、現在はイスラエル共和国の首都として、世界最古の歴史を誇る。

エルサレムはユダヤ人にとっては誇るべきダビデの町であり、繁栄したソロモンの町であり、捕囚時代やローマ帝国に蹂躙《じゅうりん》された記憶の地であり、なによりもエルサレム神殿の所在地なのである。

もちろん、キリスト教徒にとっても聖地であることに変わりはない。イエス・キリストが人々に迎えられ、十字架刑で殺され、復活を果たした土地でもある。

また、イスラム教徒にとって、この町はムハンマドの神聖なエピソードで知られる。始祖がメッカで祈りを捧げていると天使が出現、天馬に乗せられてエルサレムを訪れた。そして上空に掛けられた光のはしごを昇り、天界に到着したムハンマドは神の前でひれ伏したのである。

この故事から、イスラム教徒はエルサレムを天国への玄関口として崇めるようになった。現在の旧市街のモスク「岩のドーム」に大岩があるのだが、ムハンマドを乗せた天馬は、この岩を蹴って天に昇ったとされている。

The Old Testament

ダビデと人妻

英雄ダビデの過ち 卑劣な浮気の後始末

ダビデは将軍ウリヤの美しい妻バト・シェバと不倫し妊娠させてしまう
このことがばれてはマズい…
バト・シェバ
ダビデはウリヤを戦地から呼び戻しその晩は自宅に帰そうとした
ウリヤよ今晩は妻と過ごしたらどうだ
いえ戦争中でありますから兵舎に泊まります
ウリヤ
仕方ない…
ウリヤはダビデに最前線に送られ戦死した

年代

B.C.980年頃

登場人物

ダビデ
バト・シェバ
ウリヤ

英雄が犯した不倫

理想的英雄と思われたダビデであるが、弱点もある。それは、美女に目がないことだ。王宮屋上を散歩中、彼は水浴びする美女を見つけた。侍従《じじゅう》に調べさせると、彼女の名前はバト・シェバ、将軍ウリヤの妻だった。たまたまウリヤは戦地に赴いており、ダビデは無理やりバト・シェバを招いて思いを遂げたのである。ところが数カ月後に問題が起こった。バト・シェバが妊娠したのだ。夫が戦地にいる間に妊娠したとなれば彼女の不貞が疑われ、死刑になりかねない。

思案したダビデはウリヤを戦地から呼び戻し、帰国したウリヤに戦況を報告させ、その晩は自宅に帰そうとした。そして妻と同衾《どうきん》すれば、つじつまが合わせられると考えたのだ。ところが謹厳《きんげん》なウリヤは、妻とベッドを共にすれば身が穢《けが》れると思い、兵舎に泊まった。これでは計画が台無しだ。やむをえず、ダビデは激戦地にウリヤを派遣した。そしてダビデの狙い通り、ウリヤは名誉の戦死を遂げたのである。こうしてバト・シェバはダビデの妻として迎え入れられた。

なんとも後味の悪い事件だが、不思議にも神はダビデを罰しなかった。彼は過ちの多い人間だが、すぐに後悔して神に許しを請うので、神はこれを許したとされる。

聖書深読み

庶民の不倫は石打ち刑
ユダヤ人の浮気発見法

ユダヤ教徒は結婚の曜日がきめられていた。女性が初婚の場合は水曜日、再婚の場合は木曜日である。「タルムード」によると、その理由は毎木曜日に町で法廷が開かれるためだ。もし、新妻が処女でなかったら、夫は木曜日の早朝に法廷で訴えることができるのだ。この訴えが通れば、夫は妻への結納金を減額できる。夫が新妻を非処女だと公言した場合、新妻の両親は反論して長老たちに訴える必要がある。その証拠となるのはシーツの血である。両親のいい分が通れば、夫は「イスラエルの乙女」に悪口を流した罪で鞭打ちを受け、両親に罰金を支払う。ただし夫の言葉が本当なら、新妻は父親の家の戸口で、人々に石で打ち殺される。

不倫の疑いを持たれた妻が、夫に訴えられたらどうなるのか。『民数記』によれば、妻は夫と共にエルサレムの神殿に赴く。祭司は聖水（神殿に蓄えられた水）と神殿の塵《ちり》（灰）を入れた土器を用意し「この呪いをくだす水がお前の体内に入るや、お前の腹は膨れ、お前の腰はやせ衰えるであろう」という呪文を巻物に書き、その文字を土器の水で溶かして「苦水」を妻に飲ませる。

もし不倫が事実なら、神威で妻の美貌は損なわれ、苦み、死にいたる。告発が間違いなら、妻は健康でいられるのだ。

The Old Testament

ダビデ家の不和

ダビデ家を襲う悲劇 兄弟殺しとクーデター

アブサロム兄様 わたし アムノン兄様に 汚されてしまった…
なんてことを！ 嫁入り前の タマルに…
アブサロム
タマル
アムノンめ 殺してやる！
2年後の収穫祭で アムノンは殺害され アブサロムは逃亡
さらに4年後 アブサロムは ダビデに対して クーデターを起こすが 大敗し命を落とした
アブサロムも私の息子… 死なせたくはなかった

年代

B.C.970年頃

登場人物

アブサロム
アムノン
タマル
ダビデ

愛する息子のクーデター発覚

ダビデの好色ぶりはよく知られていた。イスラエル統一以前にすでに六人の妻がおり、聖書に登場する子どもたちは十七人を数える。彼の色好みは長男アムノンに受け継がれた。あるとき、アムノンは異母妹《いぼまい》タマルに思いを寄せる。計略に長けたアムノンは病気と偽り、タマルに見舞いを願った。何も知らないタマルは兄の寝室を訪れ、強引に犯されてしまう。事が終わるとアムノンはタマルを追い返したのである。

ユダヤの律法は処女性を重視する。処女を奪った男は結婚すれば丸く収まるが、責任を逃れると女性は哀れだ。穢《けが》れた女として一生が日陰暮らしになる。絶望したタマルは頭に灰を被り、衣服を切り裂いて帰宅。ユダヤ式悔い改めの作法だ。

タマルの実兄アブサロムは復讐を誓うも、アムノンも警戒を怠らない。しかし、二年後、アブサロムは収穫祭を催して仇敵を招くと、警戒を解いて訪れたアムノンを惨殺。この事件に激怒したダビデだが、家臣の計らいでアブサロムを許した。その四年後、アブサロムはダビデ打倒のクーデターを起こす。戦況は正規軍有利となり、ダビデはアブサロムを生け捕るよう部下に命じたが、戦闘中にアブサロムは討ち死にしてしまう。ユダヤの人々はこのことをダビデへの神罰だと噂した。

聖書深読み

人々の罪を洗い流す神の御恵み

神に対して罪を犯し、それを謝罪することを「悔い改め」という。旧約聖書に悔い改めは、上述のような個人的な事柄ではなく、民族の集団的な悔い改めが大部分である。ダビデの作とされる『詩篇』には、悔い改めの詩が記されている。

「神よ。御恵みによって、私に情けをかけ、あなたの豊かなあわれみによって、私のそむきの罪をぬぐい去ってください。どうか私の咎《とが》を、私から全く洗い去り、私の罪から、私をきよめてください」

この悔い改めという言葉は日本ではあまり一般的ではなく、むしろ「懺悔《ざんげ》」のほうがよく知られている。この言葉はイングランド国教会をルーツとする聖公会で最初に使用された。

「懺悔」は新約聖書ではとりわけ重要視されている。それは、キリスト教徒として信仰生活に入る第一歩の体験ととらえるからだ。もちろん、古代ユダヤ教にみられるように、全身で悔い改める動作を要求されるわけではなく、なによりも罪の自覚（原罪意識）に目覚め、それを全人格をかけて転換していくことを意味する。カトリック教会では「告解《こっかい》」とよばれ、洗礼後に犯した自らの罪を、聖職者への告白を通して、神からの許しと和解を得る信仰儀式とされている。

古代ユダヤの処刑法

Column

刑の執行は告訴人の手で

ユダヤの刑法を紹介しよう。紀元前二世紀を例にすれば、エルサレムの法廷は裁判所と議会を兼ね、祭司、貴族、有力者から選ばれた議員で構成される。三人、二十三人、七十一人と三ランクの法廷があり、もっとも議員の多い法廷は、最高法院（サンヘドリン）と称され、イエス処刑にも関与した。訴訟は最低二人の告訴人が必要で、訴えが無実だと告訴人が罪を負う。

死刑判決が下された場合、もっとも厳しい処刑方法は石打ちで、次いで火刑、斬首刑、絞殺刑の順。石打ち刑は、母親・義母・義理の娘との近親相姦、男色、獣姦、神の冒涜《ぼうとく》、偶像崇拝、死者との交霊、占い、安息日《あんそくび》の冒涜、父母をののしった者などが対象。

石打ち刑は四メートルの深さの穴を掘り、専用の処刑場とする。罪人は苦痛を和らげるため、乳香《にゅうこう》を少量入れたぶどう酒を飲まされ、告訴人によって穴に突き落とされる。これで死なない場合、告訴人は石を罪人の心臓めがけて落とす。なお死ななければ、立会人全員で石を落とすことになる。死後、遺体の両手を縛って柱にぶら下げ、日没前に埋葬するのがしきたりだった。

火刑は火あぶりを連想するが実際は違う。罪人は下肥《しもごえ》に腰まで浸けられ、首に柔らかい布を巻きつけられる。ふたりの証人が布の両端を引っ張る。罪人が苦しくなり口を開けたところに火のついたろうそくを投げ入れる。ろうそくは体内で内臓を焼き尽くすと考えられた。首を絞めている最中に罪人が死亡した場合は火箸を使って口をこじ開け、ろうそくを投げ入れた。

王国の崩壊と預言者の時代

英雄が立ち、諸部族が団結して王国を建てる。
しかし、輝かしい日々はあまりにも短かく、
超大国の脅威のなか、多くの民が歴史舞台から消え、
残された人々は屈辱の捕囚の身となる。
神の試練というにはあまりにも重く、
絶えがたき苦難のなかで信仰は深まる。

The Old Testament

知恵の王ソロモン

栄華を極めるイスラエルと伝説に彩られたソロモン王

ダビデ王の跡を継いだソロモンはある夜夢を見た
神様！
何が欲しいか言ってみなさい
それでは知恵をお授け下さい
よろしい
ソロモン
神に知恵を授かったソロモンは貿易、建築などでエルサレムに栄華をもたらした

年代

B.C.960年頃

登場人物

ソロモン
シバの女王

エルサレムの噂を耳にしたシバの女王は貢物を持参し王宮を訪れた
シバの女王
女王を気に入ったソロモンは妙な提案をする
今夜の食事会にあなたを招こうただし私に許可なく水を飲んではいけない
ソロモンはその夜の食事会の料理に大量の香辛料を入れ女王に振る舞った
辛いわ
もうだめ…
女王は我慢できずに水を飲んでしまう
女王よ約束を破ったな
女王は償いとしてソロモンと一夜を共にした

神から授けられた知恵

名君ダビデは王国に世襲を持ち込んだ。血なまぐさい後継レースに勝ち残ったのは、あのバト・シェバの息子ソロモン。彼はすこぶる有能で、外交面ではエジプトとの政略結婚など列強諸国との友好関係を構築した。そして、通商路の要所という地理条件を生かした仲介貿易は、膨大な富をもたらした。豪胆な戦士の後継者は辣腕《らつわん》ビジネスマンだったのだ。

『列王記《れつおうき》』によれば、ソロモン王の夢枕に立った神が「何でも願うものを授けよう」というと、ソロモンは知恵を求めた。

「神は、ソロモンに非常に豊かな知恵と英知と、海辺の砂浜のように広い心を与えられた。……彼の名声は周辺のすべての国々に広がった」

ソロモン自身が優れた文学者、思索家、動物学者として知られ、そのエピソードは極東の地・日本にも「大岡政談」として伝えられている。現代の動物学者コンラッド・ローレンツも「職業上の先輩」にオマージュを捧げ、代表的な著書に『ソロモンの指輪』の名前をつけている。

王国では文化や学芸が発展し、宮廷にそれまで存在しなかった知識階級が成立した。口承で伝えられた民族の歴史や伝説が文章として記録されたのもこの時代からだ。

人物クローズアップ

ソロモン

豊かな知恵と英知で
栄光伝説に飾られた賢王

イスラエル王国3代目の王。巧みな外交政策によってイスラエルにかつてない繁栄をもたらした伝説の持ち主。海岸部のガザからユーフラテス川までを、広大な領土とした。

官僚制度を導入して国内情勢を安定させ、通商路の整備のため各地に造った補給基地は、緊急時の要塞を兼ねるなど、彼の才能は随所で発揮された。

キーワードピックアップ

大岡政談

江戸時代中期の名奉行とされた大岡忠相《おおおかただすけ》の裁判内容を講談などで人々に伝わったものが「大岡政談」である。ふたりの母親がひとりの子どもを実子だと争った際に、両方から手を引っ張らせ、手を離したほうを本物の母親と認定した話などが有名。これは16世紀に来日したイエズス会宣教師が、クリスマスにソロモン裁判劇を演じたものがはじまりとされている。

ソロモンの指輪

神殿建設がうまく進まないとき、ソロモンが神に祈りを捧げると天使ミカエルが出現し、ヤハウェから託された魔法の指輪をプレゼントした。指輪は真鍮《しんちゅう》と黄金でできており、天使を使役する際は真鍮側、悪魔を使役する際は黄金側を示して呪文を唱えるとされる。また、動物や植物の声を聞くことができるという伝説がある。

王国とソロモン王の評判はオリエント世界を駆け巡り、各国要人が相次いでエルサレムを訪問した。もっとも有名な来客はシバの女王。彼女は大量の黄金や宝石、香料を持参し、噂の信憑《しんぴょう》性を確かめに訪れた。豪華な宮殿と贅沢なもてなし、さらにはソロモン王の知恵に感激したという。伝承では、シバの女王に魅了されたソロモン王は彼女に対し、許可なしに水を飲まないという奇妙な提案をした。それから高価な香辛料を多量に料理に入れたのだ。案の定、のどの渇いた女王は隠れて水を飲んだ。それを見つけたソロモン王は、償いとして彼女と一夜を共にすることに成功したという。

ソロモン王最大の功績は建築にある。代表的なエルサレム神殿は、奥行き五十メートル、幅二十五メートルで高さ十五メートルという大規模なもの。本殿は純金でおおわれ、奥の院に契約の箱が安置された。この神殿建築は友好関係にあったフェニキアのツロ王国（現在のレバノン南西部）のヒラム王が全面的に協力した。宝石のように貴重品だった糸杉を大量に使用した豪壮な建築物だったと伝えられる。

さらには王宮、離宮をはじめ「倉庫の町」「戦車の町」「騎兵の町」など軍事拠点の建設も行った。これらの建造物は現在では想像するしかないが、近年の発掘作業の結果、遺跡の一部が発見されている。

聖書深読み

悪魔さえも召喚した魔術師ソロモン

天使はもちろんのこと、悪魔までも使役できたとされるソロモン王は、15世紀から18世紀ごろに西欧で盛んに研究された「悪魔学（デーモノロジィ）」で脚光を浴びた。『ソロモン王の鍵』『ソロモンの霊』などソロモンの名前を冠した悪魔召喚書が数多く出版され、それらは総称して「ソロモン文献」とされた。多数出版された魔術書はグリモワール（フランス語で『魔導書』）と呼ばれる。日本でも知られる「エロイムエッサイム　我は求め訴えたり」という呪文は魔導書『赤《せき》竜《りゅう》』に記された悪魔召喚の呪文である。

ソロモン72柱という言葉がある。これは、神殿建設のためにソロモンが召喚した悪魔たち。しかし建設終了後、彼らを放置するのは危険と考えたソロモン王は、真鍮の壷に封じ込め、バビロンの湖に沈めた。後にこの壷を発見した現地人が封印を解くと71柱の悪魔が逃げ出し、残った悪魔ベリアルは占いをはじめたとか。

イスラム圏でもソロモン人気は高く、アラビア語ではスライマーンと呼ばれ、ごく一般的な男子の名前に使用される。この預言者は精霊（ジン）を自由自在に使役したとされる。ちなみに南太平洋のソロモン諸島の名前は16世紀にスペイン探検家が渡来した際、ガダルカナル島で砂金を発見し、これが古代ソロモン王の財宝と思い込んで命名した。

The Old Testament

王国の崩壊

隆盛を極めた王国の没落 ソロモンの繁栄の虚実

ソロモンの家来だった
ヤロブアムは予言を受けた
ヤロブアム
私がやがて
イスラエルの王に？
ヤロブアム…
良い家臣だったが
生かしておけぬ
そんな予言が
あってはな！
ヤロブアムは
エジプトへ逃げ延びた
ソロモンの死後
レハブアムが王位を継承した
レハブアム
ソロモンの時代と同じく
北イスラエル部族には
過酷な労働が課せられた

年代

B.C.930年頃

登場人物

ヤロブアム
レハブアム

ヤロブアムはエジプトから戻り訴えた
民は重い労働に苦しんでいる！軽減してください！
あのように言っているが…どうすべきだろう
その通りにすべきです
いいえ！もっと重くすべきです
レハブアムは若者の意見を採用
よし！重くしてやる！
それに従うわけにはいかない！
こうして国土はヤロブアムの北イスラエル王国とレハブアムの南ユダ王国に二分された

新たなリーダーの誕生

短期間に勃興し、隆盛を極めたソロモン王国であったが、没落も早かった。理由は幾つか挙げられているが、もともと王国の繁栄が事実ではなかったのでは、という疑惑がある。ソロモン伝説ではシバの女王との交流が語られた。しかし、当時のオリエント世界ではシバの女王の知名度は圧倒的に高く、ソロモンは無名の存在。つまり、国際舞台に新興国をアピールするため、有名人との交流を持ちだしたのだ。

繁栄が事実とした場合、それを享受したのは宮廷周辺の貴族や官僚、さらには商人層に限られ、一般庶民との貧富の差が拡大したとされる。さらにはソロモンの出身部族であるユダ族の優遇と、北方部族への賦役《ふえき》の増大などが分裂を招いたと考えられる。また、七百人というソロモンの王妃が失脚したことも背景にある。王妃の出身は諸外国の王侯貴族で、ソロモンは彼女たちのため外国の神を祀る神殿を作り、祭儀に出席した。神の怒りを買うのは当然だった。

そんななか、北方エフライム族出身のヤロブアムという若者が反逆の起爆剤となった。賦役作業の監督として活躍後、有能さを認められて重用された彼に、預言者アヒヤが語った。「主はこう仰せられます。『見よ、わたしはソロモンの手か

聖書深読み

エルサレムを訪れたシバの女王の献上品

古代ペルシアには「乳香《にゅうこう》は神、没薬《もつやく》は救世主、黄金は王」という格言がある。シバの女王がソロモン王に献上したとされるのは乳香と没薬で、これは宗教儀式には欠かせない超貴重な香料だ。ともにカンラン科の樹木から採取される樹脂で、南アラビアやソマリアがおもな生産地。加熱した乳香の芳香は神々を悦ばせ、人々に恍惚感をもたらし、心の穢れを取り去る「聖別」効果があるとされた。

没薬は刺激の強い香りが特徴で殺菌、鎮痛効果がある。エジプトではミイラ作りに不可欠であり、ミイラは没薬のラテン語ミルラの訛りだ。

人物クローズアップ

ヤロブアム　リーダーから国王へ

名前の意味は「民は増加する」。エフライム族の指導者。若くして非凡な才能を発揮し、人々の支持を得た。

レハブアム　小心者の南ユダ国王

聡明さで知られる父ソロモンの息子であるが、小心者とされる。北方諸族の長老たちから重税と賦役に対する批判を受けると、一時は対応したものの、仲間の若者たちの助言にしたがって、長老たちを弾圧したという。

ら大国を引き裂き、十部族をあなたに与える』」

次第にヤロブアムは人々の信任を得て、反乱のリーダーとなったが、最初の挙兵は失敗。ヤロブアムはエジプトに亡命することになった。そしてソロモン逝去後に息子レハブアムが王位を継承した。しかし、彼はユダ族を中心とする南部の承認を得たものの、北方十部族からは負担軽減を条件に抵抗を受けていた。そこで、部族の代表がシケムに集まり、亡命中のヤロブアムも呼び戻された。ちなみにシケムは後の北王国の首都となった。現在はパレスチナの町ナーブルスである。

しかし、新国王が賦役と税負担の軽減を求めた要求をはねつけたため、北方十部族は統一王国からの離脱を宣言。これにより国土は南のユダ王国と北のイスラエル王国に二分され、ヤロブアムは北イスラエル王国初代の王に就任した。

王国の分裂により、イスラエルとユダは強力な王国から群小国家になってしまった。両国間の国境紛争が日常化し、隣の強大国エジプトの干渉が日増しに深まる。異民族の侵入も各所で継続的に続いたのである。

さらに、各国とも王朝をゆるがすような内紛劇が相次ぎ、暗殺や反逆劇は茶飯事となった。だが、一時的ではあれイスラエル王国はかつてのソロモン王を彷彿させる繁栄を見たこともある。これが落日に向かう王国の姿であった。

史実と聖書

ソロモン王の栄華はおとぎ話？ 資料から見た考古学的事実

シバの女王がソロモン王のもとを訪れたのは架空の話だったという説がある。周辺国のエジプトやフェニキア、アラビアなどでは、シバの女王の伝承はあるものの、主役たるソロモン王に関する資料がない。さらに近年の発掘調査では、ソロモンが作った「偉大な町々」が実際は泥作りだったという。そのような事実から研究者は断言する。ソロモンが築いた繁栄はおとぎ噺《ばやし》に過ぎないと。そして、引き合いにされたシバの女王の国こそ本当に栄光に満ちていたと推定される。

現在、シバ王国の所在地と考えられるのはエチオピアとイエメンである。それぞれに女王伝説があり、彼女の名前もマケダ（エチオピア）、ビルキス（イエメン）と呼び名がある。もちろん、たんなる伝承で考古学的実証はなされていない。

14世紀のエチオピア神官エトシャクという人物が記した『王家の栄光』という書物がある。それによれば、シバ王国は紀元前1000年頃にイエメンから現在のエチオピアに遷都した。当時のシバ王国の首都はエチオピア高原北部のアクスム。また、仰天する記述がある。エルサレムを訪れたシバの女王は、ソロモン王と一夜を過ごして帰国。後に男児を出産したというのだ。もちろん父親はソロモン王。息子の名前はメネリック、のちの初代エチオピア皇帝である。

The Old Testament

失われた部族

大国に挟まれたユダ王国 悲しみのバビロン捕囚

年代

B.C.598年頃

イスラエル分裂後
北からアッシリア軍が侵入
北イスラエル王国は陥落
一方の南ユダ王国は
アッシリアの属国となった
しかしのちに
バビロニア軍により
占領される
そして南ユダ王国の人々は
次々とバビロニア軍に
連行されたのである

民族崩壊をさける舵取り

ソロモン王国の崩壊はあっけなく訪れた。直接の原因は周辺の強大国による干渉だった。現在のイラク北部にあったアッシリア帝国サルゴン二世が軍勢を率いて、北方からカナンに侵入したのだ。北イスラエル王国の人々は抵抗したものの、首都サマリアは猛攻撃を受けて陥落。紀元前七二二年の出来事だった。北イスラエル王国の住民は散り散りになり、数世代後には消滅してしまった。

後にこの史実は「失われた十部族」として語られた。捕虜として敵地に連行され、地元の人々に同化して民族のアイデンティティを失ってしまったものと推定される。

一方の南ユダ王国であるが、賢明にもアッシリア軍を受け入れて属国の道を選んだ。アッシリアに代わり新バビロニア王国が勃興すると、南ユダ王国はいったん支配下に入る道を選んだものの、エジプトを頼って反抗作戦に出る。しかし、結局バビロニア王ネブカドネツァルによって王国は占領されてしまう。紀元前五九八年のことだ。神殿は破壊され、財宝は戦利品として持ち出され、南ユダ王国第十八代王ヨヤキムは家臣や貴族、技術者とともにバビロンに連行された。これがユダヤ民族が語る、屈辱と悲劇の「バビロン捕囚」である。

史実と聖書

屈辱と悲しみにつつまれた バビロン捕囚

イスラエルの主だった市民がバビロンに連行された「バビロン捕囚」という事実は、いまもユダヤ人の心に屈辱と悲哀の歴史として深く刻まれている。

バビロン捕囚は二度にわたって行われた。第1回は市民、指導者、兵士、木工、鍛冶など1万人。エジプトの後ろ盾を得た抵抗戦争に失敗した後の第2回の際は、生きている者はほとんど連行された。後に残されたのはほぼ貧民だけとされ、聖書にも「ぶどうを作る者と農夫」(『列王記《れつおうき》』)だけだったという。

捕囚たちは戦勝国に連行され、監督の下で開拓作業という重労働などに従事させられる。

一方、敗戦国に残された人々も気楽ではない。貢税《ぐぜい》義務を負わされ、もし支払えないと反逆とみなされて、戦勝国からの攻撃対象となったのである。

ユダの捕囚民の大部分はバビロニアの灌漑《かんがい》用運河の近くに移住させられた。この地は新バビロニア勃興時の戦争で荒廃しており、減少したユダヤ人の人口を補うためと考えられる。その一方で、職人など熟練労働者はバビロン市に移住させられ、ネブカドネツァル王が熱心に行っていた建設事業に従事することになった。

この頃から、イスラエル民族は外国人から「ユダヤ(ユダ族の民)」と呼ばれるようになった。

The Old Testament

ネヘミヤ記

悲願の捕囚人解放とエルサレムの現実

バビロン捕囚から解放され人々が戻ると…
なんとひどいありさまだ
ペルシア帝国
ネヘミア様エルサレムを見てきたのですが…
ネヘミヤ
ネヘミヤどうしたのだ悲しそうな顔をして
ペルシア王…私の故郷が廃墟となっているようなのです
気の毒に思った王はネヘミヤに一時の帰郷を許した
ネヘミヤたちはエルサレム復興に取り組み街を再建した

年代

B.C.540年頃

登場人物

ネヘミヤ

焦《しょう》土《ど》のエルサレムを再建

北イスラエル王国は初代のヤロブアム王から十九代のホセア王まで、南ユダ王国の場合は初代のレハブアム王から二十代のゼデキヤ王を最後にして終焉《しゅうえん》した。都合、バビロン捕囚は三回に及び、主要な人物はすべて連行され、わずかに貧しい人々だけがエルサレムに残ったが、事態はまたも急変する。偶然にも、歴史がユダヤ人に微笑んだのだ。これも神の意志なのかも知れない。

紀元前五三九年、バビロニアがペルシア帝国によって征服された。ペルシア帝国のキュロス王の政策によりバビロン捕囚は解放され、晴れて帰国の途に着く幸運に見舞われたのだ。捕囚として連行された六十年後の出来事である。しかし、帰国した人々が見たのは、崩れた城壁と焼け落ちた城門という荒廃したエルサレムの現実だった。

当時ペルシアでは、一部の捕囚は優遇されていた。なかでも首都スーサ（現在はイラン西南部のシューシュ）の王宮で献酌《けんしゃく》官（王の側近）をしていたネヘミヤというユダヤ人は優遇されていた。『ネヘミヤ記』では当時のペルシア国王を「アルタシャスタ」としているが、アルタクセルクセス一世（在位　紀元前四六五～四二四）と推定できる。

史実と聖書

敵対するサマリア人を牽制しながら修復

エルサレムの城壁を破壊させたのはサマリア人であった。サマリアは北イスラエル王国の首都であったが、崩壊後はアッシリアから多くの移民が入植し、残留した人々との間に生まれた子孫がサマリア人と呼ばれ、ユダヤ人とは敵対関係にあった。

ネヘミヤはサマリア人との衝突を避けながら残留するユダヤ人たちを組織して修復工事を行った。ただしユダヤ人の中でも対立関係があるなど、その仕事は容易ではなかった。

総督となってからも手当てを受け取らず、私財をなげうってユダヤ人や異邦人をもてなしたとされる。

人物クローズアップ

ネヘミヤ

エルサレム再興に尽力

紀元前445年頃に帰還。のちにユダ国総督に任命され、ペルシアの援助を得て、城壁の修復に尽力した。

ペルシア人の宗教であるゾロアスター教は、異民族の宗教に寛容であり、政治的にも融和政策をとった。征服地でも現地の有力者にそのまま行政を担当させ、自国の方針や習慣を押しつけることがなかった。エルサレム復興に協力的だったのも、ユダヤ人を重視したのではなく、国家政策の一環だったのだ。

ネヘミヤは親戚からエルサレムの現状を聞かされた。
「捕囚から逃れて生き残った残りの者たちは、非常な困難のなかにあり、またそしりを受けています。そのうえ、エルサレムの城壁はくずされ、その門は火で焼き払われたままです」
ネヘミヤはひどく心を痛めて泣き、断食して神に祈った。落胆するネヘミヤの様子をみて、ペルシア国王は寛容にも彼の帰国を許した。しかも、途中の安全を保障するために騎兵を同行させ、現地での便宜を図る措置を講じたのだ。

ネヘミヤはエルサレムに到着すると、長老の支持を得て、さっそく再建作業にかかった。しかし、当地にはさまざまな民族が暮らしていて利害関係も錯綜《さくそう》し、復興作業をよく思わない人々もいた。妨害やあざけりのなか、ネヘミヤは資財をなげうって作業をすすめる。そして二カ月という短期間で、彼は城門と城壁を修復させたのである。

その後ネヘミヤは各地から住民を移住させ、実質的にエルサレムを再建したのである。それは、安息日《あんそくび》の遵守《じゅんしゅ》や異民族との結婚の禁止など、緩みきっていた戒律を引き締めることにほかならなかった。結局、ネヘミヤのエルサレム滞在は十二年間におよんだとされる。周到な計画と献身的な努力に裏打ちされる信仰心こそ、ユダヤ人がネヘミヤを評価する理由である。

史実と聖書

もうひとりの再建者、祭司エズラ

ネヘミヤには力強い協力者がいた。彼の名前はエズラ。モーセと共にエジプト脱出を指揮した大祭司アロンの17代目の子孫とされる祭司だ。『エズラ記』の主人公なのだが、もともと『ネヘミヤ記』と『エズラ記』はひとつの書物で『歴代記』の続編として記されたと推定される。

いずれにせよ、エズラはネヘミヤと前後してエルサレムを訪れている。その際にエズラは帰還民の一団をひきつれてエルサレムを訪れ、異民族や異教徒の結婚を解消させ「律法」の言葉を読み聞かすなど、宗教的規律と秩序の回復を求めたのである。

ペルシアは支配下の民族に対して寛容な姿勢を持っていたため、このようなことが許された。ペルシアは伝統的な宗教を振興させることで自立化を促し、とりわけ反ペルシア的でないかぎり、宗教的法規を承認していたのだ。

ただし、ユダヤ教徒からすれば望ましい人物なのだろうが、実情を考えるとかなり頑固な性格の持ち主と想像できる。

一般の人々はもちろん、※レビ人までが異国の妻を娶《めと》っている事実を知り、彼は自分の衣服を引き裂いて嘆いたという。しかし、国土崩壊からすでに100年も経っていることもあり、なかなか異国の妻を別れさせることができず、3カ月もかかったと聖書には記されている。

※ヤコブの子レビを祖とするイスラエル部族のひとつで、司祭専従の部族（P87）

ユダヤ教が嫌悪した占い師・魔術師

未来予知は神のみを窓口とする

中世ヨーロッパでは、ユダヤ教徒といえば魔術師とか妖術使いの同義語だ。もちろん、これは単なる異教徒への差別。ユダヤの律法学者は占い師、魔術師、霊媒といった人々を嫌悪した。堕落した信仰、神への冒涜《ぼうとく》とみなされた。未来は神によってベールに隠されている。人が未来を知ろうとするのは、無理にベールに穴を開けて覗く行為と考えられた。「タルムード」では繰り返し、これらの行為を攻撃している。

キリスト教の司祭、牧師に相当するユダヤ教のラビ（宗教指導者）がとりわけ非難したのは霊媒の存在。一般に、霊媒は死者の霊魂を呼び寄せて、霊媒自身の口から死者のメッセージをこの世の人に伝えるというもの。これを「口寄せ」と称した。

冥界に住む死者は、生きている人には知りえない事柄を熟知し、とりわけ未来の出来事を知っているとされた。当時の霊媒は、暦の変わる新年最初の時間が、死者を呼び寄せ、コミュニケーションする好機と考え、断食の上、墓場を訪れたのである。この霊媒の「口寄せ」は貴族に限らず、庶民の間でも人気があった。

ラビはこの行為を、情報源を間違えていると激しく非難した。ラビの意見では、正しい情報源は神のみに所属していると信じているからだ。だから「口寄せ」は腹話術とおなじ大衆芸能だと非難したのだ。

魔術についても同様だ。奇蹟は神のみの業であり、それ以外の異常な出来事はすべて、悪霊の仕業と考えた。

The Old Testament

エステル記

ペルシア大臣によるユダヤ人抹殺計画

エステル 君が新しい王妃だ
エステル
エステルは自分がユダヤ人であることを隠して王と結婚する
それからしばらくしてエステルの従兄弟モルデカイは大臣ハマンに敬礼せず怒りを買った
モルデカイ
ハマン
態度の悪いユダヤ人め！全てのユダヤ人を殺害するよう王に願うぞ！
王様！実は私もユダヤ人です！どうかお慈悲を…
そうか…
王は以前にモルデカイが王の暗殺計画を阻止していた事実を知り逆にはハマンを死刑にしてユダヤ人を殺害の危機から救った

年代

B.C.480年頃

登場人物

エステル
モルデカイ
ハマン

美女が救う民族の生命

『エステル記』はユダヤの美女エステルとペルシア王をめぐる物語。ただし史実ではなく、寓話的な内容の物語だ。

ペルシアの宮廷で大宴会が開かれたが、王妃は出席を拒否し、処罰された。新王妃に選ばれたのはエステルという美女。ユダヤ人であることを隠して王妃となった。

ペルシアには王の信任厚いハマンという宰相《さいしょう》がいた。その権勢の前に人々はひれ伏して挨拶することが習慣だった。ところが、エステルの従兄弟のモルデカイはひれ伏さなかった。ハマンは激怒し、モルデカイがユダヤ人と知ると、傲慢なユダヤ人をすべて死刑に処すという勅命を公布してしまう。

ユダヤの人々が悲嘆に暮れるなか、王妃エステルは決意して、王に事実を打ち明けユダヤ人の助命を願った。すると、賢明な王は、以前モルデカイが王の暗殺計画を通報し、未然に防いだことを思い出した。そして処刑予定日、モルデカイは処刑を免れ、逆にハマンが逮捕されて処刑されたのだった。

二月末〜三月初めに行われるユダヤ教の行事プリム祭は『エステル記』を記念したもの。その日、ユダヤ教徒はハマンタッシュという三角形の焼き菓子を食べる習慣がある。これはハマンの帽子をかたどったものとされる。

史実と聖書

謹厳《きんげん》なユダヤ人が酒を酌み交わす日

2～3月の中旬、春の祭り「プリム祭」は別名「くじの祭り」ともいわれる。プリムの名は仇敵ハマンがユダヤ人虐殺日を、くじ（プル）で決めたという故事に由来している。

祭りは憂いが喜びにかわった日ということで、普段は謹厳なユダヤ人が酒を酌み交わし、メギラ（『エステル記』の巻物）を朗読し、それを主題にした寸劇や仮装行列を楽しむ。

仮装祭という別名もあり、パーティには趣向を凝らした衣装で出席する。また、この日は『エステル記』に「貧しい者に施しをせよ」とあることに応じ、寄付が行われる。

人物クローズアップ

エステル

民族を救った美女

「星」を意味するユダヤ人女性。彼女を妻としたペルシア王は、クセルクセス1世（在位・紀元前486～紀元前465）と推定される。

ハマン

ユダヤ人の宿敵

ユダヤ人の仇敵ハマンはアガグ人とされる。アガグ人とはパレスチナ南方の一族である。出エジプトの頃からユダヤ人とは敵対関係にあったとされる。

信仰の試練

試練は善人にふりかかる自己弁護と信仰の狭間

さてヨブはどれほどの信仰心があるのか試してみるとしよう
苦しい…いっそ生まれてこなければよかった
ヨブ
ヨブ…気の毒に
何か罪を犯しているのかもしれない悔い改めるべきだ
私は正しい行いをしてきたのに…
ヨブよ 自分を義とするため私を罪で定めるのか
おお神よ…！
私が間違っていました
ヨブが過ちを認めると病も治り財産も家族も増え以前より増して恵まれた

年代

B.C.1020年頃

登場人物

ヨブ

試される信仰心

『ヨブ記』は信仰心のあり方を示す物語だ。善人は良い思いをし、悪人は罰を受けるのか。また明らかな不公平をどう受け取るのかというテーマだ。ヨブは妻と七人の息子と三人の娘に恵まれ、神も義なる者と讃えた。しかしヨブの心を疑うサタンは彼の財産と子どもを奪ってしまう。

「わたしは裸で母の胎《たい》を出た。裸でそこに帰ろう。主は与え、主は奪う。主の御名《おんな》はほめたたえられよ」

さらにサタンはヨブをひどい皮膚病で苦しめる。妻は神を呪うものの、ヨブの忠誠心はゆるがない。ヨブの元に駆けつけた三人の友は、悔い改めるよう求める。しかし、ヨブは自らの潔白を主張した。自分を義なる者（神に忠実な者）と述べる彼に神の声が聞こえた。

「あなたはわたしのさばきを無効にするつもりか。
自分を義とするために、わたしに罪を定めるのか。
あなたには神のような腕があるのか」

神は、自身がいかに高い見地を持つかを知らしめた。無知と傲慢を認めたヨブが三人の友のために祈ると、病は癒された。以前の二倍の財産と子どもたちにも恵まれ、玄孫《やしゃご》（四代下の孫）を見るほど長生きし、幸せな後半生を送った。

人物クローズアップ

ヨブ

神の試練に耐える男

洪水伝説のノアの息子セムの遠い子孫とされる。家庭にも資産にも恵まれた男が、数度にわたり信仰の試練にさらされ、悩み、神の愛を求める。

また、ここで登場するサタンは、人の信仰をためす者である。

もともとはヘブライ語で「神の敵対者」「仇」「敵」を示す普通名詞。悪魔と同じ意味である。イスラム教ではシャターンと呼ばれ、人間の敵対者とされる。

聖書深読み

人々を誘惑し続けるサタンの系譜

諸悪の根元サタン（ha-satan）がギリシア語化するとディアボロス（Diabolos）となり、そこからデヴィル（Devil）の言葉が生まれた。デーモン（Demon）もまたギリシア語起源。古代ギリシア人は超自然の力にダイモン（Daimon）という言葉をあてた。突如、人間を襲う幸不幸や運命的な出来事をもたらす力の意味だ。

ギリシア詩人ホメロスはこれを「神の力」と称した。ダイモンは後にデーモンとなり、悪を意味するのはキリスト教が普及してから現在ではサタン、デヴィル、デーモンのいずれも悪魔を示す言葉として使われている。

The Old Testament

大預言者イザヤ

神に遣われし男 救世主の誕生を預言

紀元前10世紀頃、預言者が登場した 彼らは神と交流し、神の言葉を人々に伝える役割を担った
イザヤ
紀元前8世紀 神はひとりの男をエルサレムに遣わした
王様！ 人々は信仰心を無くしているようです この国は変わらなければなりません
うむ

年代

B.C.701年頃

登場人物

イザヤ

このときユダ王国は
アッシリア帝国の
属国となっていた
ある日、突然アッシリアが
エルサレムに軍を進めた
エルサレムは
我々アッシリア軍が
包囲した！
私たち
どうなるの……
神様
怖れることはありません
悲しむこともありません
ひとりの嬰児《みどりご》が
私たちのために生まれます
ひとりの男の子が
私たちに与えられます
イザヤは
救世主の誕生を予言した

揺れるエルサレムの未来は

三大預言者のひとりとされるイザヤは、紀元前八世紀に活躍した。『イザヤ書』の著者とされるが、実際は三人の著者のひとりと考えられている。つまりは三人のイザヤが存在したというわけだ。預言者とは神と直接に交流し、神の言葉を人々に伝える仲介者である。「預言」とは神に託された言葉だ。ヘブライ語ではナービーとよばれ「語る者」「叫ぶ者」の意味があり、正確には「狂騒状態で告知する者」である。古代イスラエルでは伝統的に彼らが神と人々の仲介を果たした。

イザヤが預言者になった過程について彼自身が記している。あるとき、彼は天使と言葉を交わす神の声を聞いた。「『だれを遣わそう。だれが、われわれのために行くだろうか』と言っておられる主の声を聞いたので、言った。『ここに、私がおります。私を遣わしてください』」

預言者となったイザヤは当初、人々の道徳的・宗教的側面、さらには指導者層の腐敗を糾弾する活動をするが、やがて神罰・国家滅亡という否定的預言となり、さらには救世主の出現で世界が一新するという未来預言へと変わる。

ユダ王国アハズ王の時代、アッシリア帝国が北方へ勢力を拡張するなか、シリアやイスラエル王国など周辺国は反アッ

史実と聖書

イザヤ書とフォークダンスの不思議な関係

フォークダンスやキャンプファイヤーの定番となっている『マイム・マイム』というリズミカルな楽曲をご存知だろうか。その歌詞が悲痛な内容で知られる『イザヤ書』の「あなたがたは喜びをもって、救いの井戸から水をくむ」という一節を歌詞としたものだ。「マイム」はヘブライ語で水を意味し、水源の乏しい開拓地で、井戸を掘り当て歓喜する様子とされる。原曲はポーランド生まれのユダヤ人E・P・アラミン（1909～1993）がイスラエル入植後に製作したもの。ちなみにキリスト教徒は「救いの井戸」を、キリスト出現を象徴していると解釈する。

人物クローズアップ

イザヤ

名前の意味は「ヤハウェは救い」

紀元前750～700年。イザヤが3人というのは、『イザヤ書』が3文書にわかれ、それぞれアッシリア統治下、バビロニア捕囚、帰還後のエルサレムと250年間にわたる出来事が記述されていることからだ。最初の文書こそイザヤ本人のものとされ、続く2文書は別人の著作をイザヤの名前の元に編集されたと考えられている。

シリア同盟を結び、ユダ王国にも加盟を要請した。しかし、アハズ王が拒否すると、彼らは軍勢をユダ王国に向けた。困惑する王に面会を求めたイザヤは、落ち着いて神の声を聞くよう求めた。イザヤは同盟軍の敗戦が近いことを見抜くが、アハズ王は貢物をアッシリアに献じて援助を要請した。結果、反アッシリア同盟軍は滅ぼされたものの、ユダ王国もまた完全にアッシリアの属国にされてしまったのである。

ついでヒゼキヤ王の時代、すでにイスラエル王国は崩壊し、住民は離散の憂《う》き目にあっていた。この悲劇を目撃したユダ王国は難しい舵取りを迫られる。紀元前七〇一年、アッシリアが突然軍を進めてエルサレムを包囲する事件が起こったのだ。国の滅亡を預言していたイザヤだが、このときは籠《ろう》城《じょう》するよう指導する。結果、敵軍は包囲網を解いて帰国する。撤退の理由は不明だが、疫病の蔓延《まんえん》が原因とする説もある。

キリスト教徒がイザヤを支持する理由は、イエス誕生を預言したとされることから。イエス誕生に先立つ七百年前だ。

「ひとりの嬰児《みどりご》が、私たちのために生まれる。
ひとりの男の子が、私たちに与えられる。
主権はその肩にあり、
その名は『不思議な助言者、力ある神、
永遠の父、平和の君』と呼ばれる」

聖書深読み

旧約聖書に散りばめられた救世主イエス誕生の預言

キリスト教徒によれば、旧約聖書にはイエス・キリストの出現を予告する記述が数百カ所にわたって存在するという。もちろん、イエスが救世主であると認めないユダヤ教徒は、これを厳しく否定する。『イザヤ書』にはイエス登場を示す多くの記述があるとされる。本文に紹介したほか、有名な箇所を幾つか紹介する。

「彼は蔑まれ、人々からのけ者にされ、悲しみの人で病を知っていた。人が顔を背けるほどさげすまれ、私たちも彼を尊ばなかった。まことに、彼は私たちの病を負い、私たちの痛みをになった。……しかし、彼は、私たちの背きの罪のために刺し通され、私たちの咎《とが》のために砕かれた。彼への懲らしめが私たちに平安をもたらし、彼の打ち傷によって、私たちは癒された」

こんな記述もある。

「シオンの娘に言え。『見よ。あなたの救いが来る。見よ。その報いは主とともにある。その報酬は主の前にあると』」

「裁きによって、彼は取り去られた。彼の時代の者で、誰が思ったことだろう。彼が私の民の背きの罪のために打たれ、生ける者の地から絶たれたことを。彼の墓は悪者どもと共に設けられ、彼は富む者と共に葬られた」

これらの記述は、キリスト教徒ならずとも、イエス本人を十分に連想させる。

The Old Testament

エルサレム復興を幻視

死骸の谷で目撃した壮大なイリュージョン

預言者エゼキエルは神に連れられある谷に降ろされた
ここはっ…
エゼキエル
それらの骨は生き返るか
神よ……!
それは神だけが知っています
ではこれらの骨に預言して言うのだ
エゼキエルは神に命じられるように預言した
エゼキエルが神の預言に従うと骨がくっつきよみがえった
さらに預言すると彼らは立ち上がったのである

年代

B.C.580年頃

登場人物

エゼキエル

肉体に魂が戻る〝復活〟

エゼキエルは紀元前六世紀ごろの預言者。紀元前五九七年にユダ王ヨヤキムとともにバビロン捕囚となった。二回にわたった捕囚で連行されたのは男子四千六百人。家族を含めると二万人もの人々が連行された。彼らは当初、バビロン郊外の荒地の開墾作業などに従事させられ、一定期間の重労働ののちバビロンへの居住が許された。その後は商業活動や宮廷勤めなど、能力に応じて仕事を選んだ。大成功を収めた商人や、高級官僚に出世した者もいたが、ユダヤ人にとってはアイデンティティを揺るがす最大の危機の時代だった。唯一の救いは預言者だ。彼らはユダヤ人に対して、神に選ばれた民としての自尊心と使命感を思い出させ、試練に耐えることの重要さを説き、そして輝かしい未来を見せるのである。

エゼキエルは二十年間バビロニアで活動をしたが、内容は神秘的・黙示的で、後に「ユダヤ教の父」と賞賛された。彼の特徴は情熱的な言葉とともに、神から圧倒的なイリュージョンを受けたことだ。それも幻想的だけでなく、さまざまなイメージが錯綜《さくそう》するスペクタクルなものなのである。

エゼキエルが目撃した代表的なイリュージョンを紹介する。それは「枯れた骨の復活」として知られるものだ。ある

人物クローズアップ

エゼキエル

宣教するユダヤ教の父

名前は「神が強くする」という意味。祭司の子どもであり、もっとも祭司的な預言者とされる。彼は紀元前597年にユダ王とともにバビロン捕囚として移住させられ、その5年後に預言者として神の召命を受けたとされる。

その後20年間にわたる預言活動を行ったが、カナン以外の地での預言活動は、彼が初めてだった。困難な時代を生き抜いたことから「ユダヤ教の父」の称号を受けている。

聖書深読み

肉体を駆使して神との直接体験を得る

幻覚とは、医学用語で「対象なき知覚」を指す。実際には、現実とは無関係に特殊な感覚を味わう症状だ。聴覚、嗅覚、味覚などの幻覚も含むが、おもに幻視の意味で使用される。一般的に幻覚は不穏な状況だが、神との直接体験を求める神秘主義の宗教家は、幻覚体験を望む傾向がある。見方によれば荒行、断食も幻覚で神体験を目指すもの。麻薬類を服用して幻覚を得るシャーマンもいる。

イスラム神秘主義の旋舞《せんぶ》教団は信者が音楽にあわせ、激しく回転する。これは祈りであると共に回転によって幻覚を得て、神との一体化を図るものだ。

とき、エゼキエルは幻想のなかで神に連れられ、ある谷におろされた。周囲には枯れた骨が無数に散らばっている。そこで神が問うた。

「人の子よ、これらの骨は生き返ることができるか」

神が地上のすべての悪を滅ぼされたのち、地中で眠る死者が復活できるのかと質問したのだ。エゼキエルが神のみがご存知だと答えると、これらの骨に預言するよう命じられる。

「主はこれらの骨にこう仰せられる。見よ。わたしがおまえたちの中に息を吹き入れるので、おまえたちは生き返る」

エゼキエルが預言すると、大きな音がして骨と骨が互いにつながった。その上に筋がつき、肉が生じ、皮膚がその上をすっかりおおった。しかし、まだ生き返ってはいなかった。

ついでエゼキエルは神に命じられるまま、息に預言した。

「息よ、四方から吹いて来い。この殺された者たちに吹きつけて、彼らを生き返らせよ」

すると彼らは自分の足で立ち上がったというのだ。死者が復活したのである。ユダヤ教、キリスト教とも死者の復活を認めている。しかし、インド起源の輪廻《りんね》転生《てんせい》とは大いに異なるものだ。ユダヤ教、キリスト教の場合、死者は墓で眠った状態にあり、晴れて「復活の日」を迎えると、ふたたび元の肉体に霊魂が戻るということなのだ。

聖書深読み

民族の危機に立ち向かう 選ばれし預言者たち

聖書で使われる「預言（Prophecy）」という言葉は未来予知の「予言」とは異なる。キリスト教の用語としての預言は「神から直接に啓示を受けて、これを公に宣言すること」とされている。つまりは「神に託された言葉」である。

その内容は、神による人々への叱責、威嚇、命令、約束である。叱責や威嚇はともかく、問題となるのは約束という言葉。これは、いわゆる予言と同じ意味を持つ。神が約束を守らないことはあり得ないのだから、その予言は確実に成就することになる。だから預言なのである。

神が託した相手を「預言者（Prophet）」という。古代イスラエルでは伝統的にこの種の人々が神と民衆の仲介役を果たしてきた。神と交流するという点では巫女や降霊者と変わらない。忘我、脱我、エクスタシーといった神がかりの状態をへてメッセージを受け取るのであるから。

しかしイスラエルの預言者が単なる神がかりと違うのは、彼らが日常生活においても敬虔《けいけん》な信徒として、民衆のリーダーの役目を負うことである。逆にいえば、イスラエルの指導者はすべて預言者とみなされる。

預言者がもっとも活躍したのは捕囚時代である。民族が存亡の危機に立たされた時代にこそ、強力な指導者が必要とされるのである。

真の歴史を追及した聖書年代学とは

紀元前五二〇一年に世界が誕生!?

普遍史（Universal History）という言葉がある。たとえば『創世記』には「アダムが百三十歳のときにセトが生まれ、セトが百〇五歳のときエノシュが……」と記されている。この記述と歴史上確認できる年代を組み合わせ、空白部分を他資料から補うと、継続した歴史が完成する。これを普遍史といい、聖書に基づく年代研究を聖書年代学という。西欧では権威ある歴史学として、二百年前まで堂々と通用した。

　聖書年代学はローマ時代から盛んになり、教会史の父と呼ばれた四世紀の神学者エウセビオスの研究は後世に影響を与えた。彼によれば、天地創造はイエス生誕をさかのぼること五二〇一年前の出来事とした。

　普遍史には弱点があった。アッシリアやエジプトといった古代王国の資料と矛盾が生じるのだ。エウセビオスの年代決定では、天地創造以前からエジプトに王朝が存在したことになる。すると、彼は強引にもエジプト王朝史を短縮させ、自説と整合させたのだ。

　中世、近世を通じてさまざまな研究者が独自の普遍史的年代研究を発表したが、天地創造の年代は二千年程度の幅の変更にすぎなかった。キリスト教社会では聖書は絶対的真理であり、信《しん》憑《ぴょう》性を疑うことは異端を意味した。

　しかし、詳細な歴史資料を持つ中国の存在が知られ、関係分野の科学的研究が進むなか、普遍史は存在基盤を失っていった。ちなみに、ローマ教会が地動説をめぐるガリレオ裁判問題に関して謝罪したのは一九九二年、進化論の場合は一九九六年のことだ。

The Old Testament

ダニエル記

少年ダニエル 王国の未来を占う

そなたが私の夢を解けるというのか？
はい 任せてください
ネブカドネツァル王
ダニエル
王が見た夢は…
像の夢です それもとてつもなく恐ろしいものです
ふむ ではその夢の意味は
ダニエルは王の夢からバビロンの未来を予知してみせた
その能力に驚愕した王はダニエルを全州の長官に任命した

年代

B.C.570年頃

登場人物

ダニエル
ネブカドネツァル王

国王の夢解釈で賞賛を受ける

『ダニエル書』の主人公ダニエルは、キリスト教では預言者とされるが、ユダヤ教では預言者とみなされない。彼は捕囚で、バビロニアのネブカドネツァル王の宮廷に仕えた。ユダヤ王族の中から優れた容姿、知恵と才能に恵まれた者として選ばれた四人の若者のひとりだった。

　あるとき、王が不思議な夢を立て続けに見たものの、その意味が理解できず、王室専属の占い師や賢人に聞いても、誰も答えを得られなかった。神のみがその答えをご存知ですと言われると、王は激怒してすべての賢人・占い師の処刑を命令した。ここで、ダニエルが王の夢を解くと立候補するが、王は夢の内容を教えないので、ダニエルはまず王の夢を知り、それを解明するという二重の困難に立ち向かうことになる。しかし、彼は神の力を得て、その夢を理解する。

「王様。あなたはひとつの大きな像をご覧になりました。見よ。その像は巨大で、その耀《かがや》きは常ならず、それがあなたの前に立っていました。その姿は恐ろしいものでした」

　それから夢解きがはじまった。それはバビロニア王国の今後に起こる未来予知であった。驚愕したネブカドネツァル王はダニエルを賞賛し、全州の長官という大役に任命したのだ。

人物クローズアップ

ダニエル

夢解釈でエリートに

　宮廷官吏として採用された4人のユダヤ人のなかでもとりわけ優秀とされる。彼は神の恩寵《おんちょう》を受けたが、宗教指導者としての活動が少ないことなどから、ユダヤ教では「預言者」の尊称を与えなかったようだ。

ネブカド
ネツァル王

バビロン捕囚の元凶

　新バビロニア王国を建てたナボポラッサル王の息子。在位は紀元前605年～562年。ユダ王国はもちろん、エジプトを除く全オリエント世界を支配下においた。

史実と聖書

ダニエルが聖書に登場した理由

『ダニエル書』の背景を説明しよう。物語の成立は紀元前2世紀頃。当時、パレスチナの北に位置するセレウコス朝シリアはエジプトと敵対関係にあり、軍隊は遠征の途上エルサレムに侵入するたびに金品を強奪、住民を殺したり奴隷にするなど、人々は辛酸《しんさん》を舐めていた。そんな折にユダヤ人を慰め、励ますため『ダニエル書』が記された。

　ダニエルはノア、ヨブと並んでユダヤの伝説的な義人（神の正義を実行する人）だった。この物語でも燃え盛る炉に投げ込まれたり、ライオンの檻に入れられたりするが、危機はすべて神の加護によって事なきを得ている。

The Old Testament

ヨナ書

神の命令に背いたヨナ 鯨《くじら》に飲み込まれる

ヨナは神の言葉に反して町を出た
ヨナ
ニネベは悪徳の町だ行きたくない
乗り込んだ船は嵐に遭いヨナは鯨に飲み込まれた
三日三晩を鯨の中で過ごしたヨナは神の命令を受けることを決意
神の言うとおりニネベに向かおう
ヨナはニネベの人々に神の教えを伝え回った

年代

B.C.450年頃

登場人物

ヨナ

異教徒に注がれる神の御心

『ヨナ書』は旧約聖書では特異な存在だ。ユダヤ人という選民意識を否定されるからだ。神の意志が異邦人に受け入れられやすいという思想は、キリスト教にも受け継がれる。

主人公ヨナはある日、神の言葉を聞く。

「さあ、大いなる都ニネベに行き、人々に悪行をあらため、神をうやまうよう呼びかけてきなさい」

ニネベとはイスラエルと敵対するアッシリアの首都。十万人の人口を抱えるが、戦利品が飾り立てられた「血を流す町」と周囲から嫌悪された。なぜ悪徳の町に神の言葉を伝えるのか、ヨナには納得できない。そこで南スペイン行きの船に乗って神の命令から逃れようとしたが、途中で海が荒れてしまう。自分が元凶と知ったヨナは船乗りに海に放り込ませた。溺死寸前で鯨に飲み込まれ、三日三晩を鯨の腹で過ごしたヨナは、神の命令を受けることを決意する。鯨から吐き出されたヨナはニネベを訪れ、人々に悔い改めるよう、神の言葉を伝える。意外にも人々は忠告を受け入れた。王をはじめすべての住民が衣服を脱ぎ、灰の上に座って悔い改める。そして町は神の怒りによる破壊を免れた。結末に不満なヨナに神は語る。神の救いはすべての人々に及ぶと。

聖書深読み

変更された神の決定と ヨナ・コンプレックス

この物語が関心を呼ぶのは2点ある。ひとつはユダヤ人の持つ選民意識への問いかけである。神は異教徒の町へ警告をするため、ヨナを派遣したのである。もうひとつはニネベの町人があっさりと悔い改めたので、神は破壊を中止したことである。これはユダヤ人にとって衝撃的な物語と思われる。神の恩恵がユダヤ人だけでなく、異教徒にも及んだのだから。

心理学でヨナ・コンプレックスという言葉がある。これは無意識の抑制という意味。行動すれば良い結果が出るのに実行できないという心理状態を示すものだ。

人物クローズアップ

ヨナ

神の召命に逆らった男

『ヨナ書』は小預言書という12の文書に含まれる。主人公のヨナ（イオナとも呼ばれる）は「鳩」の意味。短い文書ながら、なかなか興味深い味わいがあることから、その内容は再評価されている。ちなみにヨナが逃げ出した先は現在のスペイン・アンダルシアのタルシシュという町。当時は世界の最西端とされていた。

ユダヤ教を知るための A.B.C……

★キリスト教との違い

キリスト教は唯一神（創造主）、救世主イエス、聖霊を信仰（三位一体）するが、ユダヤ教は唯一神を信仰するのみでイエスを救世主と認めない。またキリスト教はイエス像などの礼拝が認められるが、ユダヤ教の神は無形である。さらに原罪についてキリスト教は救世主の仲介を必要とするが、ユダヤ教は個人の努力で救済可能とする。

★ユダヤ教律法学者「ラビ」

ラビはユダヤ教の律法学者。ヘブライ語の「大きい」「偉大な」という言葉が語源。

★世界一万三千カ所にシナゴーグ

ユダヤ教の公的な祈祷《きとう》・礼拝の場所がシナゴーグで、会堂と訳される。現在、世界にあるシナゴーグの数は一万三千カ所。日本には東京（広尾）、神戸のほか、横須賀と座間の米軍基地内などに設置されている。

★シオニズム

「シオン」とはエルサレムの古い呼称。離散からの回帰を図る運動をシオニズムという。一八九七年に世界シオニスト機構が創立。第二次大戦後、イギリスの後押しで、パレスチナに入植を開始し、一九四八年にはイスラエル国家を成立した。

★難しいユダヤ人の定義

ユダヤ教の信者＝ユダヤ人とするのは間違いであり、ユダヤ教からの改宗者、破門された者もユダヤ人とされる。容貌から判断できず、同一の文化・言語を持つ集団とするのも妥当ではない。もっとも正確な答えはユダヤ人自身が「自分のアイデンティティとしてユダヤ的伝統を意識している」かどうかである。

資料で読む聖書

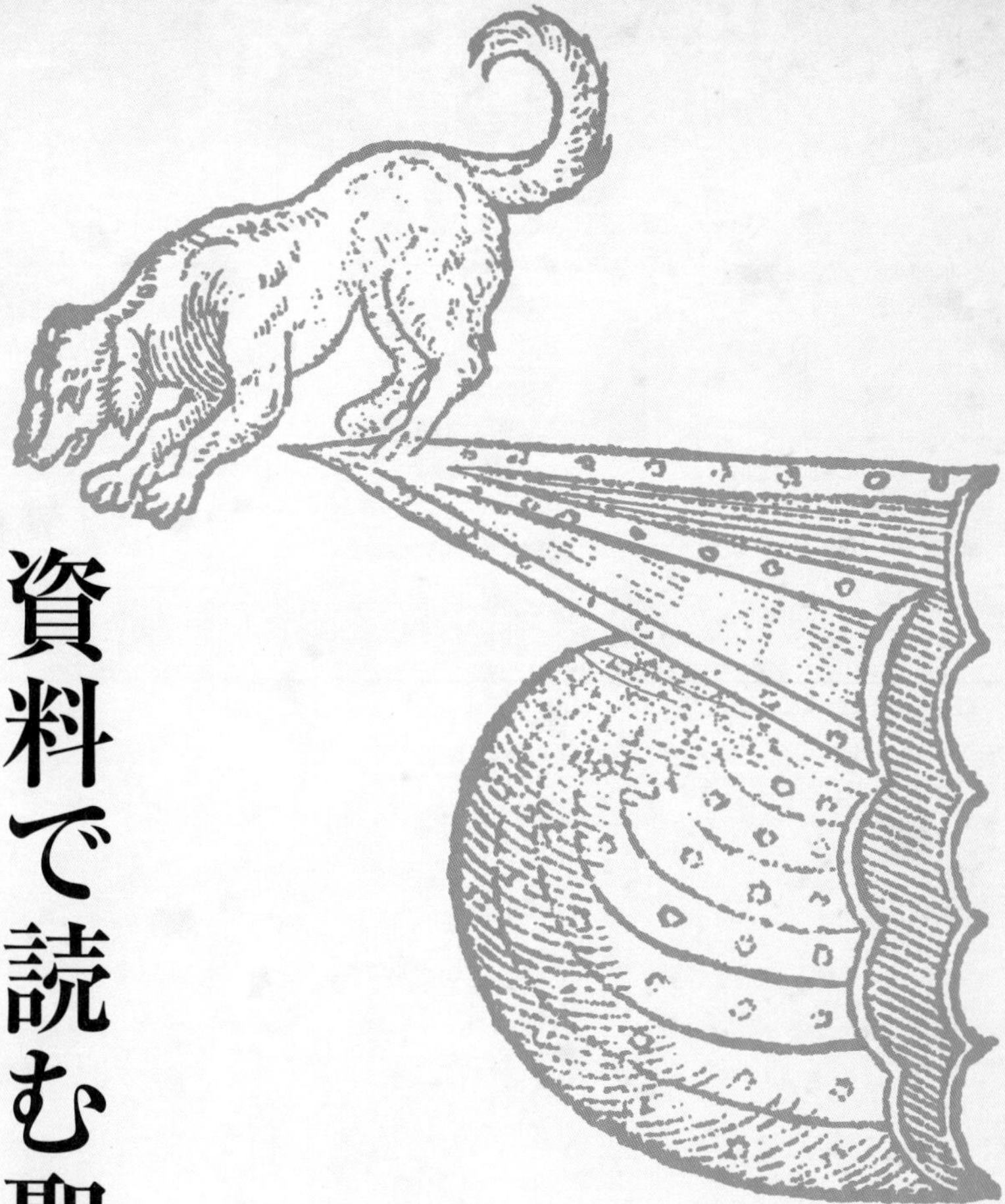

人物相関図（旧約聖書）

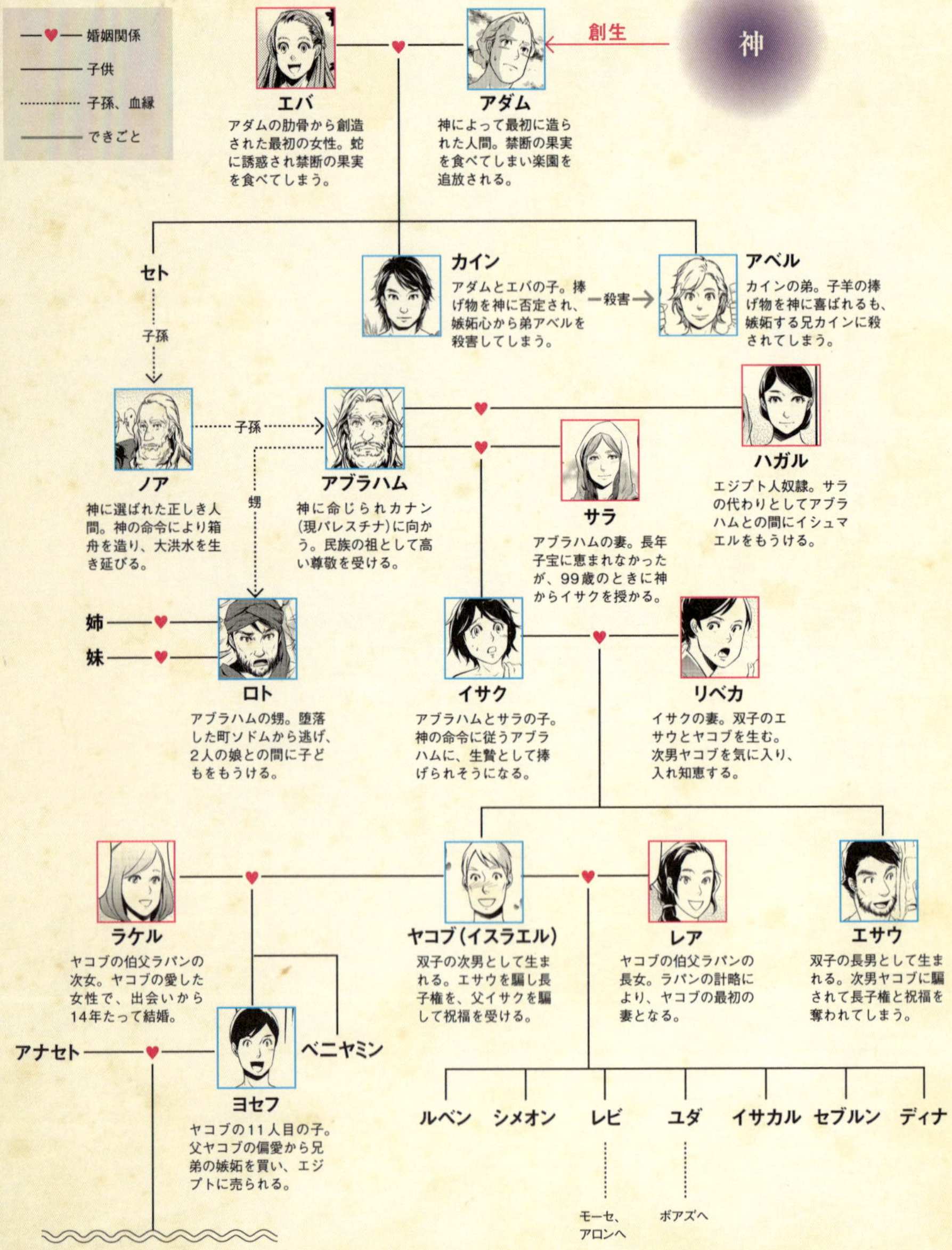

婚姻関係
子供
子孫、血縁
できごと
神
創生
エバ
アダムの肋骨から創造された最初の女性。蛇に誘惑され禁断の果実を食べてしまう。
アダム
神によって最初に造られた人間。禁断の果実を食べてしまい楽園を追放される。
セト
子孫
カイン
アダムとエバの子。捧げ物を神に否定され、嫉妬心から弟アベルを殺害してしまう。
殺害
アベル
カインの弟。子羊の捧げ物を神に喜ばれるも、嫉妬する兄カインに殺されてしまう。
子孫
ノア
神に選ばれた正しき人間。神の命令により箱舟を造り、大洪水を生き延びる。
アブラハム
神に命じられカナン（現パレスチナ）に向かう。民族の祖として高い尊敬を受ける。
甥
サラ
アブラハムの妻。長年子宝に恵まれなかったが、99歳のときに神からイサクを授かる。
ハガル
エジプト人奴隷。サラの代わりとしてアブラハムとの間にイシュマエルをもうける。
姉
妹
ロト
アブラハムの甥。堕落した町ソドムから逃げ、2人の娘との間に子どもをもうける。
イサク
アブラハムとサラの子。神の命令に従うアブラハムに、生贄として捧げられそうになる。
リベカ
イサクの妻。双子のエサウとヤコブを生む。次男ヤコブを気に入り、入れ知恵する。
ラケル
ヤコブの伯父ラバンの次女。ヤコブの愛した女性で、出会いから14年たって結婚。
ヤコブ（イスラエル）
双子の次男として生まれる。エサウを騙し長子権を、父イサクを騙して祝福を受ける。
レア
ヤコブの伯父ラバンの長女。ラバンの計略により、ヤコブの最初の妻となる。
エサウ
双子の長男として生まれる。次男ヤコブに騙されて長子権と祝福を奪われてしまう。
アナセト
ベニヤミン
ヨセフ
ヤコブの11人目の子。父ヤコブの偏愛から兄弟の嫉妬を買い、エジプトに売られる。
ルベン
シメオン
レビ
ユダ
イサカル
セブルン
ディナ
モーセ、アロンへ
ボアズへ

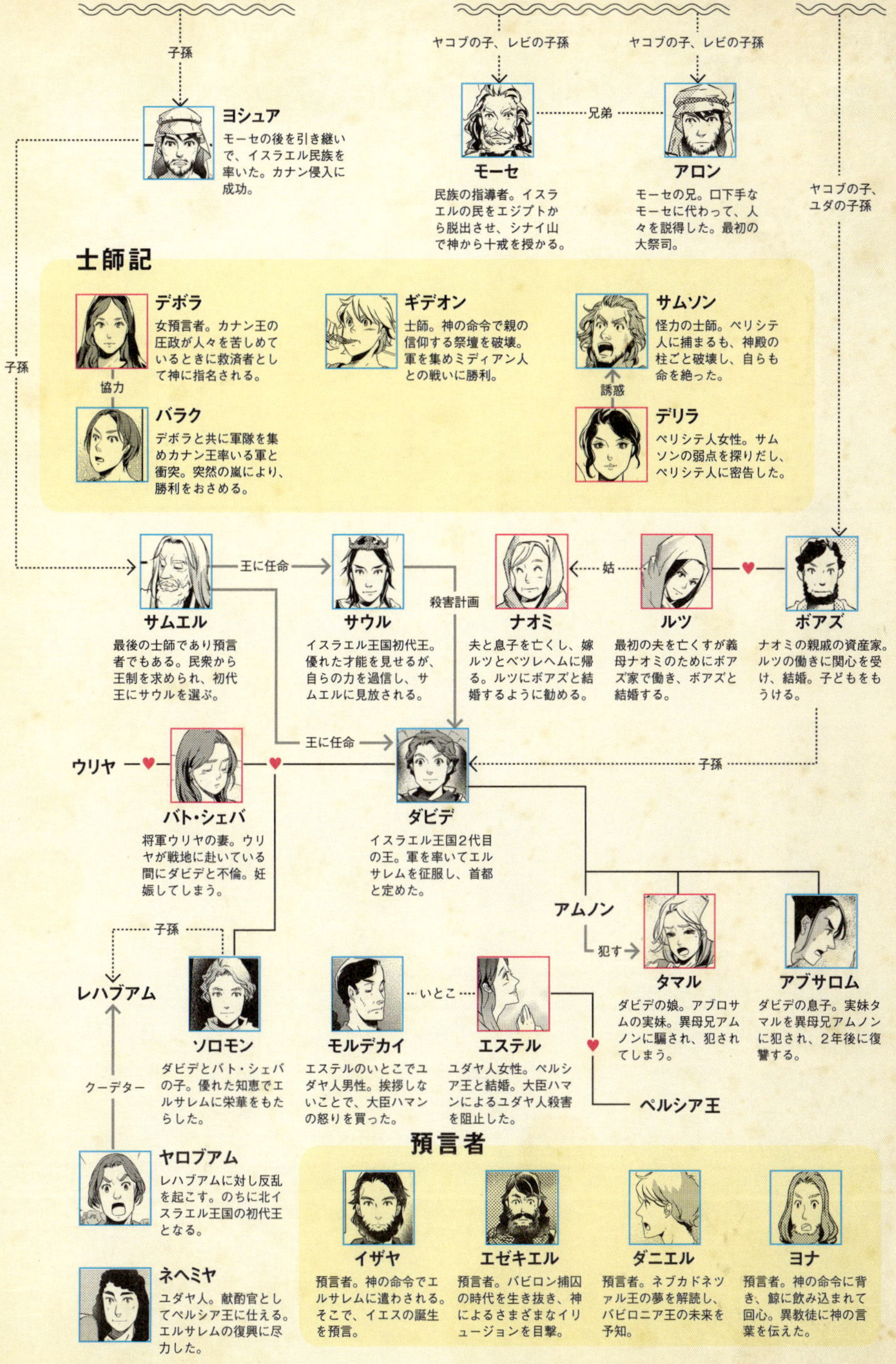

子孫
ヨシュア
モーセの後を引き継いで、イスラエル民族を率いた。カナン侵入に成功。
ヤコブの子、レビの子孫
ヤコブの子、レビの子孫
兄弟
モーセ
民族の指導者。イスラエルの民をエジプトから脱出させ、シナイ山で神から十戒を授かる。
アロン
モーセの兄。口下手なモーセに代わって、人々を説得した。最初の大祭司。
ヤコブの子、ユダの子孫
士師記
デボラ
女預言者。カナン王の圧政が人々を苦しめているときに救済者として神に指名される。
協力
バラク
デボラと共に軍隊を集めカナン王率いる軍と衝突。突然の嵐により、勝利をおさめる。
ギデオン
士師。神の命令で親の信仰する祭壇を破壊。軍を集めミディアン人との戦いに勝利。
サムソン
怪力の士師。ペリシテ人に捕まるも、神殿の柱ごと破壊し、自らも命を絶った。
誘惑
デリラ
ペリシテ人女性。サムソンの弱点を探りだし、ペリシテ人に密告した。
子孫
王に任命
サムエル
最後の士師であり預言者でもある。民衆から王制を求められ、初代王にサウルを選ぶ。
サウル
イスラエル王国初代王。優れた才能を見せるが、自らの力を過信し、サムエルに見放される。
殺害計画
姑
ナオミ
夫と息子を亡くし、嫁ルツとベツレヘムに帰る。ルツにボアズと結婚するように勧める。
ルツ
最初の夫を亡くすが義母ナオミのためにボアズ家で働き、ボアズと結婚する。
ボアズ
ナオミの親戚の資産家。ルツの働きに関心を受け、結婚。子どもをもうける。
王に任命
子孫
ウリヤ
バト・シェバ
将軍ウリヤの妻。ウリヤが戦地に赴いている間にダビデと不倫。妊娠してしまう。
ダビデ
イスラエル王国2代目の王。軍を率いてエルサレムを征服し、首都と定めた。
アムノン
犯す
タマル
ダビデの娘。アブロサムの実妹。異母兄アムノンに騙され、犯されてしまう。
アブサロム
ダビデの息子。実妹タマルを異母兄アムノンに犯され、2年後に復讐する。
子孫
レハブアム
クーデター
ソロモン
ダビデとバト・シェバの子。優れた知恵でエルサレムに栄華をもたらした。
いとこ
モルデカイ
エステルのいとこでユダヤ人男性。挨拶しないことで、大臣ハマンの怒りを買った。
エステル
ユダヤ人女性。ペルシア王と結婚。大臣ハマンによるユダヤ人殺害を阻止した。
ペルシア王
ヤロブアム
レハブアムに対し反乱を起こす。のちに北イスラエル王国の初代王となる。
ネヘミヤ
ユダヤ人。献酌官としてペルシア王に仕える。エルサレムの復興に尽力した。
預言者
イザヤ
預言者。神の命令でエルサレムに遣わされる。そこで、イエスの誕生を預言。
エゼキエル
預言者。バビロン捕囚の時代を生き抜き、神によるさまざまなイリュージョンを目撃。
ダニエル
預言者。ネブカドネツァル王の夢を解読し、バビロニア王の未来を予知。
ヨナ
預言者。神の命令に背き、鯨に飲み込まれて回心。異教徒に神の言葉を伝えた。

人物相関図（新約聖書）

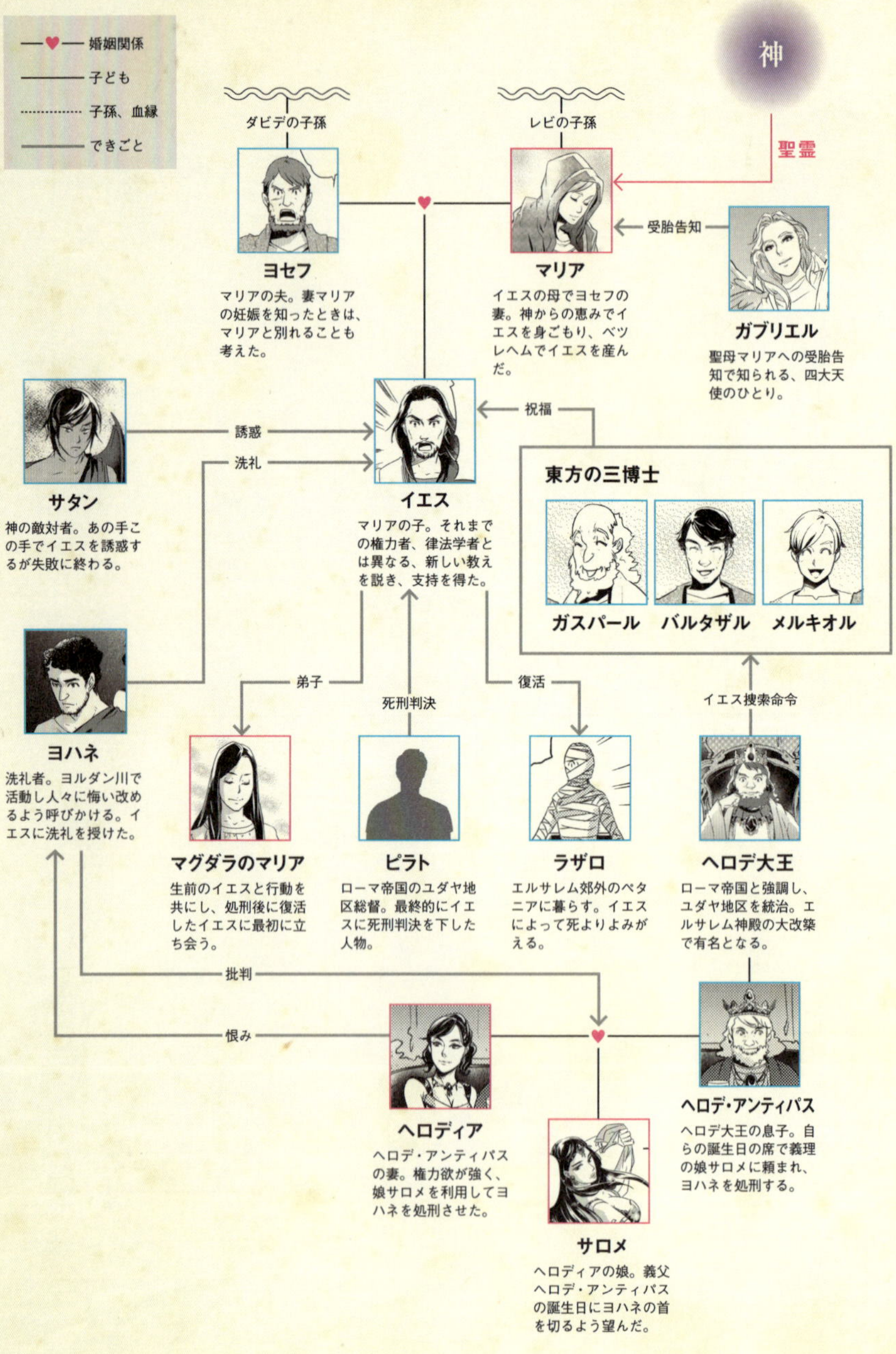

婚姻関係
子ども
子孫、血縁
できごと
神
聖霊
ダビデの子孫
レビの子孫
ヨセフ
マリアの夫。妻マリアの妊娠を知ったときは、マリアと別れることも考えた。
マリア
イエスの母でヨセフの妻。神からの恵みでイエスを身ごもり、ベツレヘムでイエスを産んだ。
受胎告知
ガブリエル
聖母マリアへの受胎告知で知られる、四大天使のひとり。
祝福
誘惑
洗礼
サタン
神の敵対者。あの手この手でイエスを誘惑するが失敗に終わる。
イエス
マリアの子。それまでの権力者、律法学者とは異なる、新しい教えを説き、支持を得た。
東方の三博士
ガスパール
バルタザル
メルキオル
弟子
死刑判決
復活
イエス捜索命令
ヨハネ
洗礼者。ヨルダン川で活動し人々に悔い改めるよう呼びかける。イエスに洗礼を授けた。
マグダラのマリア
生前のイエスと行動を共にし、処刑後に復活したイエスに最初に立ち会う。
ピラト
ローマ帝国のユダヤ地区総督。最終的にイエスに死刑判決を下した人物。
ラザロ
エルサレム郊外のベタニアに暮らす。イエスによって死よりよみがえる。
ヘロデ大王
ローマ帝国と強調し、ユダヤ地区を統治。エルサレム神殿の大改築で有名となる。
批判
恨み
ヘロディア
ヘロデ・アンティパスの妻。権力欲が強く、娘サロメを利用してヨハネを処刑させた。
ヘロデ・アンティパス
ヘロデ大王の息子。自らの誕生日の席で義理の娘サロメに頼まれ、ヨハネを処刑する。
サロメ
ヘロディアの娘。義父ヘロデ・アンティパスの誕生日にヨハネの首を切るよう望んだ。

イエス12人の弟子

ペテロ

ガリラヤの漁師。イエスの奇蹟を目の当たりにし、以後イエスと共に歩む。

アンデレ

ガリラヤの漁師。ペテロの兄弟。ギリシア各地に伝道旅行し、治療行為もしたとされる。

ヨハネ

ガリラヤの漁師。ヨハネによる福音書を書いた人物とされる。洗礼者ヨハネとは別人。

ヤコブ

ガリラヤの漁師。9世紀にスペインで遺体が発見され、スペインの守護聖人とされる。

ユダ

イエスをローマ帝国に銀貨30枚で売った人物。自責の念からイエスの死後、自殺する。

トマス

イエスの復活を疑い、イエスの脇腹の傷跡に触れて確かめたとされる。

シモン

敵対勢力に武力で対抗する「熱心党」に属していたとされるが、詳細はわかっていない。

マタイ

イエスの教えにより、ローマ帝国の徴税人からイエスの弟子となった。

バトロマス

聖書での記述は少ないが、絵画「最後の審判」で剥がれた自分の皮とナイフを持っている。

タダイ

別名ユダ。聖書での記述が少なく、伝承ではペルシアで殉教したとされる。

小ヤコブ

ペテロに「主の兄弟」と呼ばれ、初代エルサレム司教になったとされる。

ピリポ

ベトサイダ出身。「ヨハネによる福音書」によると、イエスに直接招かれて弟子になった。

パウロ

もともとはキリスト教徒を迫害していたが、回心し各地の教会組織設立に邁進した。

地図で見る旧約聖書の舞台

旧約聖書の舞台はバビロニアからエジプトまで及ぶ。
その中心は約束の地カナンだ。
神の導きによりイスラエル民族の始祖であるアブラハムはカナン（現在のパレスチナ）を目指
そして彼の子孫によってエルサレムを中心に栄え、多くの民族と争うのである。

ハラン
アララト山
ノアの方舟が
流れついたとされる
エデンの園は
バビロニアに
あったとされる
アブラハム定住の地
地中海
カナン
アブラハムの
旅の始まり
バビロニア
エルサレム
死海
ウル
シナイ山
ゴモラ
ソドム
ヘブロン
ナイル川
神によって
滅ぼされる
ペルシャ湾
エジプト
紅海
モーセの十戒の舞台

王国分裂時のエルサレム周辺

地中海
ガラリヤ湖
ヨルダン川
サマリア
北イスラエル王国
エルサレム
死海
南ユダ王国

現在のパレスチナとその周辺

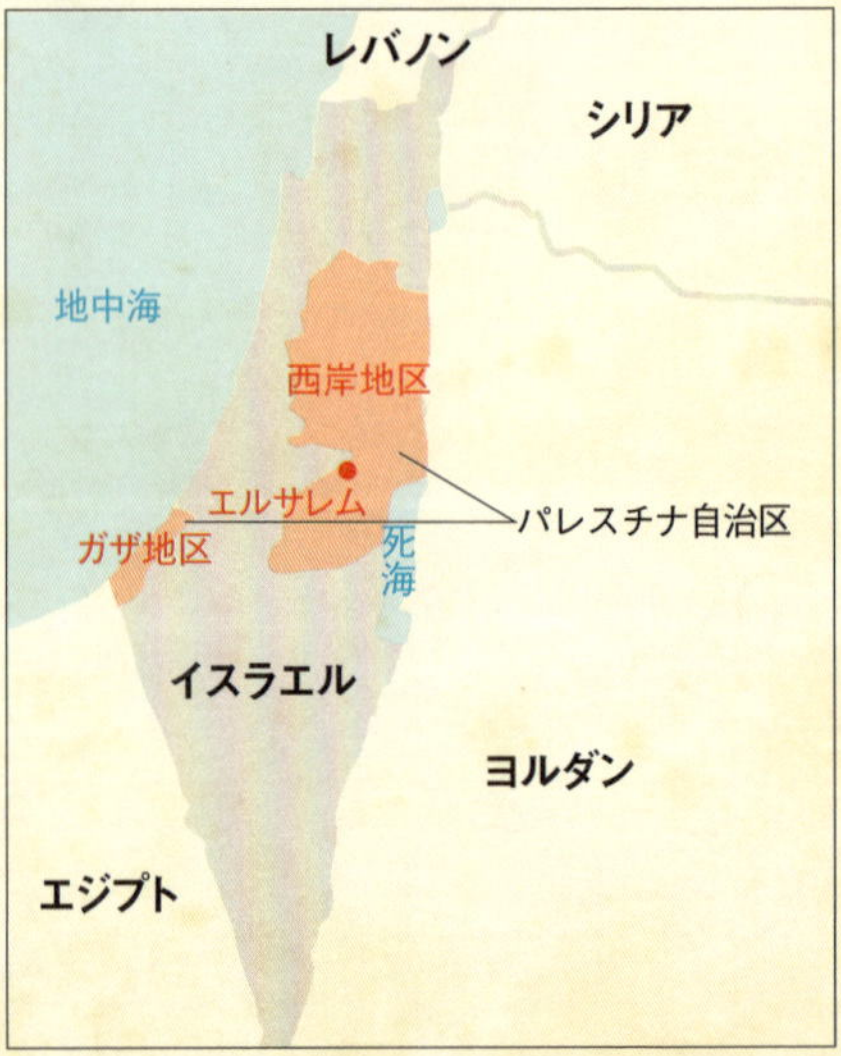
レバノン
シリア
地中海
西岸地区
エルサレム
パレスチナ自治区
ガザ地区
死海
イスラエル
ヨルダン
エジプト

地図で見る新約聖書の舞台

新約聖書の舞台の中心はガリラヤ地方からユダヤ地方にかけてである。
イエスはナザレで誕生し、ガリラヤ地方を中心に宣教活動し、
多くの人々に教えを伝えた。しかしイエスは自らをよく思わない
政治家や律法学者に罪を着せられ、エルサレムにて処刑されるのである。

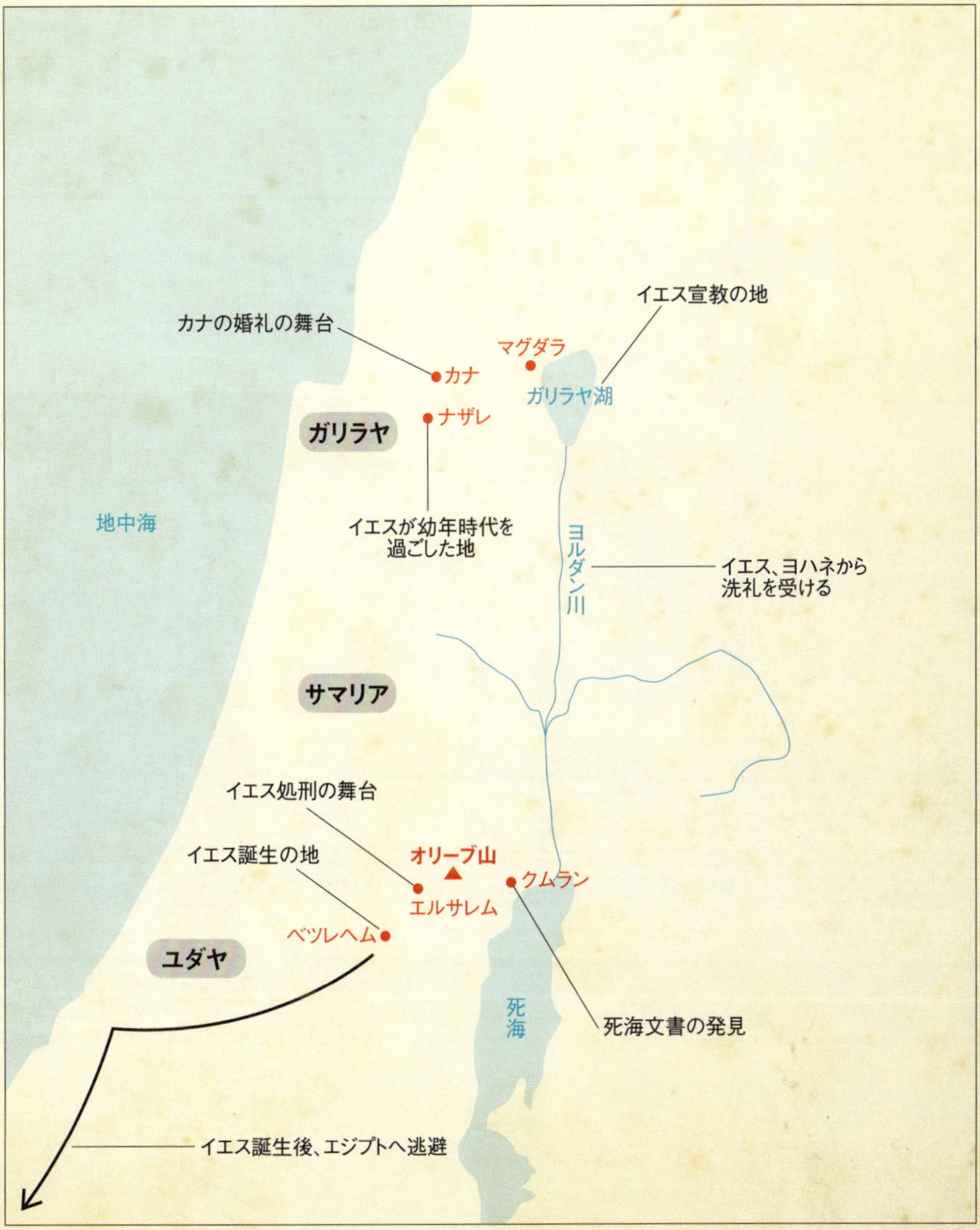

イエス宣教の地
カナの婚礼の舞台
マグダラ
カナ
ガリラヤ湖
ナザレ
ガリラヤ
地中海
イエスが幼年時代を過ごした地
ヨルダン川
イエス、ヨハネから洗礼を受ける
サマリア
イエス処刑の舞台
イエス誕生の地
オリーブ山
クムラン
エルサレム
ベツレヘム
ユダヤ
死海
死海文書の発見
イエス誕生後、エジプトへ逃避

美術絵画で見る新約聖書

救世主の誕生から治癒者として活動、
そして十字架上の死、
復活というイエス自身の記したシナリオは、
寸分の狂いもなく刻々と実行に移された。
わずか1年数カ月という布教活動のなかで、
これほど豊かな収穫をもたらしたという事実こそ、
イエス最大の奇蹟といえるだろう。

Artothek/アフロ

『受胎告知』
レオナルド・ダ・ヴィンチ作

ルネサンスの巨人ダ・ヴィンチの作品。処女マリアの前に出現した天使ガブリエルが、マリアに神の子を妊娠したことを告げる。ガブリエルの持つ白いユリ（マドンナ・リリー）は、マリアの純潔さのシンボルである。

The Bridgeman Art Library/アフロ

『東方三博士の礼拝』
アルブレヒト・デューラー作

デューラーは16世紀ドイツ・ルネサンス期の画家、版画家。ベツレヘムの家畜小屋で誕生したイエスのもとを訪問し、礼拝する東方の三博士。彼らはペルシアの占星術師とされ、伝統的に老人、壮年、若者の姿で描かれる。

Superstock/アフロ

『大工の聖ヨセフ』

ジョルジュ・ド・ラ・トゥール作

フランス古典主義の画家ラ・トゥールによる作品。イエスの義父である聖ヨセフが厚い角材に錐で穴を開けている。かたわらでは、幼子イエスが明かりを灯して義父を手伝っている。角材は後にイエスが処刑される際の十字架をイメージさせるものだ。

The Bridgeman Art Library/アフロ

『学者と議論するキリスト』

パオロ・ヴェロネーゼ作

イエス一家がエルサレムを訪れた際、イエスの姿が消えた。やがて神殿で学者と議論するイエスを発見。イエスは両親に「わたしが必ず自分の父の家にいることを、ご存知なかったのですか」と説明した。つまり、自ら神の子であることを表明したのだ。

The Bridgeman Art Library/アフロ

『キリストの洗礼』
ピエロ・デラ・フランチェスカ作

ルネサンス初期のイタリア画家フランチェスカの代表作。イエスはヨルダン川でヨハネから洗礼を受ける。その際、天上が開き、鳩の形をした聖霊が舞い降りた。また「これは、わたしの愛する子、わたしはこれを喜ぶ」という神の声が響いたとされる。

『出現』

ギュスターヴ・モロー作

作家はフランス象徴主義の代表モロー。ヨハネはヘロデ・アンティパスとヘロディアの結婚を批判。そのためヘロディアの怒りを買い、ヘロディアと娘サロメの策略により首を切られてしまう。この物語は多くの芸術家を刺激し、小説などの作品が残された。

The Bridgeman Art Library/アフロ

The Bridgeman Art Library/アフロ

『ラザロの蘇生』

セバスティアーノ・デル・ピオンボ作

ピオンボはルネサンス期からマニエリスム期に活躍したイタリア人画家。ラザロが病気と知ったイエスがベタニアを訪れるが、死亡から4日が経っていた。イエスは墓前に立ち「ラザロ、出てきなさい」というと、死んだはずのラザロが蘇生したという。

Artothek/アフロ

『最後の晩餐』

レオナルド・ダ・ヴィンチ作

多くの画家によって描かれる「最後の晩餐」だが、この作品はミラノのサンタ・マリア・デッレ・グラツィエ修道院の食堂壁画として製作され、全幅4.2メートルという巨大なもの。この晩餐の際、イエスは十二使徒のなかに裏切り者がいると語っている。

PHOTOAISA/アフロ

『キリストの磔刑』

ディエゴ・ベラスケス作

ベラスケスは17世紀スペイン絵画の黄金時代を代表する巨匠。十字架に掛けられたイエスの頭上の板にはヘブライ語、ギリシア語、ラテン語で「ナザレのイエス、ユダヤの王」と、イエスを愚弄する罪状が記されている。

The Bridgeman Art Library/アフロ

『復活』

ピエロ・デラ・フランチェスカ作

フランチェスカは20世紀に入り再評価された画家。死亡して3日後の早朝に、復活を果たしたイエス・キリスト。手に持つのは画家の生誕地トスカーナ州サンセポルクロの旗。イエスの手前、左から2番目の眠る兵士は作者の自画像と伝えられる。

The Bridgeman Art Library/アフロ

『聖トマスの懐疑』

カラヴァッジョ作

十二使徒で唯一、イエスの復活を目撃していなかったトマスは、死刑の際に矢で刺された痕を見なければ信じないと語った。その8日後、トマスの前にイエスが出現。そのわき腹に触れさせたのである。感激したトマスは「私の主、私の神」と述べた。

Artothek/アフロ

『最後の審判』
ミケランジェロ・ブオナローティ作

システィーナ礼拝堂の祭壇に描かれたフレスコ画。中央ではイエスが死者に裁きを下している。左側は天国へ向かう人々、右側には地獄へ堕ちる人々など400人以上が描かれている。下部の地獄図はダンテ「神曲（地獄篇）」からイメージを得たとされる。

新約

The New Testament

聖書

新約聖書とは

【どんな内容なのか？】

紀元前後、ローマ帝国の支配下だったイスラエルに出現した、救世主とされるイエスの言行録を中心に記されている。イエスの宣教の対象は、当時のユダヤ教徒から差別され、虐げられた貧民、病人、売春婦、異民族、混血児、下賤とされる職業の人々であり、権力を掌握するユダヤ教祭司や貴族層を徹底的に敵にまわした。イエスは人々の面前でさまざまな奇蹟を実現するなどして、圧倒的な支持を得たのち、権力者に捕らえられて十字架上で死亡する。しかし、生前の預言どおり四日後に復活したというエピソードを中心に記されている。また、イエスの死後の使徒たち、とりわけパウロの広範な宣教活動を示す書簡などが記述されている。

【どんな構成になっているのか？】

文書は全二十七巻。冒頭は四種類の福音書（エヴァンゲリオン＝良き知らせ）で、イエス誕生から復活までを記した文書。イエス処刑以来、口承や文書の形で多くのイエス言行録が残され、それらを整理・編集して作られたとされる。最古の成立とされる『マルコによる福音書』と『マタイによる福音書』『ルカによる福音書』は内容が似ているため「共観福音書」と総称される。ついで歴史書とされる『使徒言行録』。イエス死後の使徒たちの活動、パウロの回心、迫害などの出来事を記録したものだ。それから、使徒たちが教会や個人に宛てた二十一の書簡がある。もっと多いのが各地に教会の基礎を作ったパウロの手紙で、十三通ある。ただし、一部はパウロの名前を借りて記されたとされる。共同書簡と呼ばれる回覧状の手紙が『ヘブライ人への手紙』など八通。最後の文書は『ヨハネの黙示録』という特異な文書。

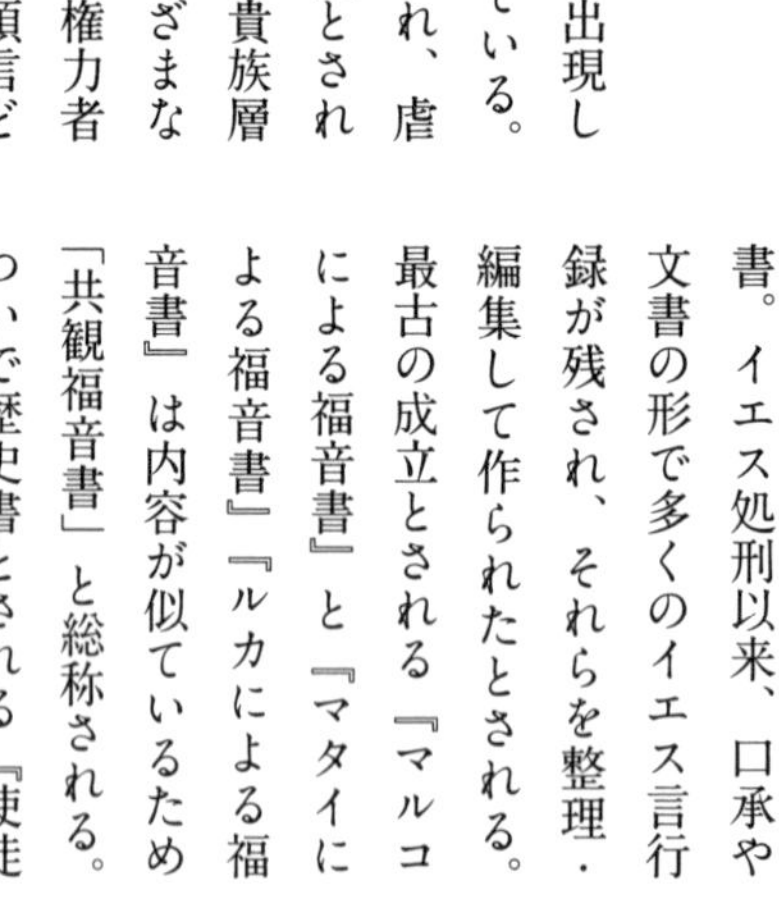
そしてハルマゲドンでの
最終決戦が勃発

「黙示録」とは、神が選ばれた預言者に与えた「秘密の暴露」を記録したものとされ、オカルト的色彩が濃い文書だ。旧約聖書にも類似の文書があることから独自の「黙示文学」というジャンルに属している。

【誰によっていつ書かれたのか？】

新約聖書は紀元一世紀から二世紀にかけて、キリスト教徒の手によって記されている。それぞれの文書により著者、成立時期、成立場所などが異なっている。ほとんどの文書は口語的なギリシア語で記されており、この言語は当時のローマ帝国領土の地中海沿岸で使用された「コイネー」と呼ばれるもの。著者は基本的に題名に記されたとおりとされ、多くはイエスの使徒とされる。ただし、使徒の名前のもとに編集された文書、本来の著者がどうか疑わしい文書もある。

【どこで起こった出来事なのか？】

多くの文書はイエスの生涯を記したものなので、その舞台はパレスチナである。また、使徒たちによる広範な宣教活動の記録はローマ帝国支配下の地中海地域。シリア、小アジア（現在のトルコ共和国）、マケドニア、ギリシアなどに広がっている。

【主な登場人物は？】

名実共に主人公はナザレ（出身）のイエスという人物。聖母マリアから生まれ、三十歳の頃に洗礼を受けてガリラヤ中心に宣教活動を開始する。十字架による処刑までわずか一年半ほどの宗教活動だった。旧約聖書とは違い、新約聖書はイエスを中心に物語は進む。そのイエスの先駆者とされるのが、洗礼者のヨハネだ。ガリラヤ湖畔で信徒に洗礼を施していた。イエスを当局に密告し、イエスが処刑されるきっかけを作ったのが十二使徒のひとり、イスカリオテのユダ。裏切り者の烙印を押されることになる。イエスと同時代に生まれたサウロは、イエス信徒を迫害していたが、後に回心しパウロと名を変え、キリスト教が世界宗教になる基礎を作った。

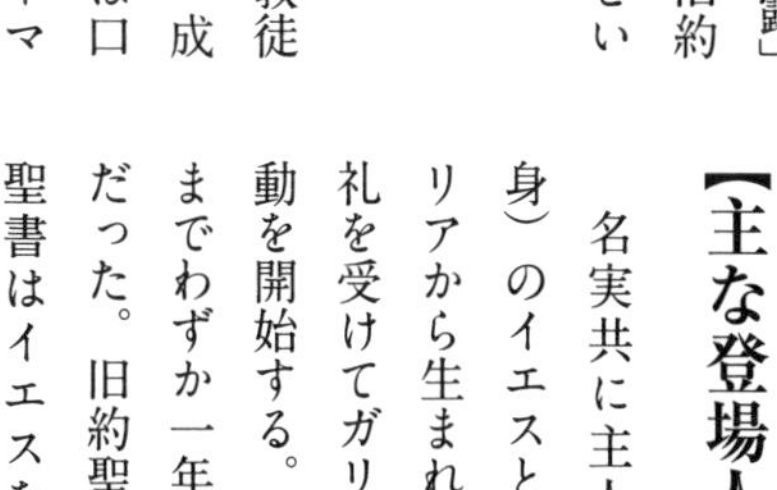

【現代ではどういう存在になっているのか？】

キリスト教徒にとっては生活の規範となるべき、もっとも重要な聖典とされている。これは旧約聖書にも共通することだが、聖書はキリスト教徒の背骨ともいうべき存在であるだけでなく、記された文書のひとつひとつが人間心理の根幹をなすエピソードに満ちているととらえている。そして、文学、絵画、彫刻など芸術的イメージの源泉として、現代もなお人々にインスピレーションを与え続けている。また、英雄譚《たん》、悲喜劇、愛憎物語など、エンターテイメントとしての要素があることも見逃せない。

【新約聖書に登場する神とは？】

旧約聖書に登場する神は威厳に満ちて、ノアの箱舟のエピソードに見られるように人類抹殺をも辞さない恐ろしい存在であった。しかし、イエスは大衆との会話の中で神を「アバ（父ちゃん）」と呼ぶほど親愛の情をこめている。イエスの処刑は「神との新たな契約」ととらえられることから『新約聖書』の名称が成立した。また、イエスによって神の本質は「愛」とされるようになった。また、三位一体という独自の教義が生まれた。三位とは父なる神と子なるイエス・キリスト、さらに聖霊を意味し、それらの働きが一体となって神をあらしめるという。聖霊とはいわば霊的エネルギーで、人が神を認識して敬虔《けいけん》・畏れの感情をもたらし、善悪の判断や勇気の源として作用すると考えられている。

ヨハネから洗礼を
受けたイエスが
水から出ると
天から聖霊が
鳩のように
舞い降りた

【イエス・キリストとは？】

イエスは名称。もともとはナザレ出身のイエスと称された。キリストとは、世界を救済するために来臨した「救世主」のこと。イエスを救世主として認めることが、キリスト教の第一歩である。ちなみにユダヤ教ではイエスを救世主とは認めず、イスラム教でもイエスは預言者のひとりに位置づけられている。イエスは人間の子としてして誕生したものの、神が聖霊の力で母マリアを妊娠させたことから、マリアの夫である大工ヨセフは義父とされる。イエスが処刑後に復活を果たしたとされたことで、彼がただの人間ではなく「神の子」であったと評されるようになった。

救世主の誕生と広がる教え

差別と貧困、病に苦しむ人々の前に、
突如として登場した救世主。
彼は父なる神のひとり子として、
奇蹟のなかに誕生し、すべての人類の罪を
十字架とともに痩身に背負った。
そして、果たされる復活の日。

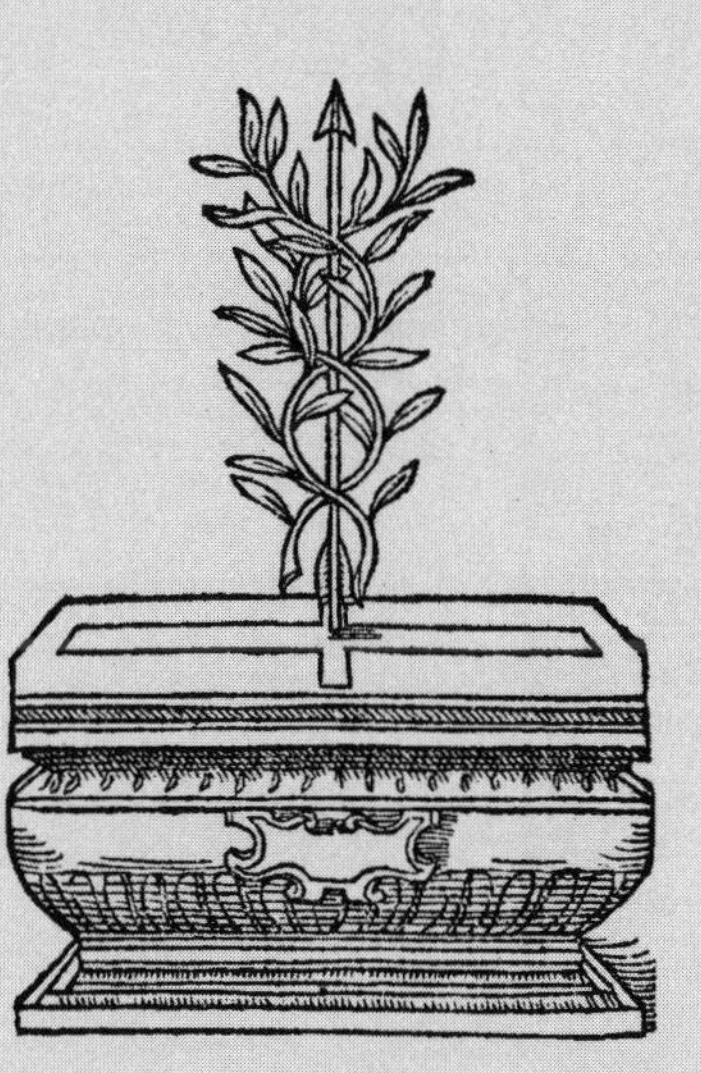

The New Testament

受胎告知

処女マリアに聖霊 救世主伝説のはじまり

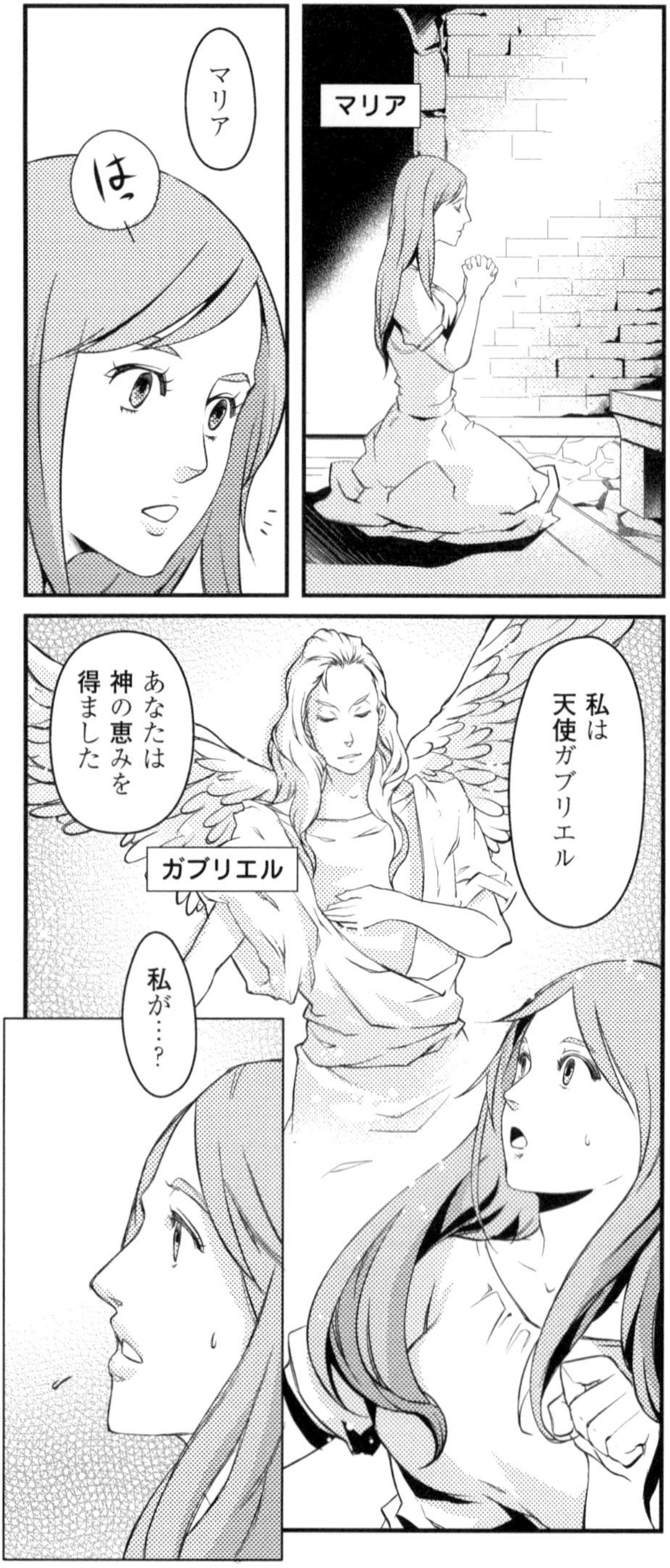

年代

B.C.6年頃

登場人物

マリア
ガブリエル
ヨセフ

神の子を宿す…
生まれた子にはイエスと名づけよと…
天使様だって？
ヨセフ
君の思い違いだよ
ヨセフ！本当なの信じて
ヨセフ！
まだ結婚してないのにおかしいじゃないか…
子どもができるなんて
決めたぞ
マリアとは縁を切ろう
待ちなさいヨセフ
!

マリアは聖霊の力で妊娠したのです
怖れることはありません
天使様…
はっ
夢を見たのか…
マリア！
私が間違っていた許してくれ！

結婚しよう
マリア
嬉しいわ
ヨセフ…
このナザレで
神の子の
誕生を待とう

天使がマリアの耳元でささやく

イエス誕生の前夜、人々は疲弊していた。イスラエルの地はローマ帝国の属領となり、内戦に乗じて南部出身のヘロデという男がローマの元老院から信任を得てユダヤ王を名乗った。やがて武力で全土を統一すると、彼はヘロデ大王と自称してローマ化政策を推し進めたことで、人々の反感を買う。しかし、大王は敵対者を処刑するなど、反対勢力の一掃に励んだ。民衆は重税に苦しみ、乞食が巷にあふれた。しかも、頼るべき宗教指導者たちは腐敗しきっていた。彼らは律法厳守を唱え、儀式執行に熱心なものの、人々の期待にこたえるどころか、むしろ抑圧する側にまわっていたのだ。

紀元前四年にヘロデ大王が亡くなると、事態はさらに悪化する。国土は大王の息子たちに三分割され、エルサレムと中心部はローマ総督ピラトに直轄統治されることになったのだ。

さて、北部ガリラヤ地方のナザレという町に暮らすマリアという娘に事件が起こった。婚約者はいるが、男性を知らないマリアのもとに天使が訪れて、ささやいたのである。

「マリア、恐れることはない。あなたは神から恵みをいただいた。あなたは身ごもって、男の子を生むが、その子をイエスと名づけなさい」

人物クローズアップ

ヘロデ大王

権力の座と猜疑心《さいぎしん》

ローマ軍を援助したイドマヤ人の息子（紀元前73～4頃）。ローマと協調を図り、ユダヤ地区を統治した王。エルサレム神殿の大改築で知られる。猜疑心が強く身内を含む大勢の人間を殺害した。

また『マタイによる福音書』で、救世主誕生を恐れたヘロデ大王が幼児虐殺の命令を出したため、イエス一家がエジプトに避難したという記述があるが、これの歴史的根拠はない。

キーワードピックアップ

ナザレ

かつては寒村だったイスラエル北部の中心都市。イエスが幼少期以降を過ごした土地であり、イエス自身がナザレ人と呼ばれたことから、キリスト教徒にとっては重要な聖地のひとつである。当初、キリスト教は「ユダヤ教ナザレ派」とも称された。またナザレには受胎告知教会はじめ、さまざまな宗教施設が建てられ、訪れる信者も多い。現在の人口はおよそ7万人。

ベツレヘム

「パンの家」の意味。イエス生誕の地。エルサレム南方８㎞、海抜775ｍの丘の町。現在はアラビア語でベイト・ラハムと称す。生誕地に建てられた「生誕教会」は世界最古の教会のひとつで、現在はローマ・カトリック教会、正教会、アルメニア使徒教会の共同管理下にある。なお、クリスマス・ツリーの先端につけられる星のことを「ベツレヘムの星」という。

つまり、マリアは聖霊によって妊娠したと告知されたのである。これを怖れずにいられれようか。男性と会話をすることすらタブーとされた時代である。それが妊娠したと言われたのだから。もちろんマリアには身に覚えがないし、結婚前に身ごもれば罰を受ける可能性もある。しかし、戸惑いながらもマリアは自身の出来事を受け入れるしかなかった。婚約者の大工ヨセフは身重《みおも》の彼女を見て、縁を切ろうと決心したが、彼もまた天使に説得され、マリアと結婚するのである。

そのころ、すべてのユダヤ人に住民登録せよとの命令が出され、マリアも夫とともに故郷ベツレヘムに帰っていった。

イエスの実在は資料的根拠があるが、彼の物語は神話的要素に彩られている。聖書が経典である以上、やむをえないのだが、とりわけ誕生物語には無理が感じられる。その理由は、キリスト教徒がイエスこそ真の救世主だとユダヤ人に納得させるため、さまざまな救世主伝説を取り込んだからだ。

たとえば、「処女懐胎《しょじょかいたい》」は通常ならありえない話だが、世界各地の英雄誕生譚《たん》では珍しくないし、旧約聖書の『イザヤ書』にも「処女が男の子を生む」と記述されている。

また、救世主はユダヤの英雄ダビデの血筋から誕生するという伝承がある。そのためユダ族のヨセフをマリアの夫とし、イエスの誕生地をベツレヘムにする必要があったのだ。

聖書深読み

人々を混乱させる6人のマリア

マリアという名前をユダヤ人は好んだようだ。新約聖書には6人のマリアが登場する。

まずはイエスの母マリアである。つぎにマグダラのマリア。彼女はイエスと行動を共にしており、イエスの処刑を目撃している。また、墓を訪れてイエスの復活を最初に見た人物ともされる。また、ローマ兵士と不倫を犯し、イエスという息子を持ったのは彼女だという説もある。売春婦であるとか、イエスの愛人だったという説もある。3人目は信者マルタの妹。イエスがエルサレムを訪れる際、彼女の家で接待を受けている。4人目はイエスの使徒ヤコブとヨセフ兄弟の母親マリア。5人目は『マルコによる福音書』の著者マルコの母親マリア。彼女の家はイエスたちの集会によく使用された。最後の晩餐も彼女の家で行われた伝承もある。そして6人目のマリアはローマ在住の信徒マリアである。彼女は新約聖書『ローマ信徒への手紙』に登場するが、ローマのキリスト教徒に多くの貢献をしたとされている。

しかも、マリアという名前はギリシア語発音で、ヘブライ語ではミリアムと発音される。旧約聖書ではミリアムはモーセの姉であり、あるいはダビデ王の娘として登場する。後世の人々が混乱したのも納得できる。

The New Testament

イエス誕生

馬小屋で産声をあげた新世界の救世主

ヨセフとマリアは住民登録のためベツレヘムへやって来た
宿はどこも満員だ この馬小屋に泊まろう
ええ あなた
あっ…
マリア！
オギャー
おお！ あの星は！

年代

B.C.6年頃

登場人物

イエス
マリア
ヨセフ
ヘロデ大王
ガスパール
バルタザル
メルキオル

エルサレム
ヘロデ大王！旅の者を連れて参りました
おまえたち救世主を探しておるとな？
ヘロデ大王
はい東方で星を見たので旅をして参りました
この近くでお生まれになったはず
ガスパール
メルキオル
バルタザル
では見つけたら知らせに来るがよい
拝みに行こう
しかし一体どちらに……
スー

星があの馬小屋に！
行ってみよう
おお…！

ははーっ！
あなた方は…？
東方より救世主様ご生誕のお祝いに参りました
黄金
乳香《にゅうこう》
没薬《もつやく》
どうぞお受け取り下さい
3人はこのことをヘロデ大王には知らせず帰路についた
知らせるなと神のお告げがあった
真っ直ぐ帰ろう

殺戮《さつりく》の危機を避けて

さて、妊婦マリアを連れてベツレヘムに帰郷したヨセフであったが、大勢の人々が住民登録を受けるために帰郷しており、宿屋はすべて満員だった。やむをえずふたりは馬小屋で一夜を過ごすことになるが、夜半《やはん》にマリアは男の子を出産した。彼女は生まれたばかりの赤ん坊を布でくるみ、飼い葉桶に寝かせた。そして、子どもはイエス（神は救いである）と名づけた。

この誕生を祝福するため、最初に訪れたのは羊飼いたちだった。彼らが夜空の下で羊番をしているとき、光に包まれた天使が出現し、救世主の誕生を知らせたという。イエス誕生の知らせは各地に伝わった。やがて、東方から天文学者たち（東方の三博士）がエルサレムを訪れて「ユダヤ人の王として生まれた方はどこにいますか」と尋ねまわった。王は彼らを呼び寄せて話を聞くと、彼らはベツレヘムの上空に耀《かがや》く星を見たことを説明する。当時、王となる人物が誕生すると夜空に新星が出現すると信じられていたのだ。また、救国の英雄ダビデは常に星で象徴され、現イスラエルの国旗にはダビデの星が描かれている。

東方の学者の話が事実だとすれば、それは紀元前六年五月

史実と聖書

イエスがもたらした
エヴァンゲリオン

新約聖書の巻頭に4つの福音書が掲載されている。『マタイによる福音書』『マルコによる福音書』『ルカによる福音書』『ヨハネによる福音書』である。

福音＝エヴァンゲリオン（ギリシア語）とは、戦争勝利や出産など「良い知らせ」を伝えることだが、キリスト教徒にとってはイエスが復活したことで「神の国の到来が近い」ことを人々に知らせる意味を持っている。

『福音書』の内容はイエスの誕生から宣教、十字架の死、復活に至る伝記物語である。4つの福音書の中で最初の3文書はほぼ同じエピソードと構成からなり、「共観福音書」と呼ばれる。

もっとも古い時期に記されたのが『マルコによる福音書』で、これを基本資料として『マタイによる福音書』『ルカによる福音書』が記されたと考えられている。『ヨハネによる福音書』は構成、内容共に異なり、たとえば三位一体（→ P176）についても言及している。15世紀の宗教改革者マルティン・ルターは『ヨハネによる福音書』を高く評価した。

これらの福音書が正典として採用された4世紀中頃には、一説では100種以上の福音書があったとされている。この4つの福音書が採用されたのは、教会内の力関係などが理由とされている。

の出来事だと研究者は言明する。シミュレーションでは早朝、東の空で木星と金星がひとつに重なり、異常に耀いて見えたはずだという。ただし、それがイエスの誕生とリンクしていたかは不明である。ハレー彗星の可能性もあるという。

ともあれ、東方の学者たちはベツレヘムを訪れる。

「彼らが王の言葉を聞いて出かけると、東方で見た星が先立って進み、ついに幼子《おさなご》のいる場所の上に止まった。学者たちはその星を見て、喜びにあふれた。家に入ってみると、幼子はマリアと共におられた。彼らはひれ伏して幼子を拝み、宝の箱を開けて、黄金、乳香《にゅうこう》、没薬《もつやく》を贈り物として捧げた」

東方の学者が三人とされたのは六世紀以降で、ガスパール、バルタザル、メルキオルと名づけられた。中世以降の絵画では、彼らはそれぞれ老人、壮年、若者の姿で表現される。

『マタイによる福音書』では、ヘロデ大王は学者たちがイエスの居場所を知らせずに帰国したことを怒り、ベツレヘムとその周辺の二歳以下の男児すべてを殺すよう命じた。天使からこの命令を知らされたヨセフ一家は、すぐさまエジプトへ避難。ヘロデ大王の死亡を知ると、家族はナザレに落ち着いた。モーセの時代の過越《すぎこし》を思わせる、この虐殺事件の歴史的裏づけはない。異常な猜疑心《さいぎしん》と残虐さで知られるヘロデ大王ならやりかねないと、聖書作者が認識したものと思われる。

聖書深読み

地中海世界の神々が救世主イエスの形容詞

福音書を読むと、その著者が並々ならぬ知識の持ち主であることが理解できる。一例をあげれば、文中にちりばめられたイエスの称号である。

「よき羊飼い」の称号は本来、古代エジプトの死と復活の神オシリスに与えられたもの。同じように「栄光の王」はエジプト・プトレマイオス朝の国家神サラピスで、「ロゴス」はギリシアの主神ゼウスの息子で霊魂導師《れいこんどうし》の神ヘルメスの称号である。「人の子」は古代インドとイランの太陽神ミトラス、「花嫁」はギリシアの女神アフロディテが愛した美少年アドニス、「神の子羊」はシュメールの植物神であり冥界《めいかい》と地上を行き来する神ドゥムジの称号。

つまり、著者たちは当時知られていた神話から称号を借用し、新しい神イエスに献上したのである。称号だけではなく、イエスの行動にも神話の物語を援用したと思われるものがいくつもみうけられる。福音書には神話の断片がモザイクのように各所にはめ込まれているのだ。

こうした構成はもちろんキリスト教会が意図したものだが、効果は絶大だった。イエスの神格化に権威をもたらし、民衆は新参のイエスに古来の神のような親近感を持って対応したのである。

The New Testament

幼年時代

特異な才能を示すイエスの少年時代

ヨセフとマリアは過越《すぎこし》の祭のため少年イエスを連れてエルサレムへ出かけた
ヨセフ
イエス
マリア
お祭りも終わるわね
そろそろ帰ろう
あなた…イエスはどこ？
！
うちの子を見ませんでしたか？

年代

A.D.5年頃

登場人物

イエス
マリア
ヨセフ

神殿を探そう
ぼくは それについて こう思います
ふむ
ほう
イエス！ ここにいたの
心配したぞ
お父さん お母さん
神殿は 父の家です
どうして ここにいると わからなかった のですか？
イエスは12歳にして 神の子である 自覚を持っていたのだ

思想家を育む土地ガリラヤ

英雄伝説や始祖伝説は、主人公の少年時代の神童ぶりを紹介するのだが、イエスに関してはわずかに『ルカによる福音書』に十二歳のエピソードが記されているのみだ。エルサレムを訪れたイエスが、学者たちに知恵を賞賛されたというもの。ただし外典『トマスによるイエスの幼年時代』には、少年イエスの異能ぶりを示す多くの逸話が記されている。たとえば、粘土で作ったスズメを空に飛ばし、死んだ子どもを生き返らせ、非難する大人を盲目にしたりといった話である。

イエスには、ヤコブ以下四人の弟と複数の妹がいたことが記録されている。父ヨセフは大工とされるが、当時の木材加工は技能職であり、ほかの職業よりも十分な収入を得ていた。

男性は十三歳にして成人（バル・ミツバ）となるので、イエスもまた父親の指導のもと、一人前の大工としてガリラヤ各地を訪れたことは想像できる。おそらく、その経験が後のイエスにとって大きな意味を持つことになったと思われるのだ。ただ、成人のイエスには妻がいても不思議はないのだが、このあたりは正典、外典ともに触れられていない。

当時のイスラエル周辺は南からユダヤ、サマリア、ガリラヤの三地域に分割されていた。エルサレム神殿のあるユダヤ

史実と聖書

クリスマスのルーツは冬至《とうじ》の祭り キリスト教会の策略

クリスマス（Christmas）の語尾masはミサ（missa＝礼拝集会）の意味。Xmasと書く場合のXはギリシア語でキリストの頭文字を示す。フランスではノエル、イタリアではナターレ、ドイツはワイナハテンという。

福音書にはイエスの誕生日が12月25日だという記述はない。また、初期のキリスト教会に、イエスの誕生日を祝う習慣はなかった。クリスマスとして教会が祝ったのは、ローマ教皇ユリウス1世（在位337～352）の時代から。

4世紀末にはすべてのキリスト教国に広まった。背景には巧みな政治的配慮がある。古代ローマ人やゲルマン人の間では冬至の祭が盛大に祝われた。冬至は農民の1年の区切り。収穫を終え、来年の豊穣《ほうじょう》を祈り、焚き火が燃やされ、大地の女神に羊や豚などを捧げ、ご馳走を腹一杯食べる喜びの日だった。冬至を境に日照時間が長くなることから、ローマ帝国ではこの日を太陽神の誕生日としていたほどだ。

キリスト教会は人々の注目を向けるために、冬至をイエスの誕生日としたのだ。

やがて太陽神信仰は影が薄れ、冬至祭はイエスの誕生日となった。キリスト教会の対策が実を結んだのである。冬至は現在の暦では12月22日だが、当時は25日だったのである。

が政治・宗教の中心で、サマリアは独自の神殿を持ちユダヤとは敵対していた。

そしてガリラヤ湖を中心とした北方地域のガリラヤである。北イスラエル王国滅亡後は多くの異教徒が移り住むようになった。そのため、エルサレムの人々からは蔑《さげす》みの対象となっていた。ガリラヤという名前も「異邦人の土地」を意味するという。

しかしガリラヤの土地はたいへんに豊かで「育たない植物はない」といわれるほどだった。イエスの時代、ガリラヤ領主のヘロデ・アンティパスは広大な土地を所有しており、さらに大都市の富裕層が土地の投機買いに走った。移り住む人々も多く、下級労働者の流入もあって、人口はエルサレムの半分に匹敵する二十万人に膨れたとされる。

住民にとっては、この隆盛はむしろ苦痛だった。富が一般大衆に還元されることなく、領主が地租、人頭税、漁業税など重税を課したおかげで、生活は苦しさを増したのである。

しかし、この土地は異邦人の往来が多く、自由な雰囲気があった。一方で異国文化に触れて穢されたと蔑まれる宗教的差別と経済的搾取という二重苦から、反権力の思想が育まれたのである。イエスもまた、こうした思想を持つひとりだったと考えられる。

地図で読む聖書

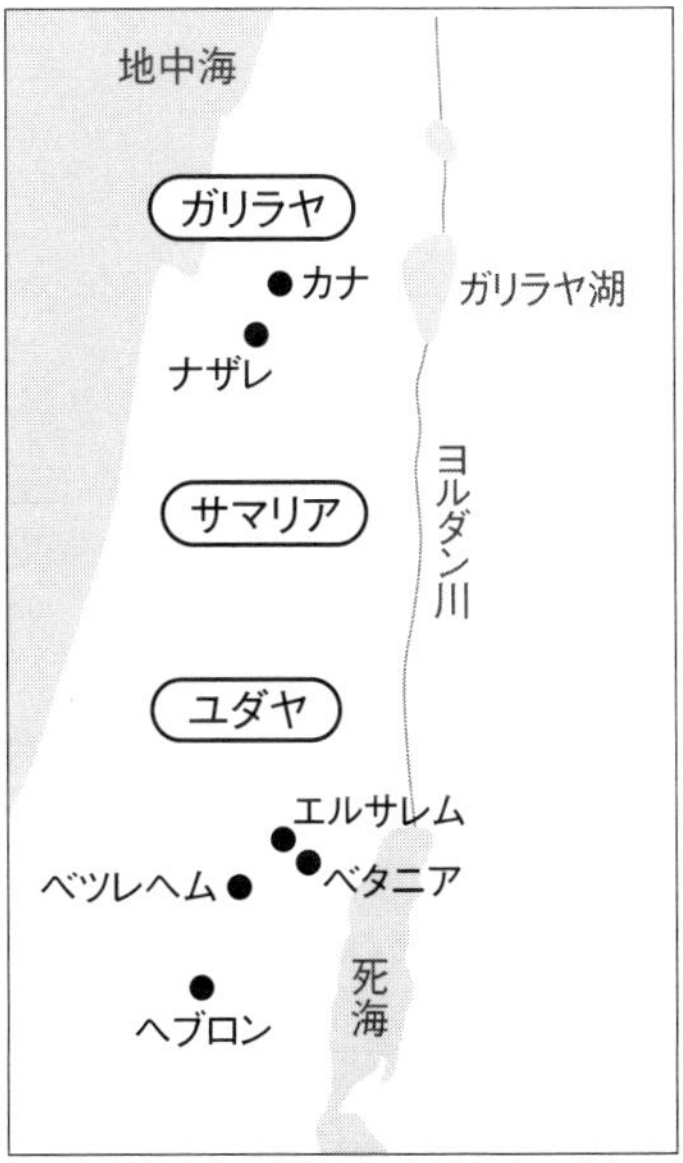

ユダヤ

紀元140年頃からローマの支持を得たユダヤ人王朝ハスモン朝が独立を維持したが、紀元前40年にヘロデ大王がヘロデ王朝を創設。大王の死後は息子アンティパスが統治するが、紀元6年に解任。以降はサマリアを含む広い地域がユダヤ属州としてローマ帝国の直接統治下となった。

サマリア

北イスラエル王国が占領されて以降、首都だったこの地は異民族と残留ユダヤ人との混血が進み、宗教的にも異教と混交した。そのためユダヤ教徒から徹底的に迫害されてしまう。捕囚から帰還したユダヤ人がエルサレム神殿を再建した際も参加を認められず、地域内のゲリジム山に神殿を建てた。紀元6年以降は、ユダヤ属州に組み込まれた。

ガリラヤ

現在のイスラエル北部とヨルダンの一部を含む地域。ヨルダンの荒野とは一変して肥沃な土地柄だが、首都エルサレムから見れば辺境である。イエスの活動の中心地で、12使徒のうち11人の出身地だ。「時は満ちた、神の国は近づいた。悔い改めて福音を信ぜよ」(『マルコによる福音書』)という、イエスの有名なメッセージはこの地で語られた。

The New Testament

洗礼者ヨハネ

イエスの先駆け荒野の修行者ヨハネ

私に洗礼を授けてください
このお方は…
ヨハネ
いいえ 私ごときに…
あなたから受けたいのです
ヨハネから洗礼を受けたイエスが水から出ると天から聖霊が鳩のように舞い降りた

年代

A.D.28年頃

登場人物

ヨハネ
イエス

ヨルダン川で洗礼を受けるイエス

当時のイスラエルには、おおまかに三つの宗派があった。「サドカイ派」はエルサレムの祭司、貴族、富豪が多くを占める。宗教的には律法を厳守する立場をとり、メシア（救世主）の来臨や最後の審判、死者の復活といった「新思潮」を否定する保守的な集団。政治的にはローマに柔軟な対応をした。ついで「パリサイ派」は市民層が中心となり、ラビ（律法学者）のとなえる口承律法を尊重した完璧な生活を自らに課し、大衆にも要求した。また、貧困で義務を果たせない人々を糾弾するなど差別主義的な体質を持つ。メシア思想を支持するが、イエスを敵対視し、サドカイ派とは敵対関係にあった。そして「エッセネ派」は信仰生活を最優先させたグループ。世界の終焉が近づいたという終末思想を持ち、閉鎖的で秘教的、禁欲的な集団生活を送っていた。死海文書で知られるクムラン教団もこの組織に近いとされる。

　このエッセネ派の一員とされるのが洗礼者ヨハネだ。彼はラクダの毛皮を身にまとい、イナゴと野蜜を常食とする修行者だった。彼はナツメヤシの繁茂《はんも》する亜熱帯気候の地、ガリラヤのヨルダン川南部で預言活動をしていた。

「悔い改めよ、天の国は近づいた」

史実と聖書

荒野の修行者ヨハネのライフスタイル

　洗礼者ヨハネは、らくだの毛皮を着て、腰に革の帯を締め、イナゴと野蜜を食べていたという。いかにも荒野で修行に励む隠修士《いんしゅうし》そのもの。らくだの毛皮はなめされていないので皮膚に触れると痛い。気になるのは彼の食糧。野蜜はナツメヤシの果実（デーツ）を意味するが、本当にイナゴを食べていたのか。聖書では、イナゴは害虫として登場する。

「イナゴは、エジプト全土を襲い、エジプトの領土全体にとどまった。このようにおびただしいイナゴの大群は前にも後にもなかった。イナゴが地の面をすべておおったので、地は暗くなった」（『出《しゅつ》エジプト記』）

　イナゴがパレスチナに大量発生するのは3月から5月のあいだ。イナゴを食べる習慣もあったようだ。イスラエルでは油で炒めてから乾かして食べる。しかし、これには異論もある。洗礼者ヨハネが食べたのはイナゴ豆だという。イナゴ豆の木は高さ10mにも達する豆科の大木。春に20cmの細長いサヤをつけ、中にエンドウ豆のような種と、甘い果肉がある。果肉は甘味料、サヤは味が悪く、家畜の飼料にされた。食用にするのは貧民に限られたというから、おそらくイナゴ豆をヨハネは食べたのだろう。

　ニューヨークでは、イナゴ豆が「聖ヨハネのパン」の名で売られているという。

終末論である。「世界の終わりが近づき、すべての人々が神の前で裁きを受ける。さあ、今までの行いを悔い改めなさい」というのだ。ヨハネはイエスに対して具体的な方法として「罪の赦《ゆる》しに至る回心の洗礼」を勧めた。ヨルダン川に全身を浸すのは、魂を洗うことの象徴的な行為である。「清めの儀式」は本来、エルサレム神殿の特権なので、彼は公然と反旗を翻《ひるがえ》したことになる。多額の費用と日程を必要としないので、ユダヤの人々の人気になった。さらにはサドカイ派やパリサイ派の人々までが洗礼を受けにやってきたのだ。洗礼者ヨハネは言った。「蝮《まむし》の子らよ、差し迫った神の怒りを免れると、だれが教えたのか。悔い改めにふさわしい実を結べ。……斧は既に木の根元に置かれている。良い実を結ばない木はみな、切り倒されて火に投げ込まれる」

三十歳になったナザレ出身のイエスは、宗教生活の第一歩をこの洗礼でスタートさせた。家族を捨て、故郷を捨てて洗礼者ヨハネのもとを訪れたのである。

後世、イエスの神格化を目指す人々は、この事件の扱いに困惑した。イエスは洗礼者ヨハネの弟子になってしまう。しかも洗礼を受けたということは、イエス自身が罪人であることを示すからだ。彼らは苦慮の末、洗礼者ヨハネをイエスの先駆けという位置にとどめたのである。

聖書深読み

ヨハネによる洗礼は命がけの行為だった!?

ヨルダン川で洗礼をしたことは、ユダヤの人々には画期的だった。本来はエルサレム神殿に2泊3日の巡礼をして「清めの儀式」を受ける必要があったからだ。さらに生贄《いけにえ》を捧げるため、境内《けいだい》で牡牛、羊、鳩などを購入する必要がある。この出費は庶民には痛い。

ところがヨハネが推奨した洗礼は近場のヨルダン川で済むので、費用はかからない。信仰心の厚い庶民がヨハネによる洗礼儀式を迎え入れたのは当然だ。

洗礼（Baptism）というと、キリスト教徒の専売特許のように思えるが、世界各地で同じような風習がある。これは、水の持つ霊力に対する信仰といえる。水は純粋な存在であり、精神や霊魂までも清らかにしてくれる力があるというのだ。

現在のキリスト教の洗礼は儀式化されている。禊《みそ》ぎや沐浴《もくよく》とはだいぶ様相が異なり「滴水《てきすい》」といわれるように、数滴の水を額に振りかけるものとなっている。もともとバプティスマという言葉は、大水や流水にどっぷりと浸されることを意味したという。ノアの洪水は地球規模の洗礼と理解される。ヨルダン川の洗礼も、おそらくは必死の行為だっただろう。

黙示録では、終末の際には大地が炎で燃えつくされると記述されることから、水をかぶって災いを避けようという意味も付加された。

キリスト教における シンボル・マーク

偶像禁止から生まれた イエスの象徴

『イザヤ書』には、救世主の容姿は貧弱だと記されている。実際、イエスと同時代にエルサレムを訪れたローマ人は「町には救世主を名乗り、辻説法をする人々が何人もいる」と記し、その姿は乞食同然だったとする。彼らは修行者なのだから、荒布《あらめ》をまとい、髭も剃らない姿なのは当然である。

しかし『詩篇』には、救世主が美しい容姿を持つと記されることから、理想化したイエス像が描かれだしたと考えられる。中世に至るまで人気なのは、長い黒髪と豊かな髭の荘厳で浅黒いイエス像だ。

初期キリスト教会が偶像禁止の戒律を遵守《じゅんしゅ》したため、シンボルとして記号やマークが作られた。初期には、キリストのギリシア語綴りの頭文字Xと次の文字Pを組み合わせたマークが作られた。神の全能を示すギリシア語の最初の文字A（アルファ）と最後のΩ（オメガ）も使用された。これらはクリスモン（組み合わせ文字）という。

中世末期からはJHS（イエススJHESUSの略）も使われ、神の犠牲獣としての羊も採用された。受難と復活を象徴する十字架も、一般に知られる形のほかに正十字形、T字形、卍形などがある。

また、寓話的意味を持つシンボルもある。ライオンの子が生後三日目に父親の息を吹きかけられて生命を得るという中世の伝承から、復活を獅子の図柄で象徴するのだ。そのほかにもフェニックス（不死鳥）、鷲、一角獣など数多くのシンボル・マークが存在する。

The New Testament

断食と悪魔の誘惑

断食の四十日と悪魔のささやき

イエスはヨハネから洗礼を受けた後
ユダヤ地方の荒野へ向かった
イエスは英雄モーセにならって断食をはじめる
40日がたち空腹を覚えたころ
40日も良く耐えたなイエスよ

年代

A.D.28年頃

登場人物

イエス
サタン

この石をパンに変えて食べたらどうだ？
サタン
神の子なら簡単だろう
人はパンだけで生きるのではなく
神から出るひとつひとつの言葉で生きる
そうかそれなら
!?
神殿から飛び降りて見せろ
神が天使をつかわしておまえを助けるだろう

神を試してはならない
これならどうだ
いい眺めだろう
ひれふして私を拝むならこの全てをおまえに与えよう

退け！
「あなたの神である主のみを拝みただ主に仕えよ」と聖書に書いてある！
くっ
こうして悪魔はイエスのもとから去っていった

揺るぎないイエスの信仰心

ヨハネによる洗礼を受けた際、イエスに神の言葉が下ったという。それは『マタイによる福音書』に記されている。

「イエスは洗礼を受けると、すぐ水の中から上がられた。そのとき、天がイエスに向かって開いた。イエスは、神の聖霊が鳩のように御自分の上に降って来るのを御覧になった。そのとき、『これは私の愛する子、わたしの心に適う者』という声が、天から聞こえた」

聖書編集者はこの記述をすることで、イエスがただの人間ではなく、神の勅命を受けた特殊な存在であることを示したのである。


聖書によればイエスは宣教活動に入る前、荒野で四十日にわたる断食を実行する。イスラエルの民をエジプトから脱出させた民族の英雄モーセが、シナイ山で神とともに水もパンもとらずに修行した故事にならうものだ。


ここでイエスは悪魔から三つの誘惑を受ける。まず、悪魔はイエスが神の子であることの証明を求めた。

「あなたが神の子なら、この石がパンになるよう命じなさい」

これにイエスが、聖書の言葉を引用して答える。

「人はパンだけで生きるのではなく、神の口から出るひとつ

聖書深読み

イエスが悪魔から訴えられた!?
その訴訟理由と意外な判決

悪魔の分類や代表的な悪魔についてはP52を参照いただきたいが、中世の西欧社会では悪魔という言葉はたんなる「悪」を意味しない。彼らが誘惑者である以上、なにか魅力的なものを人に提供し、その見返りとして死後の魂を頂戴する契約を交わすとされるのだ。逆にいえば、優れた才能の持ち主は、悪魔と契約を交わしたと想像された。

14世紀、ベリアルという悪魔がイエスを相手取って訴訟を起こしたとする書物『ベリアルの書』が広まった。神と悪魔の裁判という形を通して、キリスト教の正当性を説いたものである。ベリアルの告訴理由は、イエスが地獄の権利に干渉し、地獄、海、大地のすべての支配権を強奪したから。当時の認識では天界は神の領域であり、地獄や地上は悪魔の支配地域と考えられた。そのため、イエスが地上で人々を信仰に目覚めさせる行為は、地獄への明確な領域侵犯だというのだ。

要請に応じた神はイエスを召喚、悪魔の扱いに慣れるソロモン王を裁判官に任命。法廷で、ベリアルは巧みな弁説で主張した。被告イエスはモーセを弁護人に立てて対抗し、法廷は白熱した。結局、両者痛み分けとされ、イエスの無罪は立証された。一方のベリアルは、最後の審判の日に地獄へ落とされる「不正な者」に対する支配権を再確認されたのだ。

ひとつの言葉による」

　すると悪魔はイエスをエルサレムの神殿の屋根の端に立たせ、身を投げるよう命じた。イエスが応じる。

「あなたの神である主を試みてはならない」

　次に悪魔はイエスを高い山の頂に連れて行き、世界中の国々とその繁栄を見せた。そして、ひれ伏して自分を拝めばこれをすべて差し上げるといったのだ。イエスはこれにも冷静に応じた。

「ひき下がれ、サタン。『あなたの神である主を拝み、主だけに仕えよ』」

　これらの言葉は、西欧世界では慣用句のように使われる有名なものだ。やがて悪魔は離れていった。イエスは悪魔の誘惑に打ち勝ったのである。この場面でイエスは、後に見せるような奇蹟を披露することはなかった。奇蹟とは、それを信じる者の前でこそ、意味を持つと、イエス自身が語っている。

　その後、イエスは洗礼者ヨハネが逮捕された知らせを聞くと、ガリラヤ湖畔の町カペナウムに移り住んだ。これは預言者イザヤの言葉「ヨルダン川のなかに、異邦人のガリラヤは光栄を受けた」(『イザヤの書』)を裏づけるものだ。後にこの町はイエスのガリラヤ伝道の拠点として知られるようになった。

聖書深読み

羊は神への犠牲獣
山羊は悪魔の申し子

　羊と山羊はよく似た動物に思える。一般に放牧の際に、羊の群れに山羊を混ぜる。山羊は羊にくらべて病気の抵抗力が強く、万一疫病にかかっても山羊が生き残ることから全滅が免れる。

　ただし、山羊だけでは大きな群れは作れない。旧約聖書ではこうした事柄をふまえて、羊も山羊も重視する記述が見られる。しかし、新約聖書では異なったとらえ方をする。羊は神への犠牲獣であり「屠《ほふ》られた子羊」はイエスを示し「羊の群れ」は人間集団を意味する。

　ところが、山羊は悪魔の代名詞なのだ。キリスト教徒がなぜ山羊を敵対視するか。おそらくはギリシア神話に登場する牧神パン（Pan）の影響がある。パン神は放牧者や家畜の神だから山野に暮らし、暇さえあればニンフ(女性の妖精)や美少年を追いかける好色な性格だ。

　性的放埓《ほうらつ》はストイックなキリスト教徒にとっては罪悪そのもの。パン神の姿は下半身が山羊、頭にも山羊の角を生やしていることから、パン神＝悪魔＝山羊という連想になる。中世の悪魔が山羊の脚を持って描かれるのも同じ理由だ。

　ちなみにパン神は昼寝を妨害されるのが大嫌いで、知らずに彼の睡眠の邪魔をすると大声で叫ぶ。これを聞いた人は、猛烈な恐怖感に襲われるという。これがパニック（panic）の語源だ。

The New Testament

人間をとる漁師

ガリラヤの漁師イエスの弟子となる

ガリラヤ湖ほとりにて
やっぱり一匹も捕れない
もう一度網をかけてみなさい
おおっ大漁だ！
なんと不思議な！
あなた様は一体…？
ただ者ではないお方だ
怖れることはありません私についてきなさい
4人はイエスの弟子となった
ペテロ
ヨハネ
ヤコブ
アンデレ

年代

A.D.28年頃

登場人物

イエス
ペテロ
アンデレ
ヤコブ
ヨハネ

伝道活動のはじまり

「時は満ち神の国は近づいた。悔い改めて福音を信じなさい」

ガリラヤに到着したイエスは宣教活動を開始した。福音とは「良い知らせ」の意味だが、イエスは内実を示した。地上で悪魔の支配が終焉し、神の国が到来するというのだ。

イエスはガリラヤ湖のほとりで四人の漁師に出会う。二組の兄弟で、ペテロとアンデレ、ヤコブとヨハネという兄弟だ。彼らが一匹の魚も網にかからないとき、イエスは重くて引き上げられないほどの魚を網に入れる奇蹟を示した。

「怖れることはない。わたしについてきなさい。あなたがたを人間をとる漁師にしよう」

彼らが最初の弟子となった。「人間をとる漁師」とは、信徒を獲得するという意味。魚はキリスト教で重要な意味を持つ。ギリシア語で魚を意味するイクトゥス（ichthys）が「イエス・キリスト・神の子・救い主」の頭文字となり、イエスに対する信仰として魚の図柄が使用されたのである。

イエスと行動を共にする弟子は後に十二使徒と呼ばれることになる。前述の四人に加えてトマス、シモン、マタイ、ヤコブ、ヤコブの子ユダ、ピリポ、バルトロマイ、ユダである。この数字はもちろん、イスラエル十二部族にちなんだものだ。

聖書深読み

釣れた魚の口に銀貨
減少する「聖ペテロの魚」

西欧で「聖ペテロの魚」と呼ばれる魚の話をしよう。体の左右に黒い斑点がひとつずつあるのだが、使徒ペテロが魚の口を開けようとして、つかんだときにできた指の跡とされている。

さて、イエス一行が伝道の拠点としたガリラヤ湖北西岸の町カペナウムにいたとき、神殿税を請求されるという出来事があった。ユダヤの法律ではすべての人々は全収入の十分の一をエルサレムの神殿、つまりはユダヤ教の総本山に収めることになっていたのだ。

イエスは当時のユダヤ教組織に不信感を持ち、こうした徴税にも反対していたが、集金人への配慮からペテロに命じた。「湖に行って釣りをしなさい。最初に釣れた魚の口を開くと、銀貨が1枚見つかるはずだ。それを納めなさい」

ペテロが湖で釣り糸をたれると、1匹の魚が釣れ、その口の中から銀貨をみつけたという、イエスの奇蹟譚《たん》である。「聖ペテロの魚」はティラピアといいアフリカ原産の魚であるが、何らかの形でガリラヤ湖にたどり着いたとされる。

近年、漁師の乱獲や水質の汚染などによりガリラヤ湖のティラピアが激減してしまった。政府による禁漁政策が行われているほどだ。そのため、ガリラヤ湖畔のレストランで出されるティラピアの料理は、養殖物がメインだという。

The New Testament

山上の説教

被差別者の胸を打つ イエスの名説教

イエスは大勢の人々を連れてカペナウム近郊の山に登った
イエスめ…いい気になりおって
イエスを疎む者もいたが それ以上にイエスの説教は人々を魅了した
心の貧しい人は幸いである
天の国はその人のものである
悲しむ人は幸いである その人たちは慰められる
柔和な人々は幸いである その人たちは地を受け継ぐ…

年代

A.D.28年

登場人物

イエス

逆転の発想で聴衆を魅了

イエスの説教は次第に人々の支持を受けるようになる。それは、イエスの説教が具体的でわかりやすいものであり、さらにはイエスが説教した相手が正統的なユダヤ教徒から差別された貧者、病人、障害者、娼婦、外国人、それにローマの手先と軽蔑《けいべつ》された徴税人などだったからだ。イエスは徹底して彼ら被差別の人たちに説教した。差別される側のあなたたちこそ、本来は神に祝福される資格のある人々なのだと。こうした発言は、当時のユダヤ社会の倫理観を根底からひっくりかえすものだ。それゆえ、社会秩序の破壊者としてイエスは糾弾されることになる。

「心の貧しい人々は幸いである。
天の国はその人のものである。
悲しむ人は幸いである。その人たちは慰められる。
柔和な人々は幸いである。その人たちは地を受け継ぐ」

これはイエスが大勢の聴衆を連れて山に登り、腰を下ろして説教したとされる言葉だ。この言葉はいかにも逆説的である。悩んでいる人々にとって、その悩みこそが神の国に入る条件だというのである。いわば、この逆転の発想が多くの人々の支持を受けたのである。

聖書深読み

「豚に真珠」にこめられた奥深い意味

山上でイエスは「真珠を豚に投げてはならない」と語っている。一般に「豚に真珠」とは価値の分からない者に宝石をやっても喜ばれない」という意味だ。しかし、キリスト教徒にとって豚は、嫌悪そのものだ。ユダヤ教では代表的な食物上のタブーであり、貞操観念に欠ける美女を評して「豚が鼻に黄金の環《わ》をつけている」と比喩される。キリスト教徒も同様だ。身体を洗ってもすぐに泥まみれになる豚は、悔い改めても罪を繰り返す人間にたとえられる。

こんな話がある。中世末のイベリア半島には世界のユダヤ人の半数が居住していたとされ、イスラム文化とも融合して独特の文化を形成していた。もちろん、政府に影響を与える豪商や宮廷内部にもユダヤ教徒がいた。

ところが1492年、スペイン王室は突如としてユダヤ人追放令を発令した。理由は裕福なユダヤ人の財産没収にあったとされる。このため25万人のユダヤ人が国外退去となったが、残留を希望する者はキリスト教への改宗が義務づけられた。

だが、改宗しても簡単にキリスト教社会は受け入れない。それどころかマラーノ（Marrano）、つまりは「豚野郎」と罵倒された。豚はユダヤ人自身が忌み嫌う動物である。だからこそ、キリスト教徒による蔑視《べっし》はこたえたに違いない。

The New Testament

カナの婚礼

水をぶどう酒に変える奇蹟 メシアとしての力を証明

本日は良い結婚式ですな
ぶどう酒がもうないわどうしましょう
石がめに水を汲んでお客にふるまいなさい
この水をですか?
うまい！なんと上質なぶどう酒だ
奇蹟だ…

年代

A.D.28年頃

登場人物

イエス
マリア

大衆がイエスを支持した理由

祭司や律法学者の説教にくらべ、イエスの教えは具体的であり、比喩に富んだものである。だからこそ、群集の圧倒的な支持を得られたのだろう。有名な説教を紹介しよう。

「あなた方も聞いているとおり『目には目を、歯には歯を』と命じられている。しかし、私は言っておく。悪人に手向かってはならない。だれかがあなたの右の頬を打つなら、左の頬も向けなさい」

「明日のことで思い悩むな。明日のことは明日みずからが思い悩む。その日の苦労はその日だけで十分である」

これらの言葉がどんな相手に向かって語られたか、おわかりだろう。イエスはこうした名説教に加えて奇蹟まで演出するのである。

それはガリラヤ地方の町カナで結婚式が行われたときの出来事だ。イエスの母マリアや弟子たちも招かれていた。ぶどう酒が足りなくなったとマリアがつぶやくと、イエスは召使いを呼んで、数個の大きな石がめに水をいっぱいに満たして、主賓に運ぶよう命じた。そして、主賓がかめの水を口に含むと、上質のぶどう酒に変わっていたのである。大勢の前で奇蹟を演出するとはなんと効果的なパフォーマンスだろうか。

聖書深読み

イエスが起こした奇跡を科学的見地から解明

福音書は、いわばイエスの奇蹟譚《たん》のオンパレードである。カナの結婚式でイエスが見せた奇蹟は、彼が公衆の面前で最初に見せたパフォーマンスだ。そのような聖書の多くの奇蹟譚を、科学的に解明する試みがある。モーセの面前で海が割れたのは潮の干満と関係があるとか、エリコの戦いはラッパの音が共振現象で……などなど。

ここではイエスがかめの水をぶどう酒に変える奇蹟を、どう科学的に解明するか紹介しよう。

紀元前、ギリシアのぶどう酒の神ディオニュソスを祀る儀式で、参観者を驚かせたマジックがあった。これは当時最先端の科学技術を利用したもの。2000年前の科学者ヘロンの名前を冠して「ヘロンの壺」という気密性の高い壺がある。壺の内部を左右に隔離し、それぞれぶどう酒と水を入れる。そして、下方に両室をつないだバルブを作り、上部に空気抜きの小穴を開ける。バルブを開くとぶどう酒と水の混合液が出るが、左右の穴を指で適当に塞ぐと、割合を調節できる。当時はぶどう酒を水割りで飲む習慣があり、この装置が役立ったのだ。

宴会では最初に水だけを出し、次に呪文をかけると杯にぶどう酒が満たされる奇蹟を演出したのだ。科学者たちは、イエスもこの技術を利用したという。

The New Testament

イエスの奇蹟
社会的差別に立ち向かう治癒者イエス

イエス様！
ペタニアから参りました
弟の病を治していただきたいのです
その病は死んで治るものではない
イエス様にも治せないなんて…
ラザロ…かわいそうに
数日後

年代

A.D.28年頃

登場人物

イエス
ラザロ

イエス様！
ラザロはどこにいる？
もう亡くなりました
お墓はこちらです
墓石を取り除きなさい
ラザロ！
奇蹟だわ！
よみがえった！

医療神の伝統を受けて

イエスがもっとも重視し、人々が彼を支持したのは、彼の治癒者としての能力だった。福音書はほぼイエスの奇蹟譚《たん》ともいえる内容だが、その三分の一は病人や障害者を相手にした「奇蹟」譚で成立している。

現代人にとっても病気は大きな悩みだが、当時の社会常識では宗教的偏見に見舞われたのである。なぜなら信仰と治療は密接な関係にあったからだ。人が病気か障害になると、原因は当人か親が神に罪を犯した結果とされる。しかも医療行為は祭司に属していたので、たんなる皮膚病であれ祭司から「穢《けが》れている」とされると、患者は衣服を引き裂かれ、髪をほどき、髭剃りを禁じられ、公衆の面前で「わたしは穢れた者です」と宣言させられたうえで町を追放される。そして、荒野の洞窟などで飢えながら暮らし、死を待つしかないのだ。

薬品などあろうはずがない。もしあったとしても庶民が手に入れられる金額ではない。仕方なしにあやしげな呪術師や祈祷師《きとうし》に頼ればもっと悲惨なことになる。異端信仰者として告発され、石打ちの刑という運命が待っているのだ。

つまり、病人は病気に悩むだけでなく、社会的差別という大きな障害と立ち向かうことを余儀なくされるのだ。

聖書深読み

病人の心を癒す
心理療法士としてのイエス

当時の人々にとって、病気は本人か親が、神に対して罪を犯した結果であると考えられた。医療行為である検診、診断、治療、隔離、そして社会復帰にいたる一連の権限が、すべて祭司のもとにあったのだ。だから病気になったら最後、病人は罪人として社会から排除されることを怖れた。民間治療師や呪術師に助けを求めることもできるが、発覚すれば死刑は免れない。

貧民、被差別者、ハンセン病患者など病人たちのもとにイエスが足繁く通ったのは、こうした事情があった。イエスは社会の価値転換を図り、徹底して虐《しいた》げられた人の側に立ったのだ。イエスの言動はすべてが社会通念を無視し、弱者を支持する行為だったといえる。

イエスの言葉は多くの人々を救った。イエスが患者のもとを訪れて「あなたは清められた」というだけで、患者の大部分は実際に癒されたのである。特に心因《しんいん》性の病気に悩む人々は驚くべき回復を果たした。イエスの言葉によって、心の重圧が一気に取り除かれたからだ。

また、イエスは病人の頭や身体に手を置く行為をしている。これは日本でも行われた「手当て」である。この手当ては現代のキリスト教会に按手礼として伝えられている。

イエスはそんな状況に風穴を開けた。治癒者として彼はハンセン病、中風、熱病、盲目、聾唖《ろうあ》、精神異常、麻痺といった病人を「奇蹟」によって治癒したとされる。イエスの治療は言葉によるものと、後に「按手礼《あんしゅれい》」とよばれる、手をかざすものだが、それで病人が治癒したというのはオーバーではない。病気の原因が「穢れ」ではないとされ、ひとりの人間として対応されることで、病人は大きな悩みから解放される。これが「奇蹟」の実際と思われる。

幸いなことに、イエスが治癒者として評価される背景があった。それはギリシアの医療神アスクレピオスの存在だ。彼はローマ支配地域でも高い人気を誇り、各地で彼の神殿が造られた。たとえば病人が神殿内で一夜を過ごすと、夢の中で娘を従えたアスクレピオスが院長回診のようにあらわれるという。病人にあれこれ病気のアドバイスをして、ときには治療薬をアドバイスするとされた。この医療神がローマ領内で大人気だったのだ。

つまり、アスクレピオスという前任者がいたからこそ、イエスも受け入れやすかったと思われるのだ。

さらに、イエス亡き後のキリスト教がローマ領内で飛躍的に信者を獲得することにも、この医療神が大いに寄与したと考えられる。

史実と聖書

ギリシアの医療神アスクレピオス

古代社会では、宗教があらゆる学問の根幹にあり、そこから天文学（占星術）、農業、科学（錬金術）、建築・土木などのさまざまな学問が枝葉のように発展した。当然ながら、人の生死にも関わる医学は、ことさらに宗教的色彩が濃く、医学を志す者は神殿や僧院で、高僧からその知識や治療法を学んだのである。

だから修行者や僧侶が、民間で人々の治療にあたるのは当然のこととされた。イエスもそんなひとりだったのだ。

イエスの治癒者としての能力は使徒たちに伝えられた。彼らは家を捨て、家族を捨て、一切の財産を捨てることが要求された。そして、一本の杖だけを頼りに各地で布教活動を行ったのである。不思議にもイエスの治癒者としての力は使徒たちにも受け継がれたという。

アスクレピオスはオリンポスの神々とは系統の違う、素性がよくわからない神だが、ヘレニズム都市でもっとも知名度の高い神となった。ゼウスやアポロンといったオリンポスの神々を凌駕《りょうが》したのである。

ちなみに医療神アスクレピオスは、蛇の巻きついた杖をシンボルとしている。これは知恵と生命力を意味するもので、現在もＷＨＯ（世界保健機構）や欧米諸国の医療機関、さらには救急車のマークとして使用されている。

The New Testament

パンと魚の奇蹟

五個のパンと二匹の魚が五千の群集を満たす

イエスが祈りのために町を離れると大勢の人たちがついてきた
イエス様 日も暮れて 参りました
彼らを 帰しましょう
食べ物だって 足りませんし…
どれだけ ある？
パン5つと 魚2匹です

年代

A.D.28年頃

登場人物

イエス

祝福を受けた千切って人々に配りなさい
はい
どうぞ
!
おなかが一杯になった!
イエス様ありがとう!
5000人の群衆は満腹になりまた、残ったパンや魚を集めると12籠《かご》あったという

イエスは故郷で虐げられた？

さらに奇蹟譚《たん》が続く。あるとき、イエスはひとりで祈るためガリラヤ湖を横切り、人里はなれた静かな場所に向かった。もちろん、十二人の使徒も同行したが、付近の町や村から大勢の人々もイエスに付き従ったのである。その数はおよそ五千人。イエス人気の高さを示すような出来事であった。ところが夕暮れになっても群集は帰ろうとしない。弟子たちは彼らの食糧を心配し、解散させるようイエスに提案したが、イエスはその必要がないと穏やかに言った。そして、ひとりの少年が持っていた五個のパンと二匹の魚の入った籠《かご》を持って来させた。『マルコによる福音書』によると、

「イエスは五個のパンと二匹の魚を取り、天を仰いで賛美の祈りを唱え、パンを裂いて、弟子たちに渡しては配らせ、二匹の魚もみなに分配された。すべての人が食べて満腹した」

イエスは五千人分の食糧を出現させたという。さらに、残ったパンと魚を集めると十二個の籠にいっぱいになったというのだ。

この「奇蹟」について意見を挟みたいとは思わないが、関心があるのはイエスがさまざまな機会に人々と食事を共にしている点である。じつは当時、会食は特別な宗教的意味を

新約聖書の名言

汝《なんじ》らは地の塩なり、塩もし効力を失わば、何をもてか、これに塩すべき。

塩は食物の腐敗を防ぎ、味つけに使うだけでなく神聖なものである。もし、塩が効力をなくせば、無用の長物となる。だから、地の塩のように人や社会の模範と手助けとなる生き方をしなさいという意味である。通常、塩は変質しないので「塩の契約」とは未来永劫に不変の契約を意味する。

古《いにし》えの人に「殺すなかれ、殺す者は裁きにあうべし」と言えることあるを汝ら聞けり。されど我は汝らに告ぐ。すべて兄弟を怒る者は裁きにあうべし。

「殺すなかれ」はモーセの十戒に示されたもの。兄弟とは教団に属する人々への呼称だ。その兄弟に怒りを覚えるということは、神の前ですべての人類が兄弟であるべき相手への憎悪であり、神にたしなめられるという意味。

「目には目を、歯には歯を」と言えることあるを汝ら聞けり。されど我は汝らに告ぐ。悪しき者に手向かうな、人もし汝の右の頬を打たば、左をも向けよ。

「目には目を……」は相手に報復すること。しかしイエスは報復によって報われることはないと説く。報復しないことでかえって心は癒されるとする。ただし抵抗しないのではない。左の頬を出し、徹底して無抵抗の抵抗をすべきだというのだ。

狭き門より入れ、滅びに至る門は大きく、その道は広く之《これ》より入る者多し。生命にいたる門は狭く、その路は細く、之を見出す者少なし。

信仰生活の難しさを説いた言葉。滅びはたんなる存在の消滅ではなく、絶え間ない心の呵責にさいなまれる。日本のわらべ歌「とおりゃんせ」にも通じる言葉だ。

持っていなくとも、食事を共にする相手によっては批判の対象になった。イエスの場合、まるで確信しているかのように、罪人と蔑《さげす》まれている人々と会食しているのだ。パリサイ派はとりわけこの事実からイエスを糾弾《きゅうだん》することになる。むしろ、イエスは戒律に違反することによって、彼らを挑発していると見るべきなのだ。おかげでイエスは的はずれにも「大酒飲みの大食漢」と悪評を立てられることになる。

もうひとつ、面白いことが聖書に記されている。それは、各地であれほど多くの奇蹟を見せたイエスなのだが、自分の故郷であるナザレでは、一切の奇蹟を行わなかった。それには理由がある。会堂（シナゴーグ）で人々に語りはじめると、彼らは驚いた。

「この人は、こんな知恵と不思議な力をどこから得たのでしょうか。この人は大工の息子ではないか。マリアの息子ではないか」

彼とその家族を知る人々が語ると、イエスが言った。

「預言者が尊敬されないのは自分の郷里、家族の間だけです」

別の場所で宣教しているときに、母マリアと兄弟が面会に訪れたことがある。そのときも、イエスは彼らの存在を無視するような発言をしている。

新約聖書の名言

蛇の如く慧《さと》く、鳩の如く素直なれ。

蛇は狡猾《こうかつ》な生き物とされているが、獲物を狙う賢さ、俊敏さは素晴らしいものがある。鳩は神に供えられる唯一の鳥類であり、平和や柔和の象徴としてとらえられる。さらに、神の霊として示されるのだ。

預言者は、おのが郷、おのが親族、おのが家の外にて尊ばれざることなし。

イエスが故郷の人の前で、まったく受け入れられなかったことを指している。人の真価は、人間的な事柄を捨て去った場合にのみ、正しく評価されるという意味だ。

新しいぶどう酒は新しい皮袋へ。

新しいぶどう酒とは、ユダヤ教にかわるキリスト教のことである。内容にともなった形式、つまりは儀式次第が必要という意味だ。実際、新しいぶどう酒を古い皮袋に入れると、発酵による膨張に絶えられず破裂してしまう。

富める者の神の国に入るよりは、駱駝《らくだ》の針の孔を通る方反《かえ》って易し。

イエスが弟子に向かって語った言葉である。富への執着が神の国に入ることを難しくする。らくだが針の穴を通るほうが簡単だ。その意味で「貧しいものは幸い」なのである。

カイザルのものはカイザルに、神のものは神に。

イエスに反発する人々が、イエスの言葉尻をとらえようと、たずねた。「先生、カイザルに税金を納めるのは律法に適うことでしょうか」納税義務について問い正したのに対し、イエスが答えた言葉だ。貨幣に刻まれたカイザル像（ローマ皇帝）を示し、支配者に返しなさいと語った。だが、この世を支配することはできても、とうてい人の魂の支配はできようがないという意味。

The New Testament

ヨハネの死

正義を貫くヨハネと横暴な権力者

ヘロデ・アンティパスは兄弟の妻ヘロディアと結婚したが
ヨハネはそのことを非難し投獄されていた
ヘロディア
ヨハネ

ヘロデ王の生誕を祝って
本当に良き日ですね奥方様

あなた
わが娘の舞を御覧下さいませ
おお!
サロメ

年代

A.D.28年頃

登場人物

ヨハネ
ヘロデ・アンティパス
ヘロディア
サロメ

なんと美しい舞だ
サロメと申します
なんでも欲しい物を褒美にとらすぞ
ではヨハネの首をひとつ
なんでもとおっしゃいましたわね？あなた
わ、わかった…
ヨハネの首だな
やったわお母様
私を侮辱したからよ！思い知ったかヨハネめ

死臭漂う美少女サロメの舞い

洗礼者ヨハネは、多くの大衆の支持を受けていた。彼の影響力はすさまじく「洗礼」による悔い改めがブームのように人々の間を席巻したのである。当時、イスラエルの地は共和政ローマの支持を受けたヘロデ大王が亡くなり、彼の息子たちに分割されていた。ガリラヤの領主となったのはヘロデ・アンティパスという男。ヨハネの唱える救世主待望論は、領土の安定化を求める領主にとっては、憂慮《ゆうりょ》すべき事柄だった。しかも彼には大衆の圧倒的な支持がある。同時代のユダヤ人歴史家ヨセフスはこう記す。

「ヘロデは、実際に革命が起きて窮地におちいり、そのときになってほぞをかむよりは、反乱に先手を打って彼を殺害しておくほうが上策であると考えた」(『ユダヤ古代史』)

領主ヘロデ・アンティパスにはもうひとつ、洗礼者ヨハネに対する恨みがあった。それは、自分の異母兄弟ヘロデ・フィリポの妻であったヘロディアとの結婚が、ユダヤ律法に違反する近親相姦であると批判されたことである。

そうした事柄が重なって、洗礼者ヨハネは逮捕され、死海の東にあるマケルスという要塞に監禁されることになる。マケルスは、死海の湖面より千メートルも高く、絶壁のような

聖書深読み

オスカー・ワイルドが描く悪徳のシンボル「サロメ」

ユダヤ人歴史家ヨセフスの著書『ユダヤ古代史』によれば、サロメは19歳で王族と結婚。24歳で未亡人となり、再婚して3人の息子に恵まれたという。いわば、ごくあたりまえの貴族の婦人としての一生を過ごしたとされる。

しかし、サロメは4世紀頃までは伝説化されるほどの有名人ではなかった。洗礼者ヨハネへの信仰が高まるにつれ、サロメの存在がクローズ・アップされるようになり、悪女伝説が広まったのだ。

芸術家にとって彼女の存在は魅力的だったようで、中世以降に多くの画家、小説家がとりあげている。19世紀にアイルランド出身の作家オスカー・ワイルドが一幕物の戯曲『サロメ』を発表して以来、悪女のイメージが定着した。

オスカー・ワイルドによれば、サロメは愛欲に身を任せる悪女の典型で、悪徳と退廃のシンボルとされた。彼女はヨハネを愛するあまりその首を切り落とさせ、盆に乗った生首に口づけするという、猟奇的な趣味の持ち主とされたのだ。

同時代の印象主義の画家ギュスターヴ・モローもまた、この物語をテーマとした「刺青のサロメ」などの作品を残している。また、『ボヴァリー夫人』で知られるフランスの小説家フローベルの『エロディア』にもサロメのエピソードが記されている。

谷に囲まれた恐ろしい場所だったとされる。

いずれにせよ、洗礼者ヨハネはこの要塞で殺される運命だったが、領主ヘロデ・アンティパスはヨハネの殺害を躊躇《ちゅうちょ》していた。彼はヨハネの宗教生活に心ならずも共感を抱いていたのである。

そんなある晩、劇的な出来事が起こってしまう。領主ヘロデ・アンティパスは自分の誕生日を迎えて高官や将校、有力者たちを招いて宴会を催した。そして、愛妻ヘロディアの連れ子サロメが人々の前で見事な舞いを披露すると、領主は大いに喜び、望みのものがあれば、なんでも進呈しようと約束したのだ。すると、サロメはこういった。

「今ここに、洗礼者ヨハネの首を盆に乗せて私にください」

機会があればヨハネを殺害しようと思っていた母ヘロディアにそそのかされたのである。領主ヘロデ・アンティパスは躊躇するものの、列席者の手前もあって、この要求に応えることとした。ヨハネの首は盆に乗せて運ばれ、サロメに届けられたのである。

このショッキングな出来事はアイルランドの作家オスカー・ワイルドの戯曲やフランス印象主義の画家ギュスターヴ・モローの絵画のテーマとなったが、聖書では「少女」とあるだけで、サロメという名前は記されていない。

史実と聖書

ギリシア語訳聖書のうそのような成立伝説

現在の旧約聖書には、原典的な役割を持つとされるものが3種類ある。ユダヤ教で成立したヘブライ語聖書とサマリア版聖書、それにギリシア語訳聖書だ。

ヘブライ語聖書は紀元前5～4世紀に成立したもっとも古い原典で、紀元前10世紀頃からの民族伝承をヘブライ語で記したもの。サマリア版聖書は、イスラエル中北部に住むサマリア人が独自の解釈によって、紀元前2世紀頃に作った聖書。

ギリシア語聖書は紀元前3世紀頃にヘブライ語の衰退を受けて、当時の地中海世界の共通語であるギリシア語に翻訳されたもの。依頼主はエジプトのギリシア系王朝・プトレマイオス2世だ。伝説によれば、王の要請を受けたユダヤ大祭司は72人の翻訳者を派遣し、王は彼らを個室に閉じこめた。そして学者たちはそれぞれきっちり72日間で翻訳を完成させたという。彼らの翻訳を参照すると、一字一句の違いもなく、完璧に翻訳がなされていた。その伝説から七十人訳聖書と呼ばれ、翻訳作業には神が力を与えたといわれている。

ギリシア語訳聖書はパレスチナはもとより地中海地域全体に大きな影響を与え、キリスト教成立の重要な役割を担った。イエスや洗礼者ヨハネもこの翻訳版を読んだと思われる。

The New Testament

エルサレム入城

ロバに乗った救世主イエス ついにエルサレムへ

イエスはロバに乗って ついにエルサレムに 入城した
イエス様！
救世主様！
後日 イエスたちが 神殿に入ると 両替商などが 商売をしていた
何をする！
ここは父なる神の 神殿である！ あなたがたはそれを 強盗の巣にした
イエスめ…
学者や祭司は イエスを快く 思わなかった

神殿の商人を追い出す

すでにイエスは、自分が逮捕され処刑されることを周囲に予告していた。そして救世主の役割を果たすため、エルサレム入城を決意し、弟子にロバを用意させたのである。『ゼカリヤ書』に以下の記述がある。

「見よ、あなたの王が来る。彼は神に従い、勝利を与えられた者、高ぶることなく、ロバに乗って来る」

ロバは人間の謙虚さの象徴。しかも荷役獣のロバに乗ることは、イエスが世界の罪という重荷を背負ったと解釈される。過越《すぎこし》の祭を控えて十万人を越える群衆が集まるなか、人々はナツメヤシの葉を手に、イエスを大歓迎する。ナツメヤシはシンボリックなものだ。砂漠とオアシスの地オリエントでは、高く伸びたナツメヤシは豊穣《ほうじょう》と永遠の生命を象徴し、植物は無駄がないとされる。枝で屋根を葺《ふ》き、幹は木材、果実は芳醇《ほうじゅん》な甘味食品だ。ソロモン神殿の扉にもナツメヤシの図柄が描かれ、イエス処刑後は殉教者のシンボルとなった。

イエスはエルサレム神殿でパフォーマンスを見せる。中庭で商売する両替商や犠牲獣売りを乱暴に追い出したのだ。

彼らを強盗と呼ぶことで、背後の大祭司や律法学者に正面切って戦いを挑んだのである。

史実と聖書

誰ひとり見たことのない伝説の動物「一角獣」

一角獣（Unicorn）は、古代ギリシアで実在を信じられた動物。ロバほどの大きさで、額の中央に一本の長い角を生やしているのが特徴だ。『詩篇』には、一角獣は最強の動物だが、清純な乙女の前では従順な生き物となると記される。これは聖母マリアとイエスの関係を連想させ、キリスト教会は盛んにこの動物の神聖さをアピールした。が、このエピソードは誤訳だった。ヘブライ語原典の『詩篇』で野牛だったものが、ギリシア語に翻訳する際に一角獣と誤訳され、ラテン語訳でもそのまま残ったのである。

中世の人々は一角獣を実在の動物と考え、その角は万病の特効薬とされた。角は存在し、同じ重さの金と交換された。角は削って服用され、杯やナイフの握りに加工された。このナイフで毒物入りの食品を切ると、角が汗をかいて危険を知らせた。フランス宮廷では18世紀末まで毒物検査に使用された。イギリス王家の紋章にも一角獣が採用されている。

誰ひとり一角獣を見たことがないにも関わらず、角は存在した。奇妙な話だ。じつは一角獣の角は、北極圏に住むイルカの仲間イッカクの角だと判明した。この海獣は4mほどの体長で、雄だけが2m前後の螺旋《らせん》に巻いた長い角を持つ。牙が変化したものだ。さまざまな誤解が一角獣という聖獣を生み出したのである。

The New Testament

オリーブ山の説教

聖地に蔓延《はびこ》る偽預言者と迫りくる終焉の日

年代

A.D.30年頃

登場人物

イエス

エルサレムに入城したイエスたちはオリーブ山で休息を取った
先生 この国はどうなってしまうのですか？
イエスはこれから起こる出来事について語りはじめた
多くの偽の預言者が現れます しかし惑わされてはいけません

戦争も起こるでしょう
あなたがたは迫害されるでしょう
堪え忍ぶのです
その者は報われます
やがて福音は全世界へ宣《の》べ伝えられて
いよいよ終わりの日が来ます
…

終末についての説教

イエスはエルサレムの東にあるオリーブ山で休んでいると、いつものように弟子たちが彼を囲み、今後について質問した。

「……偽預言者が多く起こって、多くの人々を惑わせます。……戦争もある。しかし、最後まで耐え忍ぶ者は救われます。この御国の福音は全世界に宣《の》べ伝えられて、すべての国民にあかしされ、それから、終わりの日が来ます」

　四つの福音書のなかで、もっとも古い『マタイによる福音書』の成立は紀元九〇年ごろの成立とされる。だから、イエスが述べた事柄は未来予知というよりは、事後預言である。聖書ではこうした預言が多く見られる。ただし、この内容にはとても興味がある。たとえば「偽預言者が多く起こって」とされる部分だ。聖書には記されていないが、同時期にエルサレムを訪れたローマ貴族が残した記録では、街のあちこちで「神の子」「救世主」を自称する者がいて、熱心に説教していたという。彼らは乞食か浮浪者に見えたそうだ。

　やはり、そのころのエルサレムは落日を迎えていたのだ。それを敏感に察して危機を訴えるのはイエスだけではなく、大勢の人が同じ気持ちだったのだ。もちろん、それぞれの

史実と聖書

踏み絵に使われたマリア像
カトリックとプロテスタントの対立

　聖母マリアは、騎士道の隆盛とともに彼らの守護神となり、さらに人気が沸騰した。15世紀後半に作られたロレトの連《れん》祷《とう》（＝嘆願）という祈りは49もの聖母マリアの敬称を唱えることで知られる。

「天使たちの女王、殉教者たちの女王、平和の女王、正義の鏡……」

　ロレト (Loreto) とはイタリア・アドリア海にほど近い、マルケ州アンコーナ県の町。ここには聖母マリアの生家なるものが移築されている。とにかく、聖母マリアは庶民の圧倒的な支持を得ていたのだ。

　16世紀にカトリック教会の改革を求めてプロテスタントが生まれた当初、彼らも聖母崇拝を認めていた。ところがカトリック信徒の聖母フィーバーぶりを見ると、一転して聖母崇拝に否定的な立場をとった。反カトリックの旗色を鮮明にする政策で「偶像崇拝」を禁止するという、当時は名目だけだったモーセの戒律を復活させたのである。

　両者の対立が激化するなか、カトリック教会による強圧的な異端審問がはじまった。彼らは審問の際に、被疑者の面前にマリア像を置いた。被疑者がマリア像に礼拝すれば問題はないが、もし礼拝しなければプロテスタントである証拠としたのである。

「救世主」の立場は違うだろうが、興亡を憂い、民族の未来を思う気持ちが町中に充満していた。興奮と熱気、そんな只中にイエスもいたのである。

実際戦争の危機が目前に迫っていた。イエス処刑後の出来事だが紀元六六年、ユダヤ人はローマに対して全面的な武装蜂起を決行した。これをユダヤ戦争（第一次）という。当時のローマ総督はインフラ整備の資金源として、神殿の宝物を売却するなど、ユダヤのプライドを踏みにじっていた。発端はテルアビブ近郊の都市カエサリアで、ローマ兵士が市民を殺害。この事件に反発した政治結社、熱心党が中核となって、武装闘争に突入した。強力なローマ軍団を前に、圧倒的に不利と思われたが、開戦の一年後の戦況はユダヤ側が優勢だった。これはローマ側がたかをくくり、小規模部隊で対応したことが原因だった。苦戦は広範なローマ占領地の人々を勇気づける怖れがあるので、ローマ皇帝ネロはようやく精鋭部隊を投入。しかしネロの自殺などがあり、戦況がローマに傾くのは開戦三年後だ。

やがてエルサレムが陥落し、本国ローマには戦勝将軍ティトゥスの名前を冠した凱旋門がつくられた。これは現在もフォロ・ロマーノ遺跡に残される。ユダヤ側の死者百十万人、奴隷で売られた者九万七千人とユダヤ側資料は記す。

聖書深読み

西欧世界のドラゴンは中国の竜と同種なのか?

キリスト教普及以降、ドラゴンは常に悪のシンボル、サタンと同一視される。

キリスト教徒は、人間を悪に導く要因を「七つの大罪」とする。大食、肉欲、強欲、憤怒、怠惰、高慢、嫉妬だ。このなかで憤怒のシンボルなのがドラゴンという架空動物。『ヨハネの黙示録』でもドラゴンは悪魔を指す言葉だ。

ヨーロッパで知られる怪獣ドラゴンは、もともとギリシア語で蛇を意味するドラコン（Drakon）にルーツを持つ。伝承ではドラゴンは地中、洞窟、水中などを住処とし、そこに隠される宝物を護《まも》ることが役目とされる。水に関係が深いのは、身体が炎でできており、常に大量の水を飲んで身体を冷やす必要があるからだ。彼らの武器は口から吐く炎と鋭い爪。身体の大きさは、想像を絶する巨大なものから犬程度の小型のものまで。たいていは象程度の大きさが多いようだ。

心理学者ユングはドラゴンを混沌のシンボルととらえ、これを倒すことで秩序が生まれるとした。

一方、中国の神話伝説の竜もまた、水と密接な関係を持つ霊獣だ。洪水や雨乞いに関係の深い存在である。ギリシア起源のドラゴンとは異なり、鱗や甲羅のある動物たちの王とされる。ただし形態は蛇にもワニにも似ている。

The New Testament

最後の晩餐

与えられたパンとぶどう酒はイエスの肉と血

この中に裏切り者がいる
イエスの一言で弟子たちは騒然となった
ザワ ザワ
まさか私ではないでしょう?
ユダ
イエスは全てを見透かしていた
取って食べなさい これはわたしの身体です…
イエスはパンとぶどう酒を弟子たちに与え語り始めた

年代

A.D.30年頃

登場人物

イエス
ユダ

裏切り者ユダの真実

さて、時計の針を戻そう。まるで予定されたスケジュールをこなすように、イエスの周囲で事態が進んでいく。過越《すぎこし》の祭の前夜、ユダヤ教徒の重要行事である晩餐会が行われた。イエスと彼の十二人の使徒がテーブルについた。ユダヤ教徒は食事の際、最初に家長がパンを手に、律法で定められた祈りを唱えた後、パンを手で裂いて会食者に分配する。ぶどう酒が出される場合、通常は家長に乞われた来賓が、杯を手に律法通りの祈りを唱える。

イエスはパンを裂いて弟子たちに与えてからこう語った。

「取って食べなさい。これはわたしの身体です」

また、杯を取ってぶどう酒を弟子たちに勧めた。

「みな、この杯から飲みなさい。これはわたしの契約の血です。罪を赦《ゆる》すために多くの人のために流されるものです」

こうしてイエスは弟子たちに彼の死とその意味について語った。キリスト教会ではパンとぶどう酒を飲食する儀式がある。プロテスタントでは聖餐《せいさん》式、カトリックではミサと呼ばれるが、この「最後の晩餐」に由来する。イエスは過越の祭の犠牲の子羊に自分をなぞらえた。自分が人々の贖罪《しょくざい》のための犠牲であると位置づけた。キリスト教会ではパンとぶど

史実と聖書

ムハマンドとイエスは異母兄弟!?
イスラム教のイエス観

7世紀にムハンマドの興《おこ》したイスラム教の基本的立場を説明しよう。彼らの神アッラーはユダヤ教、キリスト教の神と同一であるとする。ただし、ユダヤ教徒もキリスト教徒も神の教えを誤解し、あるいは捏造したのだと解釈している。

しかし、彼らのイエス観は好意的だ。『コーラン』では、イエスをイーサー、マリアをマルヤムと記し、イエスをムハンマドと同じく預言者と位置づけている。

ただし、マリアが処女懐胎したことと、イエスが救世主であることは認めるが、イエスを神の子であるとするキリスト教の見解は否定する。

「よく聞け、救主イーサー、マルヤムの息子はただのアッラーの使徒であるにすぎぬ。……アッラーはただ独りの神にましますぞ。ああ勿体ない、神に息子があるとは何事ぞ」（『コーラン』岩波書店）

ムハンマドがイエスに好感を持つのは理由がある。伝承では、彼自身も神が人間の女に孕《はら》ませた子どもとされるからだ。彼の母親が処女かは不明だが、出産の際には神の恩寵《おんちょう》で、まったく陣痛を感じなかった。コーランでは神に息子はないと否定するものの、民間伝承ではムハンマドは歴然と神の息子の地位を得ている。つまり、イエスとは異母兄弟という衝撃的な関係になるというわけだ。

う酒を口にすることで、人類はイエス同様に神との「新しい契約」を結ぶと解釈される。

さて、会食を前に出来事があった。弟子たちのなかに裏切り者がいるとイエスが語ったのだ。あわてて反発したのがイスカリオテのユダという弟子。彼は反ローマ武装組織・熱心党に近い思想の持ち主だった。彼は銀貨三十枚でイエスを売ったと記されている。

ユダは裏切り者だったのか。しかし、イエスが真の救世主なら処刑後に復活するはずだし、むしろ終末が近づくのである。こうも考えられる。ユダは教団幹部として組織の壊滅を怖れたと。教団維持を図るため、イエス逮捕の見返りに使徒を見逃す密約があったとすることもできる。

真実は闇の中にある。いずれにせよ、イエス処刑後にユダは最高法院に銀貨を返却、のちに自殺したと記されている。ただ、問題なのは彼のユダという名前である。後のキリスト教徒たちが徹底的にユダヤ人迫害に向かう要因のひとつは、このユダという名前と民族名ユダヤを混同したからである。

ユダにイエス処刑の責任はあるかもしれないが、ユダヤ人全員がその罪を負う必要はない。なぜならイエスはじめ初期キリスト教徒はすべてユダヤ人なのだ。しかし、事件から二千年たった現在でも、ユダとは裏切り者の代名詞である。

聖書深読み

「煉獄《れんごく》」は死者たちの ウエイティング・ルーム

キリスト教では、人は死ぬと眠りにつく。そして「終末」が訪れると眠りから覚めて審判を受ける。天国か地獄か行き先を決められるのだ。しかし、死者の魂はどれだけの時間、最後の審判を待つのか。その期間をどこで過ごすのだろうか。

この疑問に答えるように登場したのが煉獄という場所。煉獄は中世にできた概念だ。死んですぐに天国に迎えられるのは聖人に限られる。人間はひとつやふたつ、現世で罪を犯すもの。地獄へ落とされるほどではないが、天国へも入れない霊魂の行き場所として設定されたのだ。

人々が生前にやり残した贖罪《しょくざい》を、ここであがなえるとされている。

中世最大の詩人といわれるダンテ(1265～1321)は、代表作『神曲』のなかで煉獄ができた過程を記している。それによると、ルシファーが天界から落下したのはエルサレムの対極にある南半球だとする。ルシファーが地球に接近するにつれ、大地は恐怖と嫌悪のために身体をよじらせ、衝突を避けようと北半球に逃れた。そのため南半球は海ばかりになった。ルシファーが地上に激突すると、衝撃で地球の中心までめり込んだ。そこは氷に閉ざされた不毛の場所で、のちに地獄とよばれた。巨大な穴の周囲は吹き飛ばされた土が小山となった。これが煉獄の成り立ちだと、ダンテは説明する。

聖母マリアと地母神信仰

信仰カトリック圏で圧倒的人気の母性愛

マリアという名前は、ヘブライ語で「太った女」を意味している。

庶民のマリア崇拝は根強い。母性愛が人々に理解しやすいとともに、古代から世界各地に地母神信仰がある。大地の豊穣《ほうじょう》性と生命力を女性原理として神格化したもので、たいていの女性神は地母神的要素を必ず持つ。信者を救うためには地獄を訪れることもいとわないとされる、聖母マリアの強さ・優しさも、強く信者をひきつける。

中世以降、西欧各地で「黒いマリア像」が発見されたが、これらの像はもともと土着信仰の地母神なのだが、マリア像とすることでキリスト教会の追及を免れたものである。

聖母マリアの人気のほどは、彼女の名前が世界各地で愛されていることからもわかる。スペイン、イタリアではマリア、英米圏のメイ、メアリー、フランスのマリー、ロシアのマルシア、イスラム圏のマルヤム、そのほかマリオン、マリーズ、マリアンヌもある。

聖母への敬称も多い。代表的なものは、フランス語のノートル・ダム（われらの貴婦人）で、騎士道の隆盛とともに騎士たちの守護者となった。イタリア語のマドンナも同じ意味だ。

中世以来、聖母マリアは各地でその姿を見せた。たとえば聖像が涙を流し、夢枕に立ち、預言や病気治癒などをもたらしたといった現象だ。聖母の肖像画が涙を流した、血を流したとするニュースに関しては、ほぼ毎年のように新聞紙上をにぎわせる。聖母マリアの人気のほどを物語るエピソードである。

The New Testament

ゲッセマネの園

弟子の裏切りと背信 受難のときが迫る

イエスは裁判にかけられたが集まった証人の偽証では死刑にできなかった
お前は神の子なのか？
そうです あなたたちは 人の子が全能の神の右に座り 天の雲に囲まれて来るのを見る
神を名乗るとは なんと不届きな！
神への 冒涜である！
死刑だ！

年代

A.D.30年ころ

登場人物

イエス

口づけを合図にして…

事態はさらに急迫する。最後の晩餐のときを過ごしたイエスは、オリーブ山のふもとにあるゲッセマネの園というオリーブ油の採油場に赴く。イエスは弟子たちに、今夜あなたたちは皆、私につまずくと語った。つまり、逮捕劇を前に逃げ出したり、イエスの弟子であることを否定するというのだ。一番弟子のペトロは、決して師を見捨てることなどありませんと言いはるが、イエスはさらに続ける。

「夜が明け、にわとりが鳴く前に、あなたは三度、わたしのことを知らないと言うだろう」

イエスはペトロ、ヤコブ、ヨハネの三人の弟子だけを連れて、園の奥に進んだ。

それは真夜中のことだった。祈りを続けるイエスのもとに、ユダが剣や棍棒を持った大勢の人々を連れてやって来たのだ。最高法院の廷吏《てい り》とローマ兵だ。ユダがイエスへ接吻したのを合図に、人々はイエスを取り囲んだ。弟子たちも抵抗したが、ナイフをかざすペトロをイエスがいさめた。

「剣を取る者は剣によって滅ぶ」

弟子たちはなすすべもなく後退し、逃げ出したのである。その後、イエスは二度にわたり裁判にかけられる。何人かの

聖書深読み

ニュートンが予言した世界の終焉

はじまりがあれば終わりがある。だから、この世界が終焉を遂げるのは当然のことである。キリスト教徒は切迫した現実としてこれをとらえた。だから、終末論がもてはやされ、さまざまな記録から終焉の日付を探し出そうとする。

ノストラダムスの予言や、マヤ暦の予言など、毎年のようにその日付は変更される。ここでは、万有引力を発見したニュートン（1642～1727）の終末論を紹介しよう。

ニュートンとはまったく異なった側面を研究したのは、経済学者として著名なJ・Mケインズ。彼は膨大な未発表資料を入手し、知られざる彼の思想をクローズアップさせたのだ。

ニュートンは近代科学の始祖とされるが、彼の研究の根底には神学や錬金術《れんきん》、神秘思想、聖書年代学が重要な位置を占めていた。しかも、彼は異端宗派アリウス派の信者だった。アリウス派はローマ教皇やカトリック教会を悪の元凶とみなし、教皇から弾劾された経緯がある。

異端思想の持ち主ニュートンは『ヨハネの黙示録』や『ダニエル書』を豊富な天文学の知識をもとに解読し、ある結論を出している。それは西暦2015年に世界の終焉が訪れるというものである。はたして「ニュートンの大予言」は的中するのだろうか。

証人がイエスの発言をあれこれ証言するものの、いずれも微罪で、極刑を課すほどではなかった。そこで裁判を主催する大祭司がイエスに質問する。

「おまえは神の子、救世主なのか」

「そうです。あなたたちは、人の子が全能の神の右に座り、天の雲に囲まれて来るのを見る」

この発言が決定的な証拠とされた。神を冒涜《ぼうとく》し、自らを救世主と名乗ったのだ。拡大解釈すれば国家反逆罪である。

ペトロは裁判の様子を中庭で聞いていた。見咎められ、この人はイエスの仲間だと指摘されるが、ペトロは三度も否定する。つまりはイエスの言葉通りだった。

最終的にイエスに死刑判決を下したのは実質的な支配者であるローマ総督ピラトだ。福音書では、ピラトは終始処刑に消極的だったとして擁護する。そのためにコプト（エジプト）教会やエチオピア教会ではピラトを聖人と認定している。ただし、史実ではピラトはユダヤ人に高圧的で、後に総督失脚となった原因もサマリア人が聖地参拝に集まっているところを攻撃し、多数の一般人を虐殺したからだとされる。

福音書がピラトを擁護する理由は何か。それはイエス処刑の元凶がユダヤ人であると強調するためである、と考えられている。

史実と聖書

キリスト教徒弾圧はローマ帝国の大愚策

イエス処刑を機に、徹底的なキリスト教徒弾圧を開始したローマ帝国であったが、そこには明確な法的根拠がなかった。不穏な社会情勢のなか、事件が起きるとそれをキリスト教徒のせいにして、市民の疑心暗鬼をなだめたのだ。

3世紀に入ると事情が変わる。ローマ帝国の権力機構が揺らぎはじめたのだ。皇帝はゆるんだタガを引き締めようと国家宗教の統一・強化を図り、皇帝の絶対権力化をめざした。具体的には皇帝を神格化し、皇帝像への礼拝を強制した。

キリスト教徒は当然これを拒否する。すると帝国は全国規模の迫害を開始した。教会が破壊され、聖書が焼かれ、信徒には強制労働が課せられた。しかし、殉教者も激増した。この勅令が公式に発布された4世紀初頭には、すでに宮廷や軍隊内部にまでキリスト教は浸透していたのだ。

信徒迫害の張本人ガレリウス帝は、こうした事態をようやく理解して政策を転換、311年に寛容令を発布したのだ。

政治的にみれば、多民族国家であるローマ帝国にとって、統一倫理ともいえるキリスト教はむしろ歓迎すべきものだ。

実際、キリスト教は国家宗教として発展し、多くの国家の独立と安定化に寄与した。つまり、キリスト教徒迫害はローマ帝国の大愚策として記録されたのだ。

カトリック教会の成立と組織

十二億信徒の頂点に立つローマ教皇

ローマ皇帝から徹底的な弾圧を受けたキリスト教徒だったが、三一三年のミラノ勅令によって合法化。そして三八〇年、正式な国教として公認され、ローマ帝国という強力な後ろ盾を得た。ローマ・カトリック教会を中心にその後の経緯を簡単に紹介しよう。

十一世紀なかば、教義上の論争と政治的な背景の中でキリスト教会は分裂、東方教会が独立する。十六世紀、ローマ教会は王侯貴族に対する大量の免罪符発行などで腐敗し、M・ルターらの批判を受けて「聖書こそ信仰の拠り所」とするプロテスタント諸派が誕生。また同じ頃に英国国王の離婚問題に端を発して、英国国教会が独立した。

その後、キリスト教各宗派が乱立して現代に至るが、最大勢力は信徒数十二億人、バチカンに本拠地を置くローマ・カトリック教会である。

教会組織は司教（主教 Bishop）を基軸に展開。四世紀のローマ帝国の行政機構を受け継いで各地に布教・組織活動を行った。基本的な行政単位は司教区。トップに司教が置かれ、世界で二千五百の司教区が存在する。

司教区の下部組織は小教区（聖堂区）。四十一万人の司祭が各小教区で祭儀を執行する。複数の司教区をたばねる議長役が大司教。大司教から選ばれた枢機卿《すうききょう》が教皇の顧問団となる。組織の頂点に立つ教皇は、枢機卿の中から選ばれる。教皇はペテロを初代とし、代々イエスから「天国の鍵」を預かった存在だ。

The New Testament

ゴルゴダの丘

十字架を背負ったイエス 処刑地ゴルゴダへと向かう

ついにイエスも
ゴルゴダの丘で
磔《はりつけ》か
いい気味だ

年代

A.D.30年頃

登場人物

イエス

INRI
神よ…
神よ
なぜ私をお見捨てに
なったのですか

磔《はりつけ》になったイエスが残した言葉

あらかじめ予定されていたように、イエスの十字架刑が決まった。処刑場へ向かう前、刑吏《けいり》はイエスの頭に荊《いばら》の冠をかぶせ、揶揄《やゆ》したあげく棍棒で頭部を打ち、鞭打ちを加えた。このため、イエスに体力は残っていなかったが、本来は十字架の横木を背負って処刑場まで歩かなければならなかった。処刑場はエルサレム城外のゴルゴダ（されこうべ）という気味悪い名前の丘。イエスは午前九時に十字架に掛けられ、手足に釘を打ち込まれた。十字架には罪名を示すプレート「ナザレのイエス、ユダヤ人の王」を示す頭文字I・N・R・Iが記されたという（イエスの処刑を描いた絵画には必ず描かれる）。そして六時間後の午後三時にイエスは絶命したのである。死に臨んで、イエスは大声で叫んだとされる。

「わが神、わが神、なぜわたしをお見捨てになったのですか」

死亡を確認するため、兵士がイエスの右脇腹に槍を刺した。十字架刑は苦痛を長引かせるのが目的の残酷な処刑方法だ。処刑場は立入禁止で遺体は放置、遺族は引き取れなかった。

現代では名実共に、十字架がキリスト教のシンボルだ。十字架にはさらにさまざまな意味合いがこめられた。縦の木は天と地、宇宙と大地を貫く座標軸であり、横木は東西南北の

史実と聖書

笞《むち》は生命を活性化させ 鞭は死を招く

処刑場へ向かう前に、イエスは鞭打たれたとされる。古代社会において、鞭打ちは、肉体に取り憑いた悪霊を追い払い、生命力を活性化させるための儀式という目的を持っていた。

そうした目的のもと、古代ギリシアではアルテミス女神の神殿で若者を鞭打つ儀式が執行された。男性神ディオニュソスの祭では、鞭打ちの対象が若い女性だった。目的は豊穣《ほうじょう》祈願だ。つまり、これらの鞭打ちは、人の生命力を強化するための儀式ととらえることができる。

ただし、この場合のむちは「笞」である。若木の枝を束ねた棒を使うのだから、皮膚は傷つけるものの、強い殺傷力があるわけではない。

しかし、イエスが受けた鞭打ちはこれとはまったく事情が異なっている。この時代、ローマ兵が使用する鞭は、文字どおり革製の「鞭」。2～3本の革紐を組み、その先端に金属製の玉を取り付けてある。もちろん、れっきとした武器である。こんな代物で打たれれば、皮膚を損傷することはもちろん、打撲は内臓や骨にもおよぶはずだ。数10回にわたってローマ兵に鞭打たれたイエスは、すでに瀕死の状態だったと推定される。

地上世界を示すとされる。

十世紀以降、イエスが処刑された十字架についてさまざまな伝説が語られはじめた。たとえば十字架がもともとエデンの園に生えていた生命の木とする説がある。外典『アダムとエバの生涯』によれば、アダムが死に臨んで息子のセツに、臨終の香油をもらいにエデンの園に赴くよう依頼したという。セツはエデンに到着するが、天使ミカエルに入園を拒まれた。しかし哀れに思ったミカエルは園の上空を案内して、三粒の生命の木の実を持たせた。帰宅したセツは天使の指示通りに死んだアダムの舌の上に三粒の木の実を乗せた。やがて墓から芽が出て大木となり、大木となった生命の木はいくつもの因縁話を演出したという。たとえばエジプトを脱出したモーセが持つ杖となり、ソロモン王宮の池の橋となった。そして数世紀を経て、イエスの処刑用に使われたというのだ。

ところで、イエスの処刑はいつ行われたのか。研究者によれば、それは紀元三〇年四月六日と特定されている。残念ながら、巷で処刑日とされている十三日の金曜日というのは間違っていることになる。なぜ十三日説が登場したのかといえば、おそらくは最後の晩餐の出席者であるイエスと十二使徒を合わせた数字というわけだ。キリスト教世界では現在も、会食の出席者が十三人にならないよう配慮されるという。

聖書深読み

天にも行けず地にもつけない無慈悲な十字架刑

ギリシア語聖書によれば、イエスが架けられた十字架は「杭（スタウロス）」と記されている。つまり、言葉通りに受け止めれば、それは一本の杭か、せいぜいT字形なのである。

なぜ、十字架になったのかといえば、十字は水平方向と垂直方向の、ふたつのベクトルが交差する霊的な座標軸、交差点を意味しているからといえるだろう。そう思うと、十字架というものがとてもシンボリックな存在となり、ローマ教会のパブリシティ能力に驚嘆《きょうたん》するばかりである。

十字架刑は残酷なことで知られていた。なぜならローマの十字架刑は長い時間をかけて死に至らしめることを目的としたもので、苦痛をできる限り長引かせたからだ。地面に足をつかせないことは、大地という霊的な磁場から引き離すことで、処刑者は天と地の間に置かれる。天に到達することもできず、かといって大地からも断ち切られる。そんな不安定な状態で死を迎えるのである。

十字架刑の対象となるのは国家反逆罪や、強盗、反乱奴隷など重罪犯にかぎられた。処刑場は立入禁止で、処刑後の遺体は遺族の引き取りを許されなかった。

行き過ぎた聖人崇拝と聖遺物崇拝

聖人崇拝を危惧したカトリック教会

聖人（Saint）という言葉は聖書には見あたらないが、ローマ・カトリックの世界では大きな役割を担っている。当初、聖人は殉教者を意味した。ローマ帝国の迫害時代には数千、数万単位のキリスト教徒が信仰に殉じた。信者にとって殉教とは命を落とす以上の意味がある。なぜなら殉教はイエスの苦痛と嘆きの追体験であり、精神を浄化された殉教者は聖人として天国の住人になるとされたからだ。

殉教者が崇拝されるのは理由がある。イエスが復活の奇蹟をもたらしたように、聖人は神の力で奇蹟をもたらす能力が与えられると考えたのだ。そして殉教者の死亡日は天国での誕生日として祝福すべき記念日となり、もとは人間だから庶民の願いを神に仲介してくれると期待したのだ。多くの殉教者が聖人となるにつれ地母神、地域の神など土着の神々も聖人枠に入り込んだ。

カトリック教会の正面には主祭壇があり、その左右や離れた場所に小さい祭壇が置かれている。それが聖人を祀る祭壇だ。聖人崇拝が流行したのは、四～五世紀のシリア。当時は二種類の教会があった。主のための教会と、殉教者の教会堂である。こちらの祭壇には聖遺物（遺体の一部や遺品）が納められた。聖人の祝日は夜を徹しての宴会騒ぎだ。彼らは奇蹟が起こる瞬間を待った。病気治癒、金運、開運など現世的な願いを叶えてくれると信じた。

聖人がイエスを上回る信仰を集めるのは本末転倒。抑制すべく、教会は殉教者の教会堂を閉鎖し、教会内部に聖人用の小祭壇を設置した。以降、聖人に対しては崇拝ならぬ崇敬（cult）の用語が使われた。

十字軍遠征はビジネスチャンス

ついで聖遺物崇敬が人気になった。これは聖人の遺体や遺骨、遺品である。これも奇蹟を生む霊力を持つと考えられた。聖遺物を祀る聖堂や修道院に多数の巡礼が訪れた。参詣人《さんけいにん》が増えれば知名度も上がり、お布施も急増する。殉教者の墓が掘り起こされ、遺体が切り刻まれる。遺体を包む衣服や副葬品、墓の土、浸み出た体液や脂肪が聖遺物と崇められた。専門の遺物収集家、つまりは墓泥棒が横行した。

十一世紀に十字軍が組織され、エルサレム奪還の遠征が開始された。このとき大量の聖遺物が西欧社会にもたらされた。十三世紀のフランス・ルイ九世はイエスの荊《いばら》の冠を超高額で入手し、これを納めるためパリにサント・シャペルを建設。受胎告知の際に聖母マリアが着用した胴着はノートル・ダム大聖堂に納められた。イエス処刑の十字架の破片は船一艘分も集められた。

商才に長けた聖職者が聖遺物を巡回展示する興行が流行し、業を煮やしたバチカン当局は一二一五年に「聖遺物を容器の外に出すこと、あるいは販売することを禁ず。新たに発見された聖遺物は教皇によって認証されない限りは、公然たる崇敬の対象とすることを禁ず」との声明を発表した。

聖遺物は教皇の独占管理となった。ちなみに、聖人崇敬と列聖手続きのシステムはローマ・カトリック教会独自のものであり、東方教会では別個に聖人をたてている。また、プロテスタントは聖人崇敬を否定している。

The New Testament

復活

神の子イエスが最後に見せた奇蹟

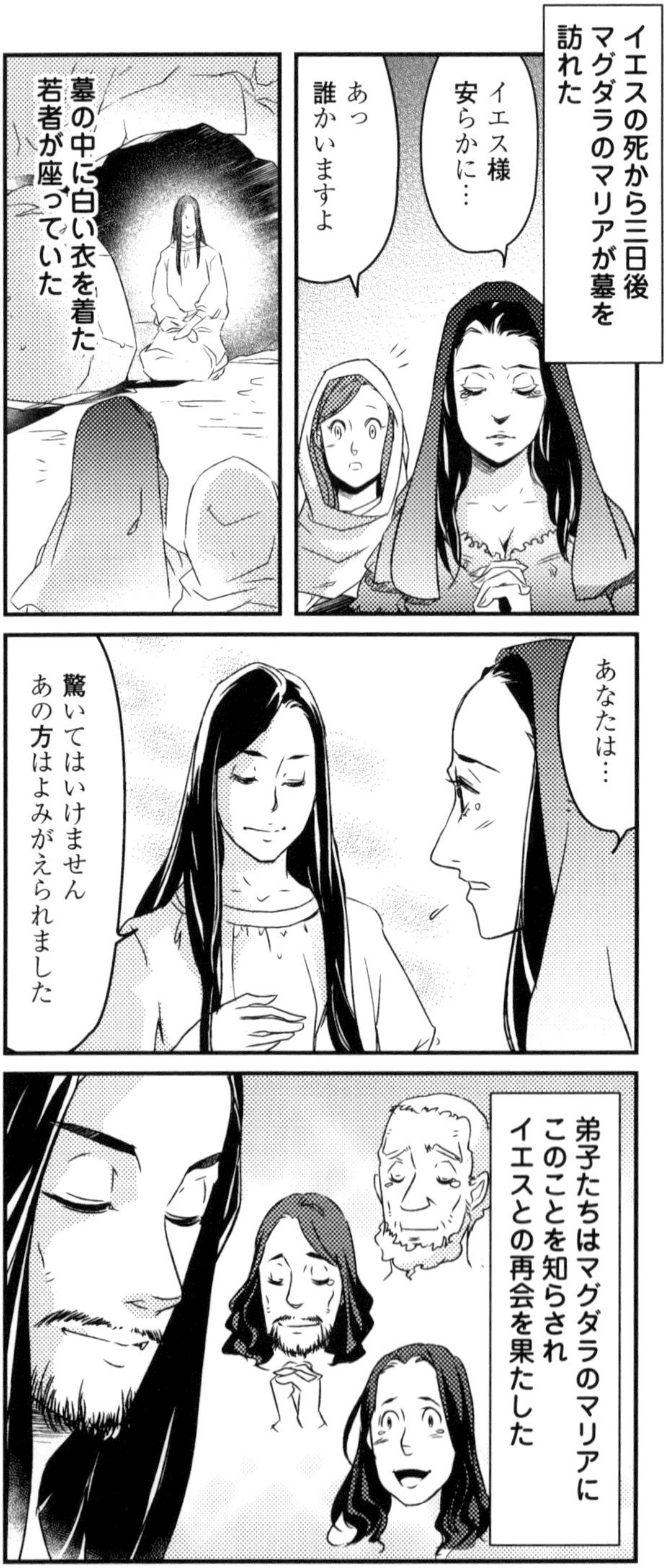
イエスの死から三日後
マグダラのマリアが墓を
訪れた
イエス様
安らかに…
あっ
誰かいますよ
墓の中に白い衣を着た
若者が座っていた
あなたは…
驚いてはいけません
あの方はよみがえられました
弟子たちはマグダラのマリアに
このことを知らされ
イエスとの再会を果たした

年代

A.D.30年頃

登場人物

イエス
マグダラのマリア

復活によって救世主となる

処刑場でイエスは絶命した。これで終わったと最高法院の人々は安堵しただろう。しかし、イエスが本当の力を発揮するのはこれからだ。むしろ、それまでがプロローグに過ぎないのだ。処刑後の経緯を順に説明しよう。

まず、アリマタヤのヨセフという人物が登場する。彼は社会的地位のあるイエス信奉者で、総督ピラトに掛け合って、遺体を譲り受けた。そして、遺体を亜麻布《あまぬの》で包み、岩を掘ってできた穴に納め、念のため、墓の入り口を石でふさいだ。三日後に安息日《あんそくび》が終わり、生前のイエスと行動を共にしたマグダラのマリアと二人の女性が、遺体に香油を塗るために墓を訪れると、入り口をふさいでいた石がどけられている。そして、墓の内部に白く長い衣を着た青年が座っていた。

「驚いてはいけません。……あの方はよみがえられました。ここにはおられません」

確かに遺体が消えていた。ガリラヤでイエスに会えるだろうといわれて、女たちは恐怖に駆られて逃げ出し、なにも話さなかったと記してある。

その後、イエスは各地で弟子たちに出会い、疑われ、驚かせ、感激されている。十二使徒のひとりトマスにいたっては、

史実と聖書

現代科学でも解明不可 聖痕《せいこん》という奇蹟

聖痕という現象が知られたのは中世以降からだ。イエスが十字架刑に処せられた際、手足を釘で打ちつけられた。そのときにできた傷と同じものが、信者の肉体に出現する。それが「聖痕」である。

英語ではスティグマとよばれ、もともとは家畜や奴隷につけた焼き印という意味だった。最初に聖痕が記録されたのは、13世紀のイタリアで修道会を創設したアッシジのフランチェスコという有名な修道士。彼は夢のなかで天使を見て、起きあがるときに身体の異変に気づいた。掌と足に釘で貫かれたような傷があり、傷口から腱が飛びだし、血が流れ、歩行にも支障をきたしたと記録される。

その後、この現象は聖職者に限らず信徒にも出現した。聖痕が出現するのは女性信徒に多い。20世紀の記録では、南ドイツのテレーザ・ノイマンという婦人の場合、金曜日に必ず聖痕が出現した。掌、足、脇腹に加えて頭にも傷があった。この婦人には1962年に死亡するまで、不思議な現象が続いた。

1972年にアメリカの10歳になる少女に聖痕が出現した際は、復活祭当日から19日間という期限つきだった。彼女はさほど熱心な信徒ではなかったという。医師団による徹底的な調査がなされたが、納得させる理由は発見されなかった。

槍で刺されたイエスのわき腹に触れて確かめ、ようやく納得したほどだ。ともあれ、これがイエスの起こした最大の奇蹟なのだ。復活したことで彼は救世主と認められ、以降はキリスト（救世主を意味するギリシア語）と敬称された。

興味深いことに、四つの福音書は「復活」事件について、かなりデリケートな記述をしている。たとえば『マルコによる福音書』は、「ガリラヤに行けばイエスに会える」と記す。これはイエスの活動拠点にいけば、生前のイエスの業績が見れる意味にも受け取れる。続く文章はなぜか（　）でくくられ「イエスは別の姿でご自分を現わされた」というのだ。『ルカによる福音書』では、イエスの弟子が徒歩旅行の途中に同伴した男が誰かわからず、夕食時にパンを裂いた様子でイエスだと気がつく。しかも、それを知った途端にイエスの姿が消えたと記述される。『ヨハネによる福音書』では、遺体紛失を悲しむマグダラのマリアに、背後から声をかける男がいた。マリアは墓の管理人だと思ったものの、「マリア」という声で驚いて振り向き「先生」と叫んだと記している。

復活とは生前のイエスに出会うこととされる。死者の霊魂は近親者や友人の記憶の中で生き続けるといわれるが、復活もそうした見方から理解すべきなのかもしれない。その意味ではイエスは見事に復活した。これは誰も否定できない。

史実と聖書

犯人はレオナルド・ダ・ヴィンチ？ トリノの聖骸布《せいがいふ》をめぐる謎

1898年のこと、一枚の古びた布が世界の注目を集めた。イタリア・トリノの洗礼者ヨハネ大聖堂に収められていた「聖骸布」とよばれる亜麻布で、受難したイエスの身体を包んだという伝説を持つ布だった。

この布の存在は以前から知られていたが、偽物扱いだった。ところが、ある写真家がこの布を撮影すると、ネガに全裸のイエスと見られる全身像が写し出された。手足の釘跡や脇腹の刺し傷も判別できた。

福音書によれば、イエスの遺体は亜麻布に包んで岩穴に埋葬されたとされる。1970年以降、科学的調査が行われた。調査報告では、亜麻布から死海周辺にのみ生育する植物十数種の花粉が検出。また、アロエに浸した亜麻布が人間の身体から出るアンモニアや血に化学反応して変色することも確認された。

総合的に判断して、この聖骸布は本物の可能性が高いとされたものの、放射性炭素測定法による年代測定の結果、布は14世紀の製品と判定した。つまり聖骸布は偽物だったのだ。

だが、これほど正確な全身像を誰が描いたのか。試行錯誤の結果ダ・ヴィンチが浮かびあがった。当時最高の解剖学的知識を持ち、芸術家としての技術も折り紙つきだ。真相は闇の中にある。

世界各地に伝わる騎士道と聖杯伝説

あらゆる奇蹟を可能にする至高の聖遺物

「アーサー王伝説」という物語群がある。中世ヨーロッパで最大級の伝説・伝承とされる騎士道物語で、その内容はヨーロッパのみならず、世界各地で知られている。このなかに「聖杯」探求をめぐるロマンあふれる物語がある。

聖杯（St.grail）伝説は最後の晩餐に起源を持つ。死を覚悟したイエスはぶどう酒を飲み干した杯をアリマタヤのヨセフに与えた。彼は処刑の一部始終を見とどけたのだ。イエスの絶命を確認するため、兵士が脇腹を槍で刺した。ヨセフは流れ出る血を杯で受け、イエスを刺した槍とともにヨーロッパへ運んだとされる。

イエスの血を受けた杯は至高の聖遺物である。神秘的な力はあらゆる奇蹟を可能にし、杯が所蔵された土地に恩《おん》寵《ちょう》が授かるという威力を持つとされる。しかし、その所在は不明だ。

聖杯伝説の基本的な形は、アーサー王を囲む12人の「円卓の騎士」が、聖杯探索に向かうという物語だ。聖杯を探し出せるのは、品性、勇気、忠誠心の騎士道精神を備えた人物にのみ可能なこととされた。そのため、何人もの騎士が挫折し、脱落する。

しかし、伝説の聖杯が突然、姿をあらわすことがある。すると周囲から音楽が鳴り、豪華な食品がテーブルに出現するという神威をみせるのである。困難と求道心と奇跡の顕現《けんげん》、これが聖杯物語のテーマである。

ちなみに、映画「インディ・ジョーンズ」や「ダ・ヴィンチ・コード」でも聖杯伝説が取り上げられている。

日本への布教が開始
日本と西欧の神の違い

カシコイモノ ゴクラクトトモニゴザル

十字架のイエス像を示したところで、この信仰を誰が理解できるだろう。そんな理由から、イエズス会がアジア布教の際に活用したのは中国産の慈母観音像だ。子供を抱いた慈悲深い姿が聖母マリアそのものだったのだ。

さらに問題なのが「神」という概念。実際、英語のゴッドを神と翻訳するのは誤訳である。漢字の「神」は祭壇に生贄《いけにえ》を捧げるという意味で、人格神であるゴッドとは異なったものだ。

日本の神は本来、自然の威力そのものを示し、祀り上げることで力の制御を図った。自然界の主人を自認するユダヤ・キリスト教とは大きく異なる概念だ。日本人の自然災害に対する受身の姿勢が、西欧人に理解しがたい理由でもある。

ここで日本の聖書翻訳史を簡単に紹介する。はじめて日本語に翻訳された聖書は、ドイツ生まれの宣教師ギュッラフにより、キリシタン禁制下の一八三七年に刊行された。彼はマカオで漂流漁民から日本語を学び『約翰福音之傳（ヨハネによる福音書）』などを出版した。冒頭部分は次の通り。

「ハジマリニ　カシコイモノ　ゴザル、カシコイモノ　ゴクラクトトモニゴザル」

新共同訳によれば次のようになる。

「初めに言《ことば》があった。言《ことば》は神と共にあった」

カシコイモノとは英語でロゴス（logos ＝ 聖言）と訳される。そしてゴクラクは神を示している。これが当時の日本人にどう伝わったかは定かではない。

あまねく世界に伝わる福音

あらゆる受難は、人々の信仰を強め、
福音はあらゆる巷を駆けめぐる。
人々は知るだろう。
神の愛がすべての暗闇を光で満たし、
やがて世界が至福の時を迎えることを。

The New Testament

炎の舌

復活から五十日突然降りたった聖霊

五旬祭《ごじゅんさい》で弟子たちが部屋に集まっていると…
ゴゴゴゴ
ん？何の音だろう
風か？
突然炎のような舌が出現人々の頭上にとどまった
うわあ！
なんだったんだ今のは…
え？今何語を話したんだ？
彼らは聖霊で満たされ外国語を話せるようになった

年代

A.D.30年頃

知らない外国語が口から

イエスの十字架刑と、それに続く遺体の紛失、さらには復活という出来事は、信徒に大きな動揺を起こした。

『使徒言行録』に次の記述がある。復活したイエスは四十日後「近く聖霊が降る」と予告して天に上っていった。

　復活から五十日後に、ユダヤ教三大祭事のひとつ五旬祭があった。エルサレムには各地からディアスポラ（外国で暮らすユダヤ人）が集まり、使徒やイエスの母や兄弟、信徒もいた。そこに突然に激しい風音が聞こえ、天から炎のような舌が出現して人々の頭上にとどまった。すると、彼らは自分の知らない外国語を話しはじめたのだ。この聖霊が降臨したとされる出来事は「ペンテコスト（ギリシア語で五十日の意味）」と呼ばれた。その後も礼拝中に舌がもつれ「異言《いげん》（グロソラリア＝超自然的な言語知識）」とされる出来事が頻出した。

　アメリカのモルモン教会（末日《まつじつ》聖徒イエス・キリスト教会）は世界各地に若者の布教チームを派遣することで知られるが、彼らが数週間で外国語をマスターするのは「聖霊が降った」からだと噂された。二十世紀のアメリカを中心に聖霊の働きを重視するペンテコスト運動が起こり、いくつもの巨大教団（メガ・チャーチ）が現在も活動している。

史実と聖書

ユダヤ教徒でなければ
イエス信仰ができなかった?

　イエスの処刑後、原始キリスト教会はイエスの弟ヤコブをリーダーとして、活動拠点をエルサレムに置いていた。彼らの方針は、キリスト教徒となるためには、いったんユダヤ教徒として割礼を受けることを条件とした。そんなことから、当初はユダヤ教ナザレ派と呼ばれていた。

　この方針に強く反対したのがパウロだった。彼はイエスの死後に信徒となり、シリアのアンティオキア教会を拠点に異邦人への布教活動をしていた。パウロはユダヤ教律法の遵守《じゅんしゅ》を否定し、神への信仰はユダヤ人だけのものではなく、割礼の必要もないと主張した。

　当時の社会では、画期的な方針変換であった。これにより選民ユダヤ人に独占されていた神を、広く世界の人々に開放したのである。

　つまり、エルサレム教会はキリスト教をユダヤ教の一分派という立場に置いたのである。それに対しアンティオキア教会は、キリスト教を新しい解釈に基づいた国際的宗教だとしたのだ。

　パウロの新方針は、外国で暮らすユダヤ教徒やそのシンパにとっては、まさに福音だった。その後、パウロがキリスト教会の主導権を握ったのは、現在のキリスト教のあり方で証明されている。

The New Testament

殉教と回心

過激派サウロ その心を変えた出来事とは

パリサイ派のサウロはキリスト教徒を迫害していた
サウロ
私は正しいことをしているのだ
ユダヤ教大祭司の手紙ももらっているのだからな
サウロがダマスカスに向かい町に近づいたとき…
うっ
まぶしい！
サウロ サウロ…

年代

A.D.34年頃

登場人物

サウロ（パウロ）

なぜわたしを迫害するのか
だ、誰だ…
はっ…目が見えない！
この後サウロは3日間飲まず食わずで過ごした
サウロ
主イエスがあなたのために弟子である私をよこしました
イエスの使徒の前にサウロは回心した
ポロ
ポロ
目からうろこのようなものが落ちサウロの目が見えるようになった

世界宗教へ胎動《たいどう》するパウロ

イエスと同時代にタルソス（現トルコ中南部タルスス）生まれのサウロというパリサイ派の熱心な支持者がいた。イエス信徒とみれば暴行、逮捕し、後にキリスト教最初の殉教者とされるステファノ殺害にも関与したとされる。彼はユダヤ大祭司から異端者逮捕の書状をもらい、エルサレムを脱出したイエス信徒を捕まえようと、ダマスカスの町に向かった。その途上の出来事だった。

「サウロ、サウロ、なぜ、わたしを迫害するのか」

とイエスの声が耳元に聞こえ、突然に目が見えなくなったというのだ。その後、神のお告げを受けた、あるキリスト教徒が祈ると、サウロの目から鱗《うろこ》のようなものが落ち、目が見えるようになった。「目から鱗」の格言で知られるこの事件で、彼はギリシア語名のパウロと自称し、イエス信徒となった。紀元三十四年頃のこととされる。

その後のパウロの活躍ぶりは、新約聖書二十七文書のうち、十三文書に彼の名前が冠されていることでも明らかだ。もちろん、彼はイエス処刑後の信徒なので十二使徒には入らない。しかし後のキリスト教会からは最大級の尊敬をこめて聖パウロと呼ばれる。その理由は海外布教の成功である。

史実と聖書

白馬に乗った聖ヤコブ キリスト教軍を勝利に導く

スペイン北西部にサンティアーゴ・デ・コンポステラ（Santiago de Compostela）という聖地がある。サンティアーゴとはイエスの12使徒、聖ヤコブのスペイン読みだ。ロマネスク様式の大聖堂をはじめ修道院、教会など、壮大な宗教建築物が建ち並び、エルサレム、ローマと並ぶキリスト教３大巡礼地のひとつとされる。

伝説ではヤコブが殉教したのち、弟子が秘かに遺体を運び出して船に乗せた。埋葬場所を神の御意志に委ね、舵を取らずに出帆。船はスペイン北西端のガリシアに漂着、その地に埋葬した。9世紀、当時のアストリア国王アルフォンソ2世が聖堂を建設し、周囲に修道院や教会が建てられ、現在のような聖地となった。

聖ヤコブ信仰は想像以上の効果をあげた。イスラム軍と戦闘を繰り返すなか、聖ヤコブがキリスト教軍を勝利に導く伝説が広まった。白馬に乗った騎士姿の聖ヤコブが突撃するのが目撃されたという。それに続くようにキリスト教軍が「サンティアーゴ！」の雄叫びをあげて突撃。ヤコブ信仰が国民を団結させ、対イスラム戦争を勝利に導いたのである。

15世紀にレコンキスタ（国土回復運動）が勝利を収めると、聖ヤコブは全スペインの守護聖人となった。彼は英米ではジェームス、フランスでジャック、イタリアでジャコモとよばれる。

彼は海外での布教に奔走する。幸いにして彼はローマ市民権を得ており、広大なローマ領内を自由に移動できた。

彼が海外布教を大成功させた理由は、なによりも彼自身がディアスポラ（海外居住者）であり、ユダヤ民族という選民意識を持たなかったからだ。たいていのイエス信者と違い中産階級であったことも、優れたオーガナイザーとなった理由かもしれない。彼は『ローマ人への手紙』で次のように記している。

「イエス・キリストに現された神の義は、律法を守れない者にも、律法を知らない者にも、救いの可能性を開いたのである。神の子であるイエス・キリストが十字架につけられた意味は、ここにある。これを信じ、これを受け入れるとき、人は無条件で義とされる。神の前には、ユダヤ人と異邦人の区別も、奴隷と主人の区別も、男と女の区別もない」

そんな理由からパウロは信仰に割礼は不要とし、かわりに洗礼を推奨した。これが多くの人々にキリスト教の門戸を開くことになる。彼の決定は画期的で、もしかしたらイエスよりも急進的だったかもしれない。イエスは律法を「神への愛、隣人愛」としたが、パウロは「律法を知らない者」までも救われるとしたのだから。そのため、イエスが示した教義を、イエスへの信仰にすりかえたと批判されることもある。

聖書深読み

女は男のために生きる
聖パウロの男権主義

キリスト教の神は、どうみても男性神である。男性優位の立場は明確で、地母神である女性神に対する嫌悪感があり、言い方にしても男性ならではのものがある。その性格は、キリスト教会の基礎を作った聖パウロに伝染したようだ。

彼は『コリントの信徒への手紙』のなかで「礼拝でのかぶり物」という項目を設けて、女性のあるべき姿を説明する。

女性蔑視《べっし》と叱られそうな内容だが、彼は、女性が祈りを捧げるときには、必ずヴェールをかぶる謙虚さが必要だと述べている。逆にいえば、男性が頭に何かをかぶって祈りを捧げることは、自らの神を侮辱することになるという。なぜならば、男性は神の似姿として創造されたものであり、頭を隠すことは神の姿を否定し、神の栄光を拒否するものだから。

しかし、男性のために造られた女性の場合は違う。女性は男性の栄光を映すことに存在価値があるという。

もし、女性がヴェールをかぶらないなら、その髪の毛を切ってしまいなさいと、パウロは断言する。まさに男権主義者の典型といるだろう。

もともと、古代イスラエルの女性にはヴェールをかぶる習慣はなかったようだ。しかし、キリスト教では、礼拝の際に女性がヴェールをかぶることは、ごく初期から決められていた。

The New Testament

海外布教

さらなる布教 教会組織の成立

回心したサウロは名をパウロに変え、神の言葉を伝えるために世界を旅する
主イエスの教えをもっと広めるためには何が必要だろうか
パウロは各都市に拠点を作りキリスト教を組織化したのである

年代

A.D.50年頃

登場人物

パウロ

神の家としての教会

イエス処刑後、信徒たちはユダヤ教の会堂（シナゴーグ）を利用して集会を開いていたが、やがて自前の会合場所として教会を設立した。北アフリカからインドに至る当時の大都市には人口の一割ほどのユダヤ人が暮らしていたので、布教の下地は整っていたのだ。パウロの三回にわたる東地中海への宣教旅行はそれらの都市への訪問で、彼は各都市に拠点を作って教会組織に組み入れたのである。

組織の中心はエルサレム教会だったが、ユダヤ戦争でエルサレムが壊滅。すると、ローマ教会にその中心が移され、ローマ教会はペトロの墓の上に建てられた。『マタイによる福音書』では、イエスが「天国の鍵」を使徒ペトロに授けたとされるためだ。したがって、その長である司教は鍵の正統な継承者だ。鍵なくして天国の扉は開かれない。つまり神と触れあうのは聖職者にのみ許された特権だと理解されるようになった。後にローマ教会の司教は「教皇《きょうこう》」と呼ばれる。

教会組織の成立によって、人々は神との直接交流ができなくなり、聖職者を仲介に立てる必要が生じた。組織存続という立場からいえば当然なのだろうが、組織というものが排他的で腐敗しやすいということも心にとどめておきたい。

史実と聖書

イエス観を覆す新事実発覚？
晩年のイエスの暮らし

1947年、死海のほとりで発見された「死海文書」は各方面に大きな衝撃を与えた。それはユダヤ教エッセネ派に近い組織とされるクムラン教団の文書で700点を越える文書群だった。彼らは極端に禁欲的な組織とされるが、実態は謎に包まれていた。死海文書の研究者オーストラリアのバーバラ・スィーリングは、1991年に驚くべき研究結果を公表した。著書『イエスのミステリー』（ＮＨＫ出版）によれば、福音書は暗号文であることが、死海文書の「暗号解読書」から解明されたという。

それによれば、福音書の内容はすべてが死海のほとりに拠点を置いたクムラン教団内部の出来事とされる。登場人物は多くの偽名を持ち、聖職者の階級は動物名で示され、各地の地名もクムラン僧院内の特定の場所を示す。彼らは古代ヘブライ王国の再建を目的としたため、記録を秘密にする必要があった。

新解釈は既存のイエス観を根底から覆した。イエスはマグダラのマリアと結婚。娘とふたりの息子に恵まれた。しかし、別グループの反感を買い、殺されかけたが仲間に救出され、自分のグループを率いてローマ経由で南仏に向かい、西暦64年まで存命していたという。この新解釈は公表当初は大きな反響を呼んだが、その後はなぜか黙殺されている。

The New Testament

世界の終わりへ

ヨハネの黙示録の終末へのプログラム

ヨハネの黙示録はヨハネがパトモス島で神の計画の様子、終末へのプログラムを記録した書物である
子羊が7つの巻物の封印を解くと次々と災害が起きる

7人の天使がラッパを吹くと天地に異変が起きる
海が血に変わり生物が死に
太陽や月、星が破壊され怪獣が現れる

年代

A.D.90年頃

そしてハルマゲドンでの
最終決戦が勃発

戦争は天使軍の勝利に終わり
サタン軍は全滅する
そして、新しいエルサレムが
天界から降りてくるのである

七人の天使と天地異変

「黙示（アポカリプス）」とは、神が預言者に与える「秘密の暴露」を意味する。聖書には偽典、外典にもこのジャンルの文書があり、総称して黙示文学と呼ばれる。

天地創造、善悪の対立、現代が悪の支配下という認識、悪の時代の終焉と死者の復活、最後の審判などユダヤ教とキリスト教独自の世界観・歴史観が記されている。

新約聖書最後の文書である『ヨハネの黙示録』は、そうした特異な世界観を持つ文書だ。イエスという救世主が登場した以上、終末のカウントダウンがすでにはじまったという認識なのである。暗く陰惨な内容なのは、この文書の成立が紀元九〇年ごろとされるからだ。まだユダヤ戦争での壊滅的な被害の記憶も生々しいのである。

文中で「バビロン」「バビロンの大淫婦」とあるのは、ローマ帝国を指している。弾圧を避けるため、時代設定を変えているのだ。

最初に子羊（イエス）が七つの巻物の封印を開ける。すると勝利を示す白馬、戦争をもたらす赤馬、飢饉を招く黒馬、死をもたらす青馬が出現する。四色の馬に乗った騎士は、それぞれ弓、剣、飢餓、悪疫《あくえき》と死を意味しており、彼らは終末

聖書深読み

悪魔の数字666
聖書の暗号の秘密

世界の破滅へのプログラムでは、神が悪への締めつけを強めれば強めるほど、それに抵抗する悪の勢力もまた凶暴さを増す。地中からのぼってきた獣は、偶像に言葉を話させるなど魔術で人々に君臨する。そして偶像崇拝を拒否する者は処刑するなど強権をふるったのち、老若男女すべての人々の右手か額に刻印を押すとされる。その刻印のない者は物を買うことも売ることもできないのである。問題はその刻印だ。

「……刻印とはあの獣の名、あるいはその名の数字である。ここに知恵が必要である。賢い人は、獣の数字にどのような意味があるかを考えるがよい。数字は人間を指している。そして、数字は666である」

悪魔の指令を受けて出現した獣とはローマ帝国を意味し、666の数字を持つ人間とはローマ皇帝ネロを示している。なぜ666なのか。ヘブライ語やギリシア語など古代のアルファベットは数値も示すものだから、人の名前を数字に置き換えられる。これはのちに姓名判断の基礎となる数秘学に発展するが、皇帝ネロをヘブライ語の数値に置き換えると、合計が666になるという。終末を前に出現する悪魔666は、人の姿でこの世に誕生し、身体の隠れた部分、頭皮などにその数字が刻まれているという。

時に出現する侵略者とされる。

そして第五の封印が解かれると殉教者が血の復讐をもとめ、第六の封印を開けると大地震がおこり、太陽が暗くなり、月は血と化し、天の星が落下する。

ひとりの天使が、四人の天使に語る。神のしもべらの額に刻印を押すまでは、大地も海も損なってはならないとしたのだ。つまりイスラエルの全部族から十四万人を救うため、彼らの額に刻印を押すまでは攻撃を控えろということだ。

そしてしばらくの沈黙の後、第七の封印が開けられる。そこから七人の天使が現れ、それぞれラッパを与えられる。天使たちが香炉《こうろ》に祭壇の火を満たして地上に投げつけると、雷や地震が立て続けに起こり、そして、七人の天使たちが順々にラッパを吹きはじめると、次々に天地異変が発生する。

最初のラッパで地上の三分の一、木々の三分の一が焼ける。次のラッパで海の三分の一が血に変わり、海の生き物が次々と死んでいく。さらに、星が落下し、太陽と月が損なわれ、地上を闇が支配する。そんな中、額に刻印のない人間が苦しみだし、さらに、四人の天使が人間の三分の一を殺すのである。

この時、生き残った人間は相変わらず悪霊、金、銀、銅、石の偶像を拝み、悔い改めることはないという。

史実と聖書

黙示録の悪魔を自称 世界で最も邪悪な男

666の暗号を持つ獣の出現は終末が訪れる証拠でもある。その意味では、ローマ皇帝ネロを大いなる獣としたのは間違いだったかも知れないと、後世のキリスト教徒は考えた。以来、戦争や飢饉などのたびに獣が探索された。ナポレオン、ヒットラー、スターリンなどが注目されたが、名前を数字に置き換えても、いずれも666とはならなかった。ところが20世紀のイギリスに、獣を自認する人物が出現した。アレイスター・クローリーという自称魔術師だ。

19世紀末の西欧は魔術研究ブームでオカルティズムの研究団体「黄金の暁《あかつき》教団」がロンドンに創設。文化人や芸術家が関心を寄せ、クローリー自身も入団した。その後、クローリーは独自の魔術教団を結成。麻薬の常用、アルコール中毒、乱交といった反社会的な行動でマスコミに話題を提供し、世界でもっとも邪悪な男という異名を得た。あげく、自分こそ黙示録に記された獣だと主張した。

自称「獣」は過度のアルコールと麻薬摂取のため1947年に死亡。臨終間際、必要以上のヘロインの供与を拒んだ医師は彼に呪詛《じゅそ》された。自分の死後48時間以内に医師も死亡すると呪ったのだ。生前の多くの魔術は成功しなかったクローリーだが、この予言だけは成就したとされる。

楽園「新しいエルサレム」の到来

最後のラッパが鳴り響くと、天の神殿が開かれ、契約の箱が現れる。地上では獣が増え続け、天界で戦いが勃発し、サタンが大地に落下。竜が神の民に攻撃を仕掛け、悪魔が仲間の人々に獣の刻印をつけていく。そしてベヘモットとレビヤタンという怪獣が出現し、世界は地獄絵図と化すのである。

神の怒りは頂点に達し、神は七人の天使に怒りの満ちた七つの鉢を授ける。天使が鉢を地上にぶちまけると、悪魔崇拝者に悪性の疫病が蔓延し、海や川の水がすべて血に変わる。神を冒涜する人間は焼かれ、獣の国が闇で覆われる。ここで、三匹の悪魔が、神に敵対する王たちを最終決戦地ハルマゲドン(北イスラエルにある「メギドの丘」。古戦場として知られる)に結集させる。そして地上の王を支配していた大淫婦が裁かれ、大都市バビロンが滅亡し、悪の終焉が訪れるのである。神の勝利を受けて天界で礼拝が行われ、大群衆が神を賛美する。悪魔と偽預言者は裁かれ、火の池に投げ込まれる。そして、キリストによる千年間の統治がはじまるのだ。殉教者と異教信仰をしなかった人々が復活を成し遂げ、千年間を支配することとなる。

黙示録の筆者ヨハネは天使の導きで「義人」に用意される

聖書深読み

陸の怪獣ベヘモットと海の怪獣レビヤタン

ベヘモット(Behemoth)は神がサタンとともに造ったとされる怪獣である。『ヨブ記』のなかで、神が語っている。

「見よ、このベヘモットを。お前を造ったわたしはこの獣をも造った。……骨は青銅の管《くだ》、骨組みは鋼鉄の棒を組み合わせたようだ。これこそ神の傑作」

神はこの獣を陸の怪物として造り、レビヤタンを海の怪物として造ったとされる。レビヤタン(Leviathan)は、ベヘモットに比べるとさらに恐ろしい形相をしている。

「歯の周りには殺気がある。背中は楯の列、封印され、固く閉ざされている。……口からは火炎が噴き出し、火の粉が飛び散る。煮えたぎる鍋の勢いで鼻からは煙が吹き出る」

旧約聖書偽典『第四エズラ書』には、もともとこの2匹の怪獣は海から生まれたものの、あまり大きくて共に暮らせず、神は天地創造の3日目に乾いて陸となった大地にベヘモットを住まわせたとする。

この陸の怪獣はどんな生き物なのか、聖書学者たちは想像をめぐらした。一説ではベヘモットは巨牛、あるいは河馬《かば》、象などとされ、レビヤタンはナイルワニをイメージしたとされる。

楽園「新しいエルサレム」を見る。それは、天と地や海が消滅した後で、宇宙船のようにゆっくりと降りてくる。長さ、幅、高さともに二万二千二百二十キロメートルという巨大な都市だ。城壁は碧玉《へきぎょく》、都全体は透き通ったガラスのような黄金製だ。東西南北に三カ所ずつ門があり、そこにはイエスの十二使徒の名前が刻まれている。

「新しいエルサレム」は、神の栄光ですべてが照らされているため、太陽も月も必要としない。地上の王たちは自らの栄光を携えて都に入る。神の玉座からは生命の水が川となって流れ、両岸には生命の木が生い茂っている。この木は年に十二回も万病の特効薬となる果実を実らせるのだ。

これが「義」の人であるキリスト教徒に約束される楽園の姿なのである。『ヨハネの黙示録』は、新約聖書のなかでも最後に記されたとされる文書だ。ここでは多くの恐ろしい描写があるが、最後には楽園が訪れる。絶望ではなく、救いがあることを訴えた書物といえるのである。

著者は伝統的に使徒ヨハネとされる。ヨハネはエーゲ海に浮かぶギリシアの小島パトモス島で、イエス・キリストから啓示を受けて黙示録を記したとされる。現在も彼が啓示を受けたとされる洞窟が残されており、丘に作られた神学者ヨハネ修道院などとともに世界遺産に登録されている。

聖書深読み

青ざめたる馬は死と恐怖のシンボル

馬は中央アジアの原産とされる。エジプトなどでは比較的早い時期から家畜として飼われていたが、アブラハムとその子孫にはなじみがなかった。彼らがはじめて馬を知ったのは、エジプトだったと思われる。馬に強烈な印象を得たのはエジプト脱出の際、ファラオが戦車と騎兵を総動員して、徒歩で進む彼らを追撃したときである。迫り来る恐怖感とともに、兵士たちの駆《か》る馬は強烈な印象を与えた。

ギリシア人が半人半馬《はんじんはんば》のケンタウロスを想像したのも、もとは中央アジア遊牧民が馬に乗る姿を一体と誤解したのだ。

当時の馬は戦争用に飼育され、周囲の列強が騎馬隊や戦車など、軍備の主力に馬を駆使したのに対して、ユダヤの民はダビデの時代に至るまで徒歩で戦った。ようやくソロモン王の治世に軍馬が整備された。

「……視《み》よ、青ざめたる馬あり、之《これ》に乗る者の名を死といひ、陰府《よみ》これに従う。かれらは地の四分の一を支配し、剣と飢饉と死の地の獣とをもて人を殺すことを許されたり」（『ヨハネの黙示録』）

終末を迎えて天変地異が各地で勃発し、人々が死の恐怖におびえるなか、青ざめたる馬が死を乗せて地上に訪れるとされる。馬は死と恐怖のシンボルなのである。

旧約聖書の歴史年表

年代	主なできごと	主な場所・地名	世界のできごと
BC 1900年頃	アブラハムの旅	ハラン～カナン～ エジプト	インダス文明（南アジア、 BC2300～1700年頃）
1800年頃	イサク誕生	ヘブロン	
1700年頃	ヤコブがエサウを騙す		ハンムラビ法典（古バビ ロニア王国、BC1750年頃）
1600年頃	ヨセフ、エジプト宰相になる	エジプト	
1600～ 1300年頃	エジプト王国によるイスラエル人の奴隷化		殷王朝が成立（中国、 BC1600年頃）
1250年頃	モーセ率いるイスラエルの民がエジプトを 出発		
1200年頃	ヨシュア率いるイスラエル民のカナン進行	エリコ、アイ、 エルサレム	
1050～ 1020年頃	サムエルの活躍	イスラエル	周王朝が成立（中国、 BC1027年頃）
1020年頃	サウルが初代イスラエル王となり、 イスラエル王国が成立		
980年頃	ダビデが2代目イスラエル王に即位		
965年頃	ソロモンが3代目イスラエル王に即位		
930年頃	イスラエル王国が南北に分裂		
924年頃	ヤブロハムが北イスラエル王に、 レハブアムが南ユダ王に即位		ギリシャに都市国家 群ポリスが広がる （ギリシャ、BC800年頃）
597年頃	バビロニア王国がエルサレムに侵攻、 イスラエル人が連行される（バビロン捕囚）		
539年頃	ペルシア帝国位がバビロニア王国を征服、 捕囚人が解放される		孔子誕生（中国、BC551年）
445年頃	ネヘミヤがエルサレムに帰還、 復興にとりかかる		ペルシア戦争（ペルシア・ ギリシャ、BC492年）

新約聖書の歴史年表

年代	主なできごと	主な場所・地名	世界のできごと
BC40年頃	ヘテロがユダヤ王になる		ローマ帝国が成立（ローマ、BC27年）
6年頃	イエス誕生	ナザレ	
AD6年頃	ユダヤがローマ帝国の属州になる		前漢が滅び、新が成立（中国8年）
28年頃	イエス、ヨハネより洗礼を受ける	ヨルダン川	光武帝が後漢を建国（中国、23年）
30年頃	イエス、ゴルゴダで処刑される	ゴルゴダの丘	
34年頃	パウロの改心	ダマスカス	
47年頃	パウロの第1回伝道旅行	小アジア	
49〜52年頃	パウロの第2回伝道旅行	マケドニア	
53〜56年頃	パウロの第3回伝道旅行	ギリシャ、ローマ	奴国王が後漢から金印を受ける（日本、57年）
66〜77年頃	ユダヤ戦争		中国に仏教伝来（中国、67年）
90年頃	「ヨハネ黙示録」が書かれる	パトモス	

索引

参考文献

本書は下記の文献を参考に制作しました。

- 『聖書(新共同訳)』日本聖書協会
- 『聖書(新改訳)』日本聖書刊行会
- 『旧約新約聖書(文語訳)』日本聖書協会
- 『聖書外典偽典』教文社
- 『トマスによる福音書』荒井献　講談社
- 『コーラン』井筒俊彦　岩波書店
- 『世界宗教大辞典』平凡社
- 『聖書事典』日本基督教団出版局
- 『聖書文化辞典』本の友社
- 『キリスト教シンボル事典』J・スピーク／中山理訳　大修館書店
- 『聖書象徴事典』マンフレート・ルルカー／池田紘一訳　人文書院
- 『イスラム事典』平凡社
- 『ユダヤ大事典』新人物往来社
- 『ユダヤを知る事典』滝川義人　東京堂出版
- 『キリスト教を知る事典』高尾利数　東京堂出版
- 『キリスト教シンボル事典』ミシェル・フイエ著／武藤剛史訳、白水社
- 『神の歴史』K・アームストロング／高尾利数訳　柏書房
- 『ユダヤ人』マックス・ディモント／藤本和子訳　朝日新聞社
- 『古代ユダヤ教』マックス・ウェーバー／内田芳明訳　岩波書店
- 『ユダヤ戦記』フラウィウス・ヨセフス著／秦剛平　筑摩書房
- 『ユダヤ古代史』フラウィウス・ヨセフス著／秦剛平　筑摩書房
- 『聖書時代史・旧約編』山我哲雄　岩波書店
- 『聖書時代史・新約編』佐藤研　岩波書店
- 『イエスのミステリー』バーバラ・スィーリング／高尾利数訳　NHK出版社
- 『イエスとその時代』荒井献、岩波書店
- 『キリスト教の神話伝説』ジョージ・エヴェリー／今井正浩訳、青土社
- 『旧約聖書に強くなる本』浅見定雄　教文社
- 『聖書の起源』山形孝夫　講談社
- 『聖書小事典』山形孝夫　岩波書店
- 『「黙示録」を読みとく』森秀樹　講談社
- 『聖書VS世界史』岡崎勝世　講談社
- 『タルムード入門』A・コーエン／村岡宗光・市川裕・藤井悦子訳、教文社
- 『聖書の時代』月本昭男　日本基督教団出版局
- 『カバラとその象徴的表現』ゲルショム・ショーレム／小岸昭・岡部仁訳　法政大学出版局
- 『ユダヤの神話伝説』ディヴィット・ゴールドスタイン／秦剛平訳、青土社
- 『旧約聖書を語る』浅野順一　NHK出版
- 『神の歴史』カレン・アームストロング／高尾利数訳　柏書房
- 『旧約聖書のフォークロア』J・B・フレーザー／江河徹・古宮照雄・秋山武夫・田島松二訳　太陽社
- 『金枝篇』J・B・フレーザー／永橋卓介訳　岩波書店
- 『旧約聖書がわかる』朝日新聞社
- 『新約聖書がわかる』朝日新聞社
- 『死海文書の謎』マイケル・ベイジェント　リチャード・リー／高尾利数訳　柏書房
- 『ユダヤの民と宗教』A・シーグフリード／鈴木一郎訳　岩波書店
- 『聖書の動物たち』小森厚　日本基督教団出版局
- 『考古学でたどる旧約聖書の世界』関谷定夫　丸善
- 『イエスの生涯』ジェラール・ベシェール／小河陽監修　創元社
- 『キリスト教の誕生』ピエール・マリーボード／佐伯晴郎監修　創元社
- 『イエスとは誰か』高尾利数著　NHK出版
- 『人間イエス』滝沢武人著　講談社
- 『キリスト教』竹下節子　講談社
- 『カトリックの文化史』谷泰　日本放送出版協会
- 『面白いほどよくわかる聖書のすべて』中見利男著／ひろさちや監修　日本文芸社
- 『一冊でわかる名画と聖書』船本弘毅監修　成美堂出版
- 『神曲』ダンテ／山川丙三郎訳　岩波書店
- 『失楽園』ミルトン／平井正穂訳　岩波書店
- 『ファウスト』ゲーテ／相良守峯訳　岩波書店
- 『モーセと一神教』S・フロイト／渡辺 哲夫訳　筑摩書房

著者／真《ま》野《の》隆《たか》也《や》

新聞記者、雑誌編集者を経てフリーライターとなる。キリスト教、イスラム教、仏教をはじめ多くの宗教に精通しており、神話・伝説・中国古典などにも詳しい。聖書に関しては正典だけでなく外典・偽典、民間伝承などから、わかりやすく、そしてマニアックに読み解く。著書に『天使』『堕天使』『守護聖人』『楽園』『黙示録』『奔放な女神たち』（以上新紀元社）、『聖書の秘密』『天使と悪魔』（以上カンゼン）など多数。

マンガ／卯《う》月《づき》・サイドランチ

協力／小《こ》山《やま》英《ひで》之《ゆき》

カトリック司祭。上智大学神学部准教授。上智大学哲学研究科哲学専攻修了。ウォーリック大学民族関係論博士号取得。平和学・民族関係論を専門とする。著書として『新・平和学の現在』（共著、法律文化社）がある。

STAFF
本文デザイン／小林麻実（TYPEFACE）
DTP／山田素子、北川陽子（スタジオダンク）
絵画／アフロ
作画協力／狐塚あやめ
編集協力／五ノ井一平、渡辺有祐（フィグインク）

マンガでわかる聖書

●協定により検印省略
著　者　真野隆也
マンガ　卯月・サイドランチ
発行者　池田士文
印刷所　大日本印刷株式会社
製本所　大日本印刷株式会社
発行所　株式会社池田書店
〒162-0851
東京都新宿区弁天町43番地
電話03-3267-6821（代）
振替00120-9-60072

落丁、乱丁はお取り替えします。

ISBN978-4-262-15410-7

23019001